道路工程试验与
检测技术应用研究

徐　凯　初国栋　李新永　著

吉林科学技术出版社

图书在版编目（CIP）数据

道路工程试验与检测技术应用研究 / 徐凯，初国栋，
李新永著. -- 长春：吉林科学技术出版社，2022.9
ISBN 978-7-5578-9755-0

Ⅰ. ①道… Ⅱ. ①徐… ②初… ③李… Ⅲ. ①道路试
验－检测－研究 Ⅳ. ①U467.1

中国版本图书馆 CIP 数据核字(2022)第 180880 号

道路工程试验与检测技术应用研究

著	徐 凯 初国栋 李新永	
出 版 人	宛 霞	
责任编辑	王 皓	
封面设计	南昌德昭文化传媒有限公司	
制 版	南昌德昭文化传媒有限公司	
幅面尺寸	185mm×260mm	
字 数	410 千字	
印 张	19	
印 数	1-1500 册	
版 次	2022年9月第1版	
印 次	2023年4月第1次印刷	

出 版　吉林科学技术出版社
发 行　吉林科学技术出版社
地 址　长春市福祉大路5788号
邮 编　130118
发行部电话/传真　0431-81629529 81629530 81629531
　　　　　　　　　81629532 81629533 81629534
储运部电话　0431-86059116
编辑部电话　0431-81629518
印 刷　三河市嵩川印刷有限公司

书 号　ISBN 978-7-5578-9755-0
定 价　130.00元

《道路工程试验与检测技术应用研究》
编审会

前言
Foreword

　　随时代的发展，道路工程试验与检测技术也在不断发展和完善中，尤其是进入21世纪后，随着新技术、新材料、新工艺的不断涌现，道路工程试验与检测技术也与时俱进，日臻完善。

　　大量的工程实践证明，工程质量控制最有效的手段是运用工程试验检测技术。道路工程试验与检测技术主要是研究道路与桥梁、隧道等的试验检测原理、方法和应用。它融试验检测理论知识、操作技能及相关基础知识于一体，涉及的知识面较广，包含的内容和项目多，内容更新也快。通过试验、检测，能用定量的方法评价各种原料和现场工程实体的质量，能迅速推广应用新材料、新工艺，能合理地进行施工质量控制和科学地评定工程质量。这一工作是道路工程质量管理中的一个重要组成部分，也是施工现场的一个独立工作岗位。随我国道路基础设施建设投资规模的加大，道路工程试验检测工作将更加繁重。我们要努力开拓，让道路工程试验检测工作走上更加规范、健康的发展道路。

　　本书立足于道路工程试验与检测技术理论和实践两个方面，首先对道路工程试验检测的概念与发展趋势进行简要概述，介绍了试验检测数据的处理、道路材料检测等基础检测内容；然后对路基路面厚度、压实度、平整度、抗滑性能及强度指标检测等相关问题进行梳理和分析；最后对桥涵及隧道结构工程试验检测的应用方面进行探讨。本书论述严谨，结构合理，条理清晰，内容丰富，其能为当前的道路工程试验与检测技术应用相关理论的深入研究提供借鉴。

　　撰写本书过程中，参考和借鉴了一些知名学者和专家的观点及论著，在此向他们表示深深的感谢。由于水平和时间所限，书中难免会出现不足之处，希望各位读者和专家能够提出宝贵意见，以待进一步修改，让之更加完善。

目录/CONTENTS

第一章　道路工程试验检测与管理

第一节　试验检测目的及意义

一、公路工程试验检测

公路工程试验检测，是指根据国家有关法律、法规的规定，依据工程建设技术标准、规范、规程，对公路水运工程所用材料、构件、工程制品、工程实体的质量及技术指标等进行的试验检测活动。

试验检测是工程质量的重要组成部分，是工程质量科学管理重要手段。

二、试验检测的作用和目的

公路工程试验检测是一门融公路工程基础知识、试验检测基础理论和测试操作技能于一体的学科，它贯穿于公路工程建设的全寿命周期，是工程设计参数、施工质量控制、工程验收评定、养护管理决策和各种标准、规范以及规程修订的主要依据。客观、准确、及时的试验检测数据是公路工程实践的真实记录，是指导、控制和评定工程质量的科学依据。

公路工程试验检测的作用和目的是：

（1）用定量的方法，对各种原材料、成品或半成品，科学地鉴定其质量是否符合国家质量标准和设计文件的要求，作出接收或拒收的决定，保证了工程所用材料都是合格产品，是控制施工质量的主要手段。

1

（2）对施工全过程进行质量控制和检测试验，保证施工过程中的每个部位、每道工序的工程质量均满足有关标准和设计文件的要求，是提高工程质量和创造优质工程的重要保证。

（3）通过各种试验试配，经济合理地选用原材料，能充分利用当地出产的材料，就地取材，优化原材料的组合，提高工程质量，降低建设成本，节约工程造价。

（4）通过试验检测，还可以确定施工控制参数，不断改进施工工艺，优化施工流程，保障施工质量。

（5）对于新材料、新工艺、新技术，通过试验检测和研究，鉴定其是否符合国家标准和设计要求，为完善设计理论和施工工艺积累实践资料，为推广和发展新材料、新工艺、新技术做贡献。

（6）试验检测是评价工程质量缺陷、鉴定和预防工程质量事故的手段。通过试验检测，为质量缺陷或质量事故判定提供实测数据，以便准确判定其性质、范围和程度，合理评价事故损失，明确责任，从中总结经验教训。

（7）分项工程、分部工程、单位工程完成后，均要对其进行适当的抽检，以便进行质量等级的评定，为竣工验收提供完整的试验检测证据，保证向业主交付合格工程。

（8）试验检测工作集试验检测基本理论、测试操作技能和公路工程相关学科的基础知识于一体，是工程设计参数、施工质量控制、工程验收评定、养护管理决策的主要依据。

随着工程建设管理水平的不断提高，人们给工程质量赋予了新的内涵，工程质量不仅关系到人民生命财产安全、健康、环保和其他公众利益，还与保护资源、节约投资、提高经济效益和社会效益息息相关。工程质量为其综合反映，因此公路水运工程试验检测，需要不断更新理念，用科学、准确的数据是工程质量把好关，充分发挥试验检测的质量控制作用。

三、相关的法律、法规

与公路工程试验检测相关的法律、法规主要包括：

（1）《中华人民共和国计量法》。

（2）《中华人民共和国计量法实施细则》。

（3）《中华人民共和国标准化法》。

（4）《中华人民共和国标准化法实施条例》。

（5）《中华人民共和国产品质量法》。

（6）《建设工程质量管理条例》。

（7）《检验检测机构资质认定评审准则》。

（8）《关于进一步加强公路水运工程工地试验室管理工作的意见》。

（9）《公路水运工程试验检测管理办法》。

第二节　试验检测的工作管理

一、试验检测频率的确定

在公路工程施工前，应该先确定各种试验检测的频率，进而建立试验检测工作计划。试验检测的频率由以下几个方面确定：

（1）各种公路施工技术规范。

（2）《公路工程质量检验评定标准》。

（3）《公路工程竣（交）工验收办法》。

（4）《公路工程施工监理规范》。

（5）工程承包合同、专用技术规范与设计图纸。

（6）监理工程师的指令。

确定了检测频率以后，根据预估的原材料、半成品、成品工程结构数量，就可初步预估出所从事施工的项目的基本试验检测次数，进而制订试验检测工作计划，以便对施工中的试验检测进行控制。

二、试验管理流程

试验检测管理主要包括施工原材料订货管理、原材料进场试验管理、委托试验管理和试验检测管理等几个方面。

1. 施工原材料订货管理流程

（1）考察材料厂商生产能力并抽取样品。

（2）收集生产厂家的合格证书和试验报告。

（3）监理与建设单位现场调查生产厂家（设备、工艺、质量稳定性及合格率）。

（4）施工单位对样品试验合格。

（5）监理单位对样品复验合格。

（6）建设单位对材料进行审批。

（7）签订供货合同。

2. 原材料进场试验管理流程

（1）根据供货合同组织材料进场。

（2）施工单位对进场材料验证性试验合格。

（3）试验人员及室主任签认记录、报告。

（4）监理单位进行复核试验合格。

（5）监理在试验报告单签署结论性意见。

（6）将材料用在工程。

3. 委托试验管理流程

（1）取样（何处取、怎么取、取多少）。

（2）填写试验委托书（最好事先填写）。

（3）收样员收取试样（清点、核对、登记）。

（4）试验员根据委托书进行试验。

（5）填写试验记录和试验报告单并且签字。

（6）试验室主任签署结论性意见并且签章。

（7）形成试验报告签领单。

（8）领取人签字并且领取试验报告。

4. 试验检测流程试验检测流程

如图 1-1 所示。

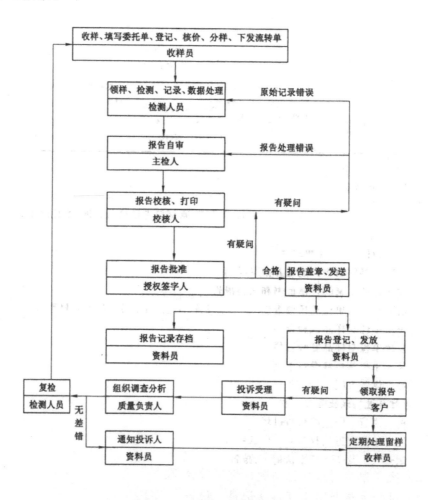

图 1-1　试验检测流程图

三、试验管理台账

公路工程施工周期较长，且试验检测项目种类繁多，为了便于试验检测工作的管理，应该事先建立试验检测台账表格，并且在施工过程对所有的试验进行分类登记、统计和管理。

公路工程试验检测台账主要包括下列几类：

（1）原材料试验分类台账。

（2）混合料试验分类台账。

（3）结构物试验分类台账。

（4）原材料试验统计表。

（5）混合料试验统计表。

（6）结构物试验统计表。

第三节　试验检测的管理制度

一、检测室管理制度

公路水运工程试验检测活动应当遵循科学、客观、严谨、公正的原则。根据《公路水运工程试验检测管理办法》，试验检测机构应取得"等级证书"，同时按照《中华人民共和国计量法》的要求经过计量行政部门考核合格，通过计量认证的检测机构，方可向社会提供试验检测服务。

交通运输部负责公路水运工程试验检测活动的统一监督管理。交通运输部工程质量监督机构（以下简称部质量监督机构）具体实施公路水运工程试验检测活动的监督管理。省级人民政府交通运输主管部门负责本行政区域内公路水运工程试验检测活动的监督管理。省级交通质量监督机构（以下简称省级交通质监机构）具体实施本行政区域内公路水运工程试验检测活动的监督管理。

取得"等级证书"的检测机构在"等级证书"注明的项目范围内出具的试验检测报告，可以作为公路水运工程质量评定和工程验收依据。

公路水运工程质量事故鉴定、大型水运工程项目和高速公路项目验收的质量鉴定检测，质监机构应当委托通过计量认证并具有甲级或者相应专项能力等级的检测机构承担。

取得"等级证书"的检测机构，可设立工地临时试验室，承担相应公路水运工程的试验检测业务，并对其试验检测结果承担责任，工程所在地省级交通质监机构应当对工地临时试验室进行监督。

检测机构应当严格按照现行有效的国家和行业标准、规范和规程独立开展检测工作，不受任何干扰和影响，保证试验检测数据客观、公正、准确。检测机构应当建立严密、完善、运行有效的质量保证体系，应当按照有关规定对仪器设备进行正常维护，定期检定与校准。

检测机构应当建立样品管理制度，提倡了盲样管理。检测机构应当建立健全档案制度，保证档案齐备，原始记录和试验检测报告内容必须清晰、完整、规范。

检测机构在同一公路水运工程项目标段中不得同时接受业主、监理、施工等多方的试验检测委托，检测机构依据合同承担公路水运工程试验检测业务，不得转包、违规分包。

检测人员分为试验检测师和助理试验检测师，检测机构的技术负责人应当由试验检测师担任，试验检测报告应当由试验检测师审核、签发。检测人员应当严守职业道德和工作程序，独立开展检测工作，保证试验检测数据科学、客观、公正，并且对试验检测结果承担法律责任。检测人员不得同时受聘于两家以上检测机构，不得借工作之便推销建设材料、构配件和设备。

二、岗位责任制

1. 最高管理者

（1）主持单位全面工作和资源调配，贯彻执行国家政策和法规，负责制订单位质量方针目标并组织实施，批准单位年度工作计划和发展规划。

（2）确定单位机构设置，规定组织内各部门的职责和权限，任命技术负责人、质量负责人、各部门负责人及关键岗位人员，组织考核全体人员，实施奖惩制度。

（3）建立健全单位质量管理和质量保证体系，批准、颁布质量手册和程序文件，批准年度内审计划；批准管理评审计划和管理评审报告，主持单位的管理评审，保证管理体系持续有效运行。

（4）保证单位有足够人力、物力和财力资源，以满足质量管理和检测工作的需要。

（5）负责批准财务预算、决算和财务支出，审批仪器设备及大宗物资的申购计划、仪器设备降级和报废以及试验室重要设施建设及配置。

（6）负责对单位检测结果负法律责任，保证检测结果的公正性、判断的诚实性。

（7）负责单位的安全管理，指定安全管理责任人。

2. 技术负责人

技术负责人应当由试验检测工程师担任。

（1）负责单位技术管理工作，组织贯彻执行国家有关样品测试的法令、法规、技术标准和规范。

（2）负责单位标准方法的更新、验证并付之于实践，负责非标准方法修订的有关管理工作。

（3）对单位出现的不合格项进行调查分析，提出纠正措施并组织实施，对可能存在质量问题的检测结果进行复查或要求有关人员重新检测；对可能造成不良后果的行为，有权要求暂停检测工作。

（4）负责组织质量控制活动的实施，审批检测工艺、作业指导书、试验方案等技术文件。

（5）负责单位人员的技术培训及考核，决策检测工作中重大技术问题。

（6）负责组织单位内外的比对试验。

（7）审批质量控制计划和组织对质量控制结果进行评审。

（8）收集分包方的资质材料。

（9）完成领导交办的其他事项。

3. 质量负责人

（1）负责单位检测工作质量管理，参与单位最高管理层对单位方针和资源的决策活动及技术管理活动，组织解决检测工作中的质量问题，审批质量文件，并且定期向最高管理者汇报工作情况。

（2）负责组织管理体系文件的编写、审核、宣贯，保证管理体系现行有效。

（3）组织实施管理体系内部审核，指定内审组长，签发内审报告。

（4）负责审批质量事故、质量投诉的调查和处理意见；负责纠正、预防措施的审核，监督并跟踪措施的落实情况。

（5）制订年度质量监督计划，对于不合格项进行控制。

（6）参与管理评审，负责编制管理评审计划和评审报告，并协助最高管理者实施。

（7）负责管理评审和外审中不符合项的跟踪验证。

（8）负责资质考核工作的组织实施。

4. 授权签字人

（1）负责签发授权范围内的检测报告，对于每份报告的真实性、准确性、合法性和适用性负全面责任。

（2）当检测报告不符合规定要求时，有权拒绝签发，并责令责任人整改。

5. 检测人员

（1）熟悉所承担的分析测试项目的方法原理，严格按照《作业指导书》和标准、规范规定开展各项检测工作，按时保质完成检测任务，及时提供检测数据。

（2）熟悉所用仪器设备的原理、性能及操作方法，严格执行仪器设备的使用、维护制度。

（3）严格遵守质量控制管理程序，保证检测原始记录和有关技术资料的真实性、完整性，对自己提供的检测数据和记录负责。

（4）发现检测结果出现异常时，要认真进行复查，并及时将情况向部门负责人报告。

（5）接受专业技术培训，掌握所从事项目的检测技能，做到持证上岗。

（6）了解所从事的分析测试项目的国内外动向和技术水平，掌握本测试项目的最新技术，不断提高分析测试能力和水平。

（7）遵守规章制度，爱护仪器设备，保持室内外清洁，做到文明操作；不随意倾倒废弃物，把废酸碱液、废重金属液和其他有毒有害物质等分类倒入收集器内。

（8）负责所操作仪器设备的期间核查，保证仪器设备处于完好状态。

（9）负责所从事的分析测试项目相关的试剂、耗材和仪器设备等物资的验收。

（10）负责所操作仪器设备相关联电脑、打印机的日常维护。

（11）协助做好仪器设备、检测试剂等验收工作。

6. 内审员

（1）接受内审组长的委派，实施了具体的内审工作。

（2）负责编制内审检查表和参加有关资料的整理。

（3）负责对纠正措施进行审核和效果跟踪验证。

（4）负责编制内审不合格报告。

（5）内审组长在每次内审结束后编写内审总结报告。

7. 质量监督员

（1）负责监督检测工作过程、检测报告的抽查。

（2）应熟悉各项检测和／或校准方法、程序、目的及结果评价，应是一个检测领域内相对业务能力强、工作经验丰富的人员，应能够识别出其他检测人员的检测工作的不规范、不正确之处。

（3）对一些重要的工作环节、工作业务、检测项目以及人员要重点实施监督，比如新的检测项目、新的检测设备、新的检测人员、重要的检测业务及容易出问题的重要环节等。

（4）监督记录也是试验室容易出问题的一点，监督和其他工作一样，要留有"痕迹"，即质量记录，它的格式应是受控的，是体系文件的一部分。

8. 仪器设备管理员

（1）负责仪器设备的分类、编号、登记管理。

（2）负责组织所有仪器设备的建档（包括名称、型号、规格、说明书、主机和附件、验收报告、保修单、检修记录、检定周期和使用记录等）和归档。

（3）负责制订仪器设备的年度检定／校准计划，并按计划进行检定／校准，避免漏检和迟检；负责对检定／校准结果进行确认，确保符合要求。

（4）负责仪器设备的标识管理。

（5）负责仪器设备购置、验收、停用和报废等工作。

9. 样品管理员

（1）负责样品的接收、登记、编码。

（2）负责样品的流转、贮存、发放。

（3）负责对测试完毕的样品进行合理处置，并进行记录。

（4）负责样品室的防火、防潮、防盗等安全工作。

10. 档案管理员

（1）负责报告的发放；负责单位所有文件资料记录的分类、编目和保管。

（2）负责文件资料的借阅登记、复制工作。

（3）负责并承办文件资料的销毁工作。

（4）负责档案室的环境条件、安全和卫生，保证档案资料完好无损。

（5）档案管理员要忠于职守，不失密、不泄密，例如有工作变动时要严格履行文件资料的移交手续。

11．抽样员

（1）负责各检测项目的样品采集。

（2）抽样出发前，根据任务需要准备抽样工具、样品瓶、样品箱、现场测试仪器、记录表等抽样所需物品。

（3）在抽样现场，负责进行各检测项目样品的采集，并严禁样品被玷污和丢失，保证样品的代表性、完整性和真实性，同时做好现场检测项目的记录，必要时，对现场环境和抽样过程进行拍照与摄像。

（4）抽样完成后，负责将样品安全运输至试验室，防止样品被破损、玷污、变质、丢失。

（5）样品交接后，负责抽样工具及现场测试仪器等的清洁和保养，并妥善存放待用。

（6）对应急监测的样品还需保证抽样的时效性。

（7）管理抽样准备室，保持抽样工具、样品瓶、样品箱等的清洁和完备，负责现场测试仪器的管理和维护，保证其性能正常。

12．试剂、耗材、标准物质管理员

（1）负责标准物质的采购、入库、登记以及使用管理。

（2）负责标准物质的验收及核查。

（3）负责建立试剂、耗材出入库台账。

（4）负责对单位所有试剂、耗材按类别、规格和性质合理有序地摆放。

（5）对有毒试剂、危险试剂、耗材和贵重试剂、耗材设专柜存放，并实行双人双锁制度。

（6）负责失效和变质试剂、耗材的及时报废处理，保证试剂、耗材的原有质量，有毒试剂、耗材应处理成低毒或无毒试剂后再废弃。

（7）保证试剂、耗材安全，对试剂、耗材库要勤检查和定时通风，做到防火、防盗、防水。

（8）参与重要试剂、耗材验收。

三、安全管理

1．安全监督管理的方针和依据

"安全第一，预防为主，综合治理"是安全生产工作的指导方针，安全意识是安全科学发展之本，是实现安全生产和安全生存的灵魂，是所有企业经济效益的重要基础。

2. 公路水运工程试验检测的安全责任

根据《公路水运工程安全生产监督管理办法》相关规定，建设单位在公路水运工程施工招标文件中应当按照法律、法规的规定对施工单位的安全生产条件、安全生产信用情况、安全生产的保障措施等提出明确要求。建设单位不得对咨询、勘察、设计、监理、施工、设备租赁、材料供应、检测等单位提出不符合工程安全生产法律、法规和工程建设强制性标准规定的要求，不应随意压缩合同规定的工期。

施工单位应当向作业人员提供必需的安全防护用具和安全防护服装，书面告知危险岗位的操作规程并确保其熟悉和掌握有关内容和违章操作的危害。

作业人员有权对施工现场的作业条件、作业程序和作业方式中存在的安全问题提出批评、检举和控告，有权拒绝违章指挥和强令冒险作业。

在施工中发生可能危及人身安全的紧急情况时，作业人员有权立即停止作业或者在采取必要的应急措施后撤离危险区域。

作业人员应当遵守安全施工的工程建设强制性标准、规章制度，正确使用安全防护用具、机械设备等。

施工单位采购、租赁的安全防护用具、机械设备、施工机具及配件，应当具有生产（制造）许可证、产品合格证，并在进入施工现场前由专职安全管理人员进行查验。

施工现场的安全防护用具、机械设备、施工机具及配件必须由专人管理，定期进行检查、维修和保养，建立相应的资料档案，并且按照国家有关规定及时报废。

3. 试验检测过程中的安全工作重点

室内试验的安全工作重点如下：

（1）仪器设备安装使用安全

仪器设备的安装，电动设备应有接地装置，有飞溅情况的仪器设备应设置安全防护装置；使用中，应对大型仪器设备进行操作人授权，操作人需经培训合格后方可操作，熟悉仪器设备性能，严格按照操作规程（作业指导书）等操作；操作人员操作中不得擅自离开，如使用中发现异常，应立即停止试验，遇到停水、停电、漏油、漏水时，应立即停机，排除故障。

（2）用化学品试剂及"三废"处理的安全

危险化学品安全管理需依据《危险化学品安全管理条例》进行。该条例所称危险化学品，是指具有毒害、腐蚀、爆炸、燃烧、助燃等性质，对人体、设施、环境具有危害的剧毒化学品和其他化学品。

危险化学品应当储存在专用仓库、专用场地或者专用储存室（以下统称专用仓库）内，并由专人负责管理；剧毒化学品以及储存数量构成重大危险源的其他危险化学品，应当在专用仓库内单独存放，并实行双人收发和双人保管制度。

危险化学品的储存方式、方法以及储存数量应当符合国家标准或者国家有关规定。

储存危险化学品的单位应当建立危险化学品出入库核查、登记制度。

（3）用水、用电、用火、防噪声安全

用电安全要点如下：

①试验室内的电气设备的安装和使用管理，必须符合安全用电管理规定，大功率试验设备用电必须使用专线，严禁与照明线共用，谨防因超负荷用电着火。

②试验室用电容量的确定要兼顾事业发展的增容需要，留有一定余量。但不准乱拉乱接电线。

③试验室内的用电线路和配电盘、板、箱、柜等装置及线路系统中的各种开关、插座、插头等均应经常保持完好可用状态，熔断装置所用的熔丝必须与线路允许的容量相匹配，严禁用其他导线替代。室内照明器具都要经常保持稳固可以用状态。

④可能散布易燃、易爆气体或粉体的建筑内，所用电器线路和用电装置均应按相关规定使用防爆电气线路和装置。

⑤对试验室内可能产生静电的部位、装置要心中有数，要有明确标记和警示，对其可能造成的危害要有妥善的预防措施。

⑥试验室内所用的高压、高频设备要定期检修，要有可靠的防护措施。凡设备本身要求安全接地的，必须接地；定期检查线路，测量接地电阻。自行设计、制作对已有电气装置进行自动控制的设备，在使用前必须经试验室与设备处技术安全办公室组织的验收合格后方可使用。自行设计、制作的设备或装置，其中的电气线路部分，也应请专业人员查验无误后再投入使用。

⑦试验室内不得使用明火取暖，严禁抽烟。必须使用明火试验的场所，须经批准后，才能使用。

⑧手上有水或潮湿请勿接触电器用品或者电器设备；严禁使用水槽旁的电器插座（防止漏电或感电）。

⑨试验室内的专业人员必须掌握本室的仪器、设备的性能与操作方法，严格按操作规程操作。

⑩机械设备应装设防护设备或其他防护罩。

电器插座请勿接太多插头，以免电荷负荷不了，引起电器火灾。

如电器设备无接地设施，请勿使用，以免触电。

用水安全要点如下：

①节约用水，用完后随手关掉阀门。

②用水时要用器皿盛水，不得将水淋在化学药品上。

③管理人员要经常检查上下水是否完好。

用火安全要点如下：

①防止煤气管、煤气灯漏气，使用煤气后一定要把阀门关好。

②乙醚、酒精、丙酮、二硫化碳、苯等有机溶剂易燃，试验室不得存放过多，切不可倒入下水道，以免集聚引起火灾。

③金属钠、钾、铝粉、电石、黄磷以及金属氢化物要注意使用和存放，尤其不宜与水直接接触。

④万一着火，应冷静判断情况，采取适当的措施灭火；可根据不同情况，选用水、沙、泡沫、CO_2 或 CCl_4 灭火器灭火。

防噪声安全要点如下：

试验过程中有强噪声产生，应采取减噪声或者隔声措施。产生噪声的试验室，应远离人口密集区。

4. 现场检测人员的安全及临时设施的安全管理

公路桥梁现场检测尤其是已开放交通的道路质量检测，多采用自动化检测设备或多种检测指标一体的综合检测车辆进行，由于已开放交通的道路车辆流动，各种不确定因素较多，给检测车辆和人员安全增加了风险，必须制订行之有效的检测方案及安全防护措施，确保人员、车辆及仪器设备安全。对于现场需要安装、拆卸、整体提升、模板等自升式架设设施，必须由有相关资质的单位承担，设施安装完毕后需自检后方可开展检测作业。

三、标准养护室管理制度

（1）混凝土试件标准养护室的环境条件：温度 20℃ ±2℃，湿度大于 95%。

（2）标准养护室一定要有专人保养，使用期间要经常检查各设备状态运行情况，每天记录室内温湿度至少 2 次。

（3）试件在放入标养室以前，由试验人员对试块进行编号，对于成型日期、强度等级等信息进行核对，标识不全或不清楚的不能送入标养室。

（4）试件码放整齐有序，便于查找，试件间距 10 ～ 20 mm，不得重叠堆放，试件表面应保持潮湿，不得被水直接淋冲。

（5）应经常检查养护室内的温湿度是否满足要求，如不满足应立即查明原因，采取对应措施。

（6）进入标养室前应切断电源，以免发生触电事故，标养室禁止无关人员进入，养护室门不得长时间开启。

（7）定期做清洁处理。

（8）设备运转一年，需进行补氟一次。

五、检测仪器、标准物质的管理制度

1. 相关文件规定

仪器设备的管理和技术应用水平是检测机构能力的重要组成部分。因此，检验检测机构资质认定、国家试验室认可及交通行业试验检测管理对其极为重视，并提出了具体的要求和管理措施。

《检验检测机构资质认定管理办法》规定检验检测机构具有固定的工作场所，工作环境满足试验检测要求；具备从事检验检测活动所必需的检验检测设备设施。检验检测机构在使用对检测、校准的准确性产生影响的测量、检验设备前，应该当按照国家相关技术规范或者标准进行检定、校准。

《检验检测机构资质认定评审准则》规定试验室应配备正确进行检测和／或校准

所要求的所有抽样、测量和检测设备。用于检测、校准和抽样的设备及其软件应达到要求的准确度，并符合检测和／或者校准相应的规范要求。对结果有重要影响的仪器的关键量或值，应制订校准计划和程序。设备（包括用于抽样的设备）在投入服务前应进行校准或核查，以证实其能够满足试验室的规范要求和相应的标准规范。

《公路水运工程试验检测管理办法》要求仪器设备作为评价检测机构试验检测能力必备基本条件之一，检测机构配备的仪器设备须与所开展的检测参数相对应，并按照有关规定对仪器设备进行正常维护，定期检定与校准。目前还要求检测机构将仪器设备基本信息录入"公路水运工程试验检测管理信息系统"，以便对其检测能力进行动态监管等。

一般仪器设备可根据服务供应商名单选择性价比高的仪器设备。

对于贵重仪器设备的采购需进行项目建议可行性分析。可从下列几方面选择：与单位生产实际需求相适应，性能指标保持先进水平，价格合理，售后服务及培训服务及时。

2. 仪器设备的验收前准备

（1）确定大型设备的主要使用技术人员，让其熟悉技术资料和有关安装、使用要求等，为设备的使用培训做铺垫。

（2）对环境因素（温度、湿度、振动等）有特殊要求的设备，应提前按照供应商（厂家）要求，做好配置。

（3）对放置底座有特殊要求的设备，应提前按照供应商（厂家）提供的设计图纸，完成施工建设。

（4）对技术复杂、零配件较多的设备，检测机构需成立验收小组，明确验收负责人和具体责任人，并制订详细的验收方案，必要时应聘请本专业相关专家参加。

（5）联系量值溯源机构预约计量检定、校准时间，缩短验收周期，提前明确设备计量特性参数，指导量值溯源工作的开展。

3. 安装调试及验收

（1）软硬件符合性验收，开箱验收主配件、附件无误后，由供应商技术人员进行现场安装及初步调试。

（2）技术符合性验收，由计量检定机构对设备的计量特性参数进行符合性验收，确认产品的技术性能，设备管理员或相关技术人员已经对计量检定机构提供的有效检定合格证书或校准报告进行确认，并完成检校确认。必要时，可以安排比对试验，进一步验证设备的技术性能。

（3）培训试用及验收，供应商应对试验检测机构人员进行培训（含课堂上课、实操练习、必要时进行培训效果考核），并现场指导其进行仪器设备试用。将验收情况汇总形成验收报告。

4. 仪器设备的管理状态标识

（1）设备管理卡信息包括：设备名称、设备编号、规格型号、出厂编号、生产厂家、购置日期、放置地点、管理人员等。

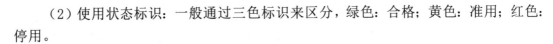

（2）使用状态标识：一般通过三色标识来区分，绿色：合格；黄色：准用；红色：停用。

5. 设备档案的管理

设备档案应包含（但不限于）以下内容：卷内文件目录、设备履历表、采购申请记录、采购比选记录、采购合同、设备发票复印件、设备验收记录及报告、设备使用说明书、设备装箱清单、合格证、保修卡、软件或光盘（必要时应附上软件评审记录）、设备授权记录及领用登记、设备量值溯源报告及确认记录（含首次及每年度）、设备期间核查报告及确认记录（根据设备要求）、设备维护保养记录、设备维修记录、设备封存/启封/停用/报废记录、设备内部调拨记录和设备外借记录。

6. 仪器设备的使用、维护及期间核查

（1）仪器设备的使用

仪器设备的使用需满足的一般要求，包括环境、场地和工作面、安全及环保等。仪器设备的操作规程主要针对操作步骤多、性能复杂、精密贵重的仪器设备，作为检测机构的技术性文件。仪器设备的使用记录一方面为检测活动的追溯保留痕迹，另一方面可以了解仪器设备使用过程中的各种情况、使用频率，为仪器设备的量值溯源、维护保养、期间核查的策划提供依据。作为技术记录的一部分，应保证其具有足够的信息，能够辅助"再现"已完成的工作过程，因此，记录填写应齐全、准确及客观，使用记录一般按年度归档至仪器设备档案中备查。

现场检测仪器设备除了通用管理要素和使用要求外（同室内仪器设备），由于使用条件和控制条件的特殊性，还应关注出入库管理和现场环境条件。

出库管理是指在开展现场检测项目时，依据仪器设备领用登记的规定，向仪器设备管理员办理接收手续，并进行调试，确认正常使用。

入库管理是仪器设备的返还确认环节，现场检测设备历经长距离运输、野外恶劣环境使用，可能会发生性能退化，因此返还入库时，设备管理员和领用人员除了核对数量外，更应对设备性能进行检查确认，来避免影响后续工作。

检验检测机构应建立和保持检验检测设备和设施管理程序，以确保设备和设施的配置、维护和使用满足检验检测工作要求。

当需要利用期间核查以保持设备检定或校准状态的可信度时，应建立和保持相关的程序。

（2）仪器设备的维护

仪器设备的维护可以理解为日常维护和定期维护两个层次。

日常维护应在每次试验后及时进行，包括对所用仪器设备的清洁和试验场所的整理，主要是确保检测场所的内务整洁、下次使用的便利性。

定期维护是仪器设备管理员根据仪器设备的自身特点、使用频次等按年度编制维护计划，明确仪器维护的项目和时间，按照计划实施定期维护保养，并做好相应的记录，使仪器设备处于完好的使用状态。

（3）仪器设备的期间核查

期间核查是指根据规定程序，为确定仪器设备是否保持其原有状态而进行的操作。期间核查的目的是在两次校准（或检定）之间的时间间隔期内保持测量仪器校准状态的可信度。

仪器设备管理员可根据自身资源、技术能力、仪器设备的重要性，及可能产生的技术风险等因素综合考虑，确定仪器设备期间核查的对象和频次。制订期间核查计划，并按照核查方案（需评审后实施）、核查方法组织实施。

期间核查的仪器设备应考虑以下影响因素：怀疑仪器设备性能不稳定，漂移率较大的；使用非常频繁的；在恶劣环境下使用的；经常携带到现场检测的；曾经过载货怀疑有质量问题的等。

7. 仪器设备的量值溯源

检验检测机构应对检验检测结果、抽样结果的准确性或有效性有显著影响的设备，包括用于测量环境条件等辅助测量设备有计划地实施检定或校准、设备在投入使用前，应采用检定或校准等方式，以确认其是否满足检验检测的要求，并标识其状态。

针对校准结果产生的修正信息，检验检测机构应确保在其检测结果及相关记录中加以利用并备份和更新。检验检测设备包括硬件和软件应得到保护，以避免出现致使检验检测结果失效的调整。检验检测机构的参考标准应该满足溯源要求。无法溯源到国家或国际测量标准时，检验检测机构应保留检验检测结果相关性或准确性的证据。

提升仪器设备量值准确性的技术手段很多，在尽可能条件下，应采取量值溯源的方式进行。最为常用的量值溯源方式是检定及校准，见表1-1。

表1-1　检定和校准的区别

序号	类别	检定	校准
1	目的不同	对仪器设备计量性能进行全面评定，确定其是否合格	主要是确定仪器设备的示值误差，并给出不确定度
2	性质不同	具有强制性，属于法制计量管理范畴	不具有强制性，属于自愿溯源行为
3	依据不同	必须执行计量检定规程	依据校准规范开展，或参考计量检定规程等技术文件，也可以根据需要制订
4	方式不同	必须由法定计量检定机构，或授权的计量检定机构执行	可由计量检定机构，或通过认可的校准试验室等技术机构提供
5	结论不同	依据计量检定规程给出合格与否的判断，检定结果给出检定证书或检定结果通知书	评定示值误差，确保量值准确，不要求给出合格与否的判定，校准结果给出校准证书或校准报告
6	法律效力不同	检定结论具有法律效力。检定证书可作为仪器设备的法定依据	不具备法律效力，校准证书只是表明示值误差和不确定度的技术文件

受我国计量管理体系的影响，人们往往认为只有检定才是保证仪器设备量值准确、可靠的唯一方式，而校准或其他形式则都是无法检定时采取的不得已而为之的方式，其实不然。人们对检定的青睐，主要原因可能是检定证书给出仪器设备合格与否的结论，或满足某个等级的结论。有了这个结论，即可放心地使用仪器设备。而校准

证书则主要列出检验数据，不给合格与否的结论。但是检定证书体现的数据极为有限，有的甚至没有数据只有结论；校准证书是从服务客户的角度，为了方便客户了解仪器的技术状态，会给出客户不易获取的详细检验数据。因此，对于试验检测机构而言，哪种证书更为实用，取决于具体仪器设备的技术复杂程度及使用场合，并不能一概而论。

由于公路工程行业的试验检测仪器设备不涉及或较少涉及国家强制检定范畴，可按照《公路工程试验检测仪器设备检定／校准指导手册》（以下简称《手册》）的有关规定，根据仪器设备的具体情况，确定合理的检验方式。

8. 仪器设备的维修、升级、降级和报废

（1）仪器设备的维修

仪器设备像人一样有寿命周期规律，也会由于各种原因出现异常现象，同样需要维修。

一般来说，仪器设备在实际使用中的技术状态有三种情况：一是完好状态，即性能处于正常可用的状态；二是故障状态，即主要性能已丧失的状态；三是处于上述两者之间的状态，即仪器设备已出现异常、缺陷，但尚未发生故障，这种为故障前状态。

仪器设备故障的征兆是故障早期的重要表现形式，是设备故障隐患的表征，这些征兆往往是设备即将发生故障的临界状态，设备管理部门及操作人员应当定期组织对设备的检查，采取"望、闻、问、切"的方法，利用人体视、听、嗅、触的感觉和简单工具进行检查，及早发现设备故障隐患。必要时，应该对大型仪器设备进行监控，当其状态处于下降趋势或将要接近临界状态时，及时采取措施。

通过故障的原因分析，找出解决办法，对设备进行维修。设备维修的类别：按修理发生的时间可以分为预防性维修、计划性维修与故障性维修；按承担维修的机构可分为内部维修和外委维修；根据设备性能的恢复程度、修理时间的长短、修理费用的多少来划分，通常分为小修、中修、大修和专项修理。

维修后的仪器设备，应进行必要的检验，确保其功能得到恢复，检测机构根据实际情况对维修后的仪器设备重新检定／校准。

（2）仪器设备的升级、降级

随着科学技术的不断发展，公路工程试验检测标准规范不断推陈出新，各种新技术、新方法应用于公路工程试验检测工作，为了持续保证公路工程试验检测机构的技术能力水平，公路工程试验检测仪器设备更新和升级改造的需要也很迫切，通过对设备进行局部革新、改造，以改善设备性能，提高了生产效率和设备的现代化水平。设备的升级改造主要是指应用现代技术成就和生产经验，改变现有设备的结构，给旧设备配上新装置、新附件，改善现有设备技术性能，使之适应检测工作的需要。它既可以是设备的改装，也可以是设备的技术改造。设备改装是指为了扩大或改变设备的原有性能，降低设备故障率，提高检测效率而对设备的功率、容量等加大或改变。设备技术改造是把新技术、新成果用于现有检测设备，改变现有检测设备落后的技术面貌。设备的升级改造必须充分考虑改造的必要性、技术上的可能性和经济上的合理性。升级改造后的设备应经检定／校准确定其性能。

仪器设备经检定／校准后，部分功能不满足规范要求，但有其他部分功能满足使用要求的，可降级使用。

（3）仪器设备的报废

设备有一定的生命周期，对于大多数公路工程试验检测设备来说，在设计的使用期限内发挥最大的作用后，报废是其最后一个环节，仪器设备作为检测机构的重要资产，它的报废工作还需要遵循相应的规律，遵照必要的原则和要求。

报废的原则如下：

①不满足相关检测规范，经过改造或修理后技术性能仍不能满足技术要求和保证检测结果质量的。

②因事故造成设备严重损坏，无修复实用价值的。

③故障频繁，维修费用超过设备原值的50%，经过大修后虽能恢复技术性能，但不如更新经济的。

④已超过规定使用年限的，其技术性能已达不到国家规范和规程要求，危及安全的。超过使用年限，使用价值不大，精度低的。

⑤技术性能差、能耗高、效率低、经济效益差的。

⑥严重污染环境，危害人身健康，进行修理改造后仍不达标的。

⑦设备陈旧，工艺落后，国家或有关部门规定淘汰的。

⑧达到规定的固定报废年限和条件，应办理报废手续。

设备报废处理流程：检测机构的设备报废，由设备使用部门提出申请，经设备管理部门会同财务、技术部门及有关技术人员逐台进行技术鉴定，并且出具鉴定意见。必要时，应邀请相关技术机构或技术专家参加技术鉴定。

报废设备的处理主要是废品处理和转卖两种方式。废品处理指对于没有利用价值的报废设备及零部件，联系废品回收机构进行回收利用。转卖是指尚有利用价值的报废设备及零部件，通过规定的途径和渠道转卖。对于涉及电子废弃物应按照保密相关规定执行，对环境有影响的报废设备，须符合环保部门的要求，如对核子湿度密度仪的回收，国家环保部门有专门的规定和程序要求（如《中华人民共和国放射性污染防治法》《放射性同位素与射线装置安全和防护条例》等）。

仪器设备资料都将会作为设备档案的一部分进行保存。

六、检测事故分析报告制度

1. 检测事故

凡属下列情况之一者均视为检测事故：

（1）试验时弄错来样单位。

（2）样品丢失损坏或因保管不当，样品性能丧失或下降。

（3）加工试样时，弄错规格以致无法弥补。

（4）未事先协商，不按标准方法或不采用标准样品进行检测。

（5）检测时未及时读数、未填写原始记录或漏检项目而写不出检验结果。

（6）由于人员、仪器设备、环境条件不符合检测工作要求，让检测结果达不到要求的精度。

（7）已发出的检测报告，其检测数据计算错误或结论不正确。

（8）检测报告发错单位，在规定保存期内原始记录丢失，检测资料失密。

（9）检测过程中发生人身伤亡事故或仪器设备损坏。

2. 检测事故的处置

国际航空界著名的飞行安全法则——海恩法则指出：每一起严重事故的背后，必然有29次轻微事故和300起未遂先兆以及1000起事故隐患。海恩法则强调的是两点：一是事故的发生必然是不断积累的结果；二是再好的技术，再完美的规章，在实际操作层面，也无法取代人自身的素质和责任心。因此，事故或有关负责人不能隐瞒或掩盖事实，要认真分析事故发生的真正原因，并制订措施防止类似事故的发生。

一旦发生事故，应立即报告单位负责人，并在统一格式的事故登记表登记。事故发生后，应立即采取措施，防止事态扩大，并保护现场，通知有关人员处理事故。

对事故应及时进行调查，弄清事实，由负责人主持召开有关人员参加的会议，分析事故原因及性质，对事故责任者给予批评教育或处理，并总结教训，杜绝此类事故重复发生。同时应迅速采取纠正措施，保证检测质量，减少了不必要的损失。

重大事故发生后，检验检测机构应及时向上级递交事故专题报告，并积极配合上级部门的进一步调查处理。

七、技术资料文件的管理及保密制度

1. 检测报告的内容

（1）试验检测报告作为检测工作的产品，至少应包括下列内容：

①标题；

②试验室的名称和地址，以及与试验室地址不同的检测和／或校准地点；

③检测和／或校准报告的编号、页码、总页数的标识，报告需在2页以上的应加盖骑缝章，报告结束处应有"以下空白"字样；

④客户的名称和地址（必要时）；

⑤所用标准或方法；

⑥样品的状态描述和标识；

⑦样品接收日期和进行检测和／或校准的日期（必要时）；

⑧如与结果的有效性或应用相关时，所用抽样计划的说明；

⑨检测和／或校准的结果；

⑩检测和／或校准人员及其报告批准人签字或等效的标识；

必要时，结果仅与被检测和／或校准样品有关的声明。

（2）需对检测结果作出说明的，报告中还应包括下列内容：

①对检测方法的偏离、增添或删节，以及特定检测条件信息；

②符合（或不符合）要求和／或规范的声明；

③当不确定度与检测结果的有效性或应用有关，或客户有要求，或不确定度影响到对结果符合性的判定时，报告中还需包括不确定度的信息；

④特定方法、客户或客户群体要求的附加信息。

（3）对含抽样的检测报告，还应包括下列内容：

①抽样日期；

②与抽样方法或程序有关的标准或规范，以及对这些规范的偏离、增添或删节；

③抽样位置，包括任何简图、草图或照片；

④抽样人；

⑤列出所用的抽样计划；

⑥抽样过程中可能影响检测结果解释环境条件的详细信息。

（4）检测报告中若有分包试验室出具的检测数据，应在报告备注栏内清楚地注明；分包方应以书面或电子方式报告结果；公司技术负责人应核对分包试验检测报告的有效性和正确性。

2．检测报告的更改

（1）检测人员对检测报告的数据与结果负技术责任，任何领导在审查时都无权更改，即使发现内容错误，也应该由检测人员负责更改后重新履行逐级检查手续，对不符合要求的检测报告，坚决退回改正后重新打印。

（2）当发现发出检测报告单有错误时，应及时发出"检测报告更改或重新检测通知单"，通知对方重检或重新出具经修改的报告单，并收回原报告单，作废处理。

（3）送检单位对检测报告单提出异议时，原则上由原出具报告的人员履行校核与检查，由技术负责人处理和审核，主要核对数据是否准确，设备是否失准，测试方法是否正确，采用的标准是否合适等，然后确定报告是否有效，或重新检测进行验证，并将处理结果通知送检单位；若遇重大问题，则由最高管理者主持审理工作。

（4）检测原始数据一般不允许接受检查单位或其他单位任意核对，有关人员如确因工作需要，查阅检测报告或原始数据时，应该办理文件借阅手续，经技术负责人或最高管理者批准后，方可在指定地点与时间进行。

3．检测报告的存档

（1）检测报告与原始记录、检测方案、内部任务流转单、试验委托书等有关技术文件资料一并归档保存，并分类编号以便查询。所有检测报告均由档案管理员负责整理存档人资料室保存，保存期一般为6年或一个换证周期。

（2）档案管理员应保证检测报告电子记录安全贮存在配备防盗、防火、防潮设施的环境中，防止检测报告电子记录不正常损失及丢失。

（3）检测报告电子记录应分类存放在档案柜中，档案柜应有明显标识，以便检索和查询。归档报告电子记录若发生损坏、丢失现象，应立即报告质量负责人，追查原因，并及时予以处理。

4. 检测报告的销毁

（1）超期的技术文件及档案资料，由质量负责人登记造册，报最高管理者批准后统一销毁。

（2）对要求销毁的作废文件，技术部门填写《文件销毁记录》，报质量负责人批准之后销毁。

5. 保密制度

（1）需保密文件的管理必须严格遵守慎重、准确、安全、保密的原则。

（2）所有涉及公司的文件资料、检测数据、原始记录、检验报告都应保密，未经批准不得复制或扩散。

（3）不允许以电话或传真电子邮件等方式泄露公司的资料、检验数据。如泄密要追查责任人，严肃处理。

（4）参加涉外活动不得携带各项保密资料，因工作确需携带的应当由最高管理者批准，并采取严格的安全保密措施。

（5）对有保密要求的文件和资料实行专柜保存。

（6）如发生泄密事件，要及时报告公司相关领导，以便迅速采取措施，认真追查处理。

（7）技术资料文件、技术秘密（列入国家秘密的技术项目和列为企业秘密的项目，由本单位组织研制开发或者以其他合法方式掌握的、未公开的、不应为本企业外所知悉的、能给本单位带来经济利益或竞争优势、具有实用性且本单位采取了保密措施的技术信息，包括但不限于设计图纸含草图，试验结果与试验记录、工艺、配方、样品、数据、制作方法、技术方案、计算机程序等）是一种重要的无形资产，保护单位的技术秘密是每位职工的义务和责任，任何人不得利用职权和工作之便或采取不法手段泄露、发表、使用、许可、出售、转让单位的技术秘密。

（8）单位所有人员需签保密协议，离开单位前必须将在原单位所从事科技工作的全部技术资料、试验材料等交回原单位，不应擅自复制、发表、泄露、使用或转让涉及本单位技术秘密的技术资料和物品等。

八、检测样品的管理制度

1. 样品的接收

（1）取样人员应根据取样原则及频率到指定地点按时取样，并记录样品接收时的状态，做好样品的标识以及贮存、流转、处置过程中的质量控制，取样人应对样品的运输过程中的防护负责，保证样品的完整性。

（2）外委样品收样，由样品管理员进行验收登记入账。

（3）检测人员对样品是否适合于检测存有疑问，或主管人员对检验结果持怀疑态度，或认为样品不符合有关规定要求，或者有异常情况时（包括包装和封签），必须进行再次取样分析。

　　2．样品的识别

　　（1）样品的识别包括不同样品的区分识别和样品不同试验状态下的识别。

　　（2）样品标签包括：样品类别、样品编号、送样日期、样品状态（待检、在检、已检）。

　　（3）样品在不同状态，或样品的接收、流转、贮存处置等阶段，应该根据样品的不同特点和不同要求，做好标识的转移工作，以保持清晰的样品识别码，保证各检测室内样品编号的唯一性，保证样品分析结果的可追溯性。

　　（4）各检验检测机构，根据专业要求，对样品标识、转移方式和如何保证样品识别的唯一性和有效性，作出明确规定。

　　3．样品的贮存

　　（1）检验检测机构应有专门且适宜的样品贮存场所，配备样品间及样品架，由专人负责，限制出入。样品应分类存放，标识清楚，做到账物一致，样品贮存环境应安全、无腐蚀、清洁干燥且通风良好。

　　（2）对要求在特定环境条件下贮存的样品，应该严格按照要求控制环境条件，并做好记录。

　　4．样品的处置

　　（1）破坏性样品检测完毕，由检测人员运至垃圾池，定期由专业运输车运至指定地点，避免造成环境污染。

　　（2）非破坏性样品检测完毕，客户要求退回的，由检测人送交留样室，由样品管理人员负责退还客户，特殊大型样品，由检测人员转客户，例如橡胶支座、锚具、夹具等。

　　（3）需保留的样品按以下规定办理：

　　①水泥、外加剂、沥青保留3个月；

　　②现场钻芯取样，保留1个月（结果可能有争议或必要时）；

　　③客户要求暂时保留的样品，按客户要求办理，须保留样品由检测人根据样品的性质，将样品密封、标识、做好记录，保存至规定限期；

　　④留样由样品管理员填写留样标签后，组织检测人员共同实施。

　　5．样品的保密

　　（1）对客户的样品，严格执行保密协议的规定。

　　（2）样品流转过程中，所有有关人员应对样品的保密承担责任。

　　（3）样品在检测过程中不允许无关人员参观，样品的技术资料不允许无关人员阅览及带离检测场所。

第四节　试验检测机构

一、试验检测机构等级设置

试验检测机构等级，是依据检测机构的公路水运工程试验检测水平、主要试验检测仪器设备以及检测人员的配备情况、试验检测环境等基本条件对检测机构进行的能力划分。

检测机构等级，分为公路工程和水运工程专业。公路工程专业分为综合类和专项类，公路工程综合类设甲、乙、丙3个等级，公路工程专项类分为交通工程和桥梁隧道工程。水运工程专业分为材料类及结构类，水运工程材料类设甲、乙、丙3个等级，水运工程结构类设甲、乙2个等级。

二、试验检测机构资质要求

申请资质认定的检验检测机构应当符合以下条件：

（1）依法成立并能够承担相应法律责任的法人或者其他组织。

（2）具有与其从事检验检测活动相适应的检验检测技术人员和管理人员。

（3）具有固定的工作场所，工作环境满足检验检测要求。

（4）具备从事检验检测活动所必需的检验检测设备设施。

（5）具有并有效运行保证其检验检测活动独立、公正、科学及诚信的管理体系。

（6）符合有关法律法规或者标准、技术规范规定的特殊要求。

三、试验检测机构等级评定程序

部质量监督机构负责公路工程综合类甲级、公路工程专项类和水运工程材料类及结构类甲级的等级评定工作。省级交通质监机构负责公路工程综合类乙、丙级和水运工程材料类乙、丙级及水运工程结构类乙级的等级评定工作。

检测机构可以同时申请不同专业、不同类别的等级。检测机构被评为丙级、乙级后须满1年且具有相应的试验检测业绩方可申报上一等级的评定。

申请公路水运工程试验检测机构等级评定，应向所在地省级交通质监机构提交以下材料：

（1）公路水运工程试验检测机构等级评定申请书。

（2）申请人法人证书原件以及复印件。

（3）通过计量认证的，应当提交计量认证证书副本的原件及复印件。

（4）检测人员证书和聘（任）用关系证明文件原件及复印件。

（5）所申报试验检测项目的典型报告（包括模拟报告）以及业绩证明。

（6）质量保证体系文件。

公路水运工程试验检测机构等级评定工作分为受理、初审、现场评审3个阶段。

1. 受理

省级交通质监机构认为所提交的申请材料齐备、规范、符合规定要求的，应当予以受理；材料不符合规定要求的，应当及时退还申请人，并说明理由。

所申请的等级属于部质量监督机构评定范围的，省级交通质监机构核查后出具核查意见并转送部质量监督机构。

2. 初审

初审主要包括以下内容：

（1）试验检测水平、人员及检测环境等条件是否和所申请的等级标准相符。

（2）申报的试验检测项目范围及设备配备与所申请的等级是否相符。

（3）采用的试验检测标准、规范和规程是否合法有效。

（4）检定和校准是否按规定进行。

（5）质量保证体系是否具有可操作性。

（6）是否具有良好的试验检测业绩。

3. 现场评审

初审合格的进入现场评审阶段；初审认为有要补正的，质监机构应当通知申请人予以补正直至合格；初审不合格的，质监机构应当及时退还申请材料，并说明理由。

现场评审是对申请人完成试验检测项目的实际能力、检测机构申报材料与实际状况的符合性、质量保证体系和运转等情况的全面核查。

现场评审所抽查的试验检测项目，原则上应当覆盖申请人所申请的试验检测各大项目。抽取的具体参数应当通过抽签方式确定。

现场评审由专家评审组进行，专家评审组由质监机构组建，3人以上单数组成（含3人）。评审专家从质监机构建立的试验检测专家库中选取，与申请人有利害关系的不得进入专家评审组。

专家评审组应当独立、公正地开展评审工作。专家评审组成员应当客观、公正地履行职责，遵守职业道德，并对所提出的评审意见承担个人责任。

专家评审组应当向质监机构出具"现场评审报告"，主要内容包含：

（1）现场考核评审意见。

（2）公路水运工程试验检测机构等级评分表。

（3）现场操作考核项目一览表。

（4）两份典型试验检测报告。

4. 等级确定及发证

质监机构依据"现场评审报告"及检测机构等级标准对申请人进行等级评定。质监机构的评定结果，应当通过交通运输主管部门指定的报刊、信息网络等媒体向社会公示，公示期不得少于 7 天。公示期内，任何单位及个人有权就评定结果向质监机构提出异议，质监机构应当及时受理、核实和处理。

公示期满无异议或者经核实异议不成立的，由质监机构根据评定结果向申请人颁发"公路水运工程试验检测机构等级证书"（以下简称"等级证书"），等级证书有效期为 5 年；经核实异议成立的，应当书面通知申请人，并说明理由，同时应当为异议人保密。

省级交通质监机构颁发证书的同时应当报部质量监督机构备案。

5. 换证

等级证书期满后拟继续开展公路水运工程试验检测业务的，检测机构应提前 3 个月向原发证机构提出换证申请。

换证的申请、复核程序按照上述等级评定程序进行，并可以适当简化。在申请等级评定时已经提交过且未发生变化的材料可以不再重复提交。

换证复核以书面审查为主，必要时可以组织专家进行现场评审。

换证复核的重点是核查检测机构人员、仪器设备、试验检测项目、场所的变动情况，试验检测工作的开展情况，质量保证体系文件的执行情况，违规与投诉情况等。

换证复核合格的，予以换发新的等级证书，不合格的，质监机构应当责令其在 6 个月内

进行整改，整改期内不得承担质量评定和工程验收的试验检测业务。整改期满仍不能达到规定条件的，质监机构根据实际达到的试验检测能力条件重新作出评定，或者注销等级证书。

换证复核结果应当向社会公布。

6. 变更及注销

检测机构名称、地址、法定代或者机构负责人、技术负责人等发生变更的，应该当自变更之日起 30 日内到原发证质监机构办理变更登记手续。

检测机构停业时，应当自停业之日起 15 日内向原发证质监机构办理等级证书注销手续。

任何单位和个人不得伪造、涂改、转让及租借等级证书。

二、工地试验检测室

（一）工地试验室的类型

公路水运工程工地试验室是为加强工程建设现场质量管理而设立的临时试验室，它随建设项目的开工而设立，项目的结束而撤销。工地试验室所提供的试验检测数据是工程建设现场质量控制和评判的重要基础数据来源，是工程建设质量保证体系的重要组成部分。根据设立单位的不同，工地设立的试验室一般包括以下几类：

1. 施工企业试验室

施工企业试验室是施工企业为完成其所承担的施工任务而建立的试验室。

2. 监理中心试验室

各项目的驻地监理或总监办，在项目上通常都设有工地试验室，主要承担本项目合同段内的监理方面的试验任务。

3. 第三方检测试验室

近些年来，第三方检测制度在公路水运工程中得到推行，一般由建设单位单独招标一个第三方检测单位，进行独立的第三方试验检测工作。部分第三方试验检测需要在现场设立工地试验室。

工地试验室一般按合同段划分单独设立，工程线路跨度较大时，应设立分支工地试验室。分支工地试验室作为工地试验室的组成部分，也应按标准化建设要求建设，并接受项目质监机构的监管。

（二）工地试验室的职责范围

各级各类工地试验室的职能不同，其职责范围也有区别，分别简单介绍如下。

1. 施工企业工地试验室的职责范围

（1）选定料源：主要指地方材料（包括土、砂石材料、石灰）等；按设计文件提供的料源，通过试验，选择符合技术标准要求、开采方便、运输费用低的料场供施工使用。

（2）试样管理：包括试样的采集、运输、分类、编号以及保管。

（3）验收复检：指对已进场的各种材料（包括原材料、成品或半成品材料）按技术标准或试验规程的规定，分批量进行有关技术性质试验，以决定准予使用或封存、清退。

（4）标准试验：指完成各种混合材料的配合组成设计试验，提出配合比例及相关施工控制参数。

（5）工艺试验：包括试验路铺设、混合材料的预拌等过程中的试验工作，为施工控制采集有关的控制参数。

（6）自检试验：包括配合比例、压实度、强度（包括各类试件的成型、养护和试验）、施工控制参数、分项或分部工程中间交工验收试验等。

（7）协助试验：指为监理试验室提供其复核试验所需的一切材料（同现场监理人员一同取样，每种材料取两份，一份留自己试验用，一份送监理试验室）、为现场监理人员抽检试验提供必要的仪器设备及人员协助，及委托试验的送样任务。

（8）协助有关方面调查施工中出现的质量问题或质量事故，为调查处理提供真实、齐全的试验数据、证据或信息，参与必要的试验检测工作。

（9）对试验资料进行整理分析，提出分析报告，随时掌握施工质量动态，供有关人员参考。

（10）参与现场科研试验工作，推广及应用新材料、新技术及新工艺。

2. 监理试验室的职责范围

（1）监理的职责是对工程的实施进行全过程、全方位的监督管理。监理试验室的职能介于施工企业和政府监督之间，即有监督的一面，其职责主要是进行复核或平行试验。

（2）评估验收：标段试验室在起用前要经过监理试验室的评估验收，包括试验室用房、设备到位及安装情况、衡器及测力设备检定校验情况、人员及其资质情况、规章制度及管理情况等，以决定是否同意投入使用。

（3）验证试验：对各种原材料或商品构件，按施工企业提供的样品、产品合格证和试验报告等进行订货前预验，以决定是否同意采购。

（4）标准试验：对各种混合材料的配合比例、标准击实及所用原材料进行平行复核试验，以决定是否同意批复使用。

（5）工艺试验：参与施工企业的有关工艺性的试验，包括各类试验路铺筑、混合材料预拌等过程中的试验工作，以决定是否同意正式开工。

（6）抽检试验：在工程实施过程中，按规定的抽检频率，对工程所用原材料、成品或半成品材料的性能及压实度、强度等做全程跟踪抽检试验。

（7）验收试验：对已完工的工程项目进行试验检测，以准确地评价工程内在品质，多指中间交验的分部及分项工程，以决定是否接收。

（8）监管作用：对施工企业试验室的工作实施全面监督管理，包括试样管理、试验工作管理、仪器设备管理、文献资料管理等。

（9）以上工作任务有些要由监理试验室来完成，有些由现场监理人员在标段试验室人员的协助下来完成，也可以由现场监理人员利用标段试验室的设备独立来完成。

3. 第三方检测试验室的职责范围

第三方检测试验室的职责包括以下两方面：

（1）抽检试验：在工程实施过程中，定期或不定期地对在建工程的部分项目进行抽检试验，或进行全面的质量普查，以了解工程的质量动态，监督项目顺利实施。

（2）协助建设单位对项目的试验检测工作进行管理。

三类试验室的性质不同，职能不同，职责范围也有区别。

施工企业试验室的职责主要是用规定的方法和手段，对工程所用原材料、成品或半成品材料、结构构件以至结构物进行自检试验，提出了自检报告，作为申请监理检查验收的依据。

监理试验室的职责主要是进行复核性或平行试验，提出复核或抽检试验报告，作为批复或检查验收的依据。

第三方检测试验室的职责主要是定期或不定期地对分项或者分部工程进行抽检，提出抽检报告，作为项目建设单位监督的依据。

尽管各自的职责有所侧重，但目标是一致的，即杜绝不合格材料用于工程，对不合格的构件、结构物或工程提出返工或拒收的依据，构成了既有自检、复核，又有监

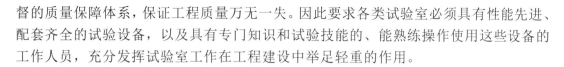

督的质量保障体系，保证工程质量万无一失。因此要求各类试验室必须具有性能先进、配套齐全的试验设备，以及具有专门知识和试验技能的、能熟练操作使用这些设备的工作人员，充分发挥试验室工作在工程建设中举足轻重的作用。

（三）工地试验室临时资质条件

根据交通运输部《关于进一步加强公路水运工程工地试验室管理工作的意见》要求，施工单位、监理单位根据工程质量安全管理需要或者合同约定，在工程现场可自行设立工地试验室，也可委托第三方试验检测机构设立工地试验室，设立工地试验室的母体均应具有相应的"公路水运试验检测机构等级证书"（以下简称"等级证书"）。

建设单位也可通过招标等方式直接委托具有等级证书和"计量认证证书"（以下简称"计量证书"）的第三方试验检测机构设立工地试验室，承担工程建设项目监理的全部或部分试验检测工作。

任何单位不得干预工地试验室独立、客观地开展试验检测活动。

设立工地试验室的母体试验检测机构，应当在其等级证书核定的业务范围内，根据工程现场管理需要或合同约定，对工地试验室进行授权。授权内容包括工地试验室可开展的试验检测项目及参数、授权负责人、授权工地试验室的公章、授权期限等。"公路水运工程工地试验室设立授权书"应加盖母体试验检测机构公章及等级专用标识章。

工地试验室设立实行登记备案制。经试验检测机构授权设立的工地试验室，应当填写"公路水运工程工地试验室备案登记表"，经建设单位初审后报送项目质监机构登记备案，质监机构对通过备案的工地试验室出具"公路水运工程工地试验室备案通知书"。

工地试验室被授权的试验检测项目及参数或试验检测持证人员进行变更的，应当由母体试验检测机构报经建设单位同意后，向着项目质监机构备案。

（四）工地试验室标准化建设

为了进一步加强工地试验室的标准化建设，交通运输部先后出台了《交通运输部办公厅关于印发工地试验室标准化建设要点的通知》和《公路工程工地试验室标准化指南》，各省也相继出台了对应的工地试验室标准化建设指南（办法），如山东省即颁布实施了《山东省公路水运工程工地试验室标准化建设与管理指南》。

工地试验室检测，应坚持规范化、标准化、精细化的方针，坚持"因地制宜、量力而行、务求实效"的工作原则，根据工程特点，把工地试验室标准化建设有关要求及费用标准等纳入招标文件，保证工地试验室标准化建设有序开展。各参建单位应将工地试验室标准化建设纳入日常管理，采取有效措施营造有利于工地试验室独立规范运行的外部环境，将提高工地试验检测数据的准确性、客观性及科学性作为工地试验室标准化建设的重中之重抓实抓好。

工地试验室标准建设应做到以下几点。

1. 工地试验室标准化建设

（1）工地试验室标准化管理的内涵是硬件建设标准化、检测工作规范化、质量管理精细化、数据报告信息化。

（2）工地试验室标准化建设坚持因地制宜、务求实效、经济适用的工作原则，根据工程项目建设内容和规模进行设置，既要满足工程质量控制要求，也要满足布局合理、安全环保、环境整洁的要求。

（3）工地试验室选址，应充分考虑安全、环保、交通便利及工程质量管理要求等因素。根据工作、生活、院落及周围所需面积，合理利用原有地形、地貌、地物、水面和空间以及现有的设施等，并按照分区设置、布局合理、互不干扰、经济适用原则进行合理规划，规划方案应满足试验检测工作需要和标准化建设有关规定，经项目建设单位有关部门审核后开始实施。

（4）工地试验室用房可新建或租用合适的既有房屋，房屋应坚固、安全、实用、美观，并满足工作、生活需要，新建房屋宜安装、拆卸方便且满足环保要求。

（5）环境建设应满足水、电、通风、采光、温湿度、安全、环保等方面规定。其他工作室的要求，根据不同试验设备，满足规范、规程要求。

2. 人员配备

（1）工地试验室应综合考虑工程特点、工程量大小及工程复杂程度、工期要求等因素，科学合理地确定试验检测人员数量，确保试验检测工作正常开展。

（2）试验检测人员应持证上岗、专业配置合理，能涵盖工程涉及专业范围和内容，工地试验室授权负责人必须是母体试验检测机构委派的正式聘用人员，并且须持有试验检测工程师证书。

（3）试验检测人员不得同时受聘于两家及以上的工地试验室。

（4）工地试验室不得聘用信用较差或很差的试验检测人员担任授权负责人，不得聘用信用很差的试验检测人员从事试验检测工作。

3. 设备配置

（1）工地试验室应按照合同要求和母体检测机构授权范围内的试验检测项目及参数配备相应的仪器设备和辅助工具，对使用频率高的仪器设备在数量上应能满足周转需要，仪器设备的功能、准确度和技术指标均应符合现行规范规程要求。

（2）仪器设备应按照优化试验检测工作流程、整体布局合理、同步作业不形成相互干扰的原则进行布置。

（3）仪器设备应严格按照试验检测规程和使用说明书中相关要求进行安装与调试。

（4）对有环境条件要求的功能室，应该配置相应的温湿度控制设备。

（5）标准养护室应配置一定数量的试件存放架，其刚度、尺寸应满足使用要求，且方便存取。

（6）办公室一般配置计算机、打印机、传真机、空调等设备，具有良好的工作及网络通讯条件。

（7）资料室应配置一定数量的金属资料柜，具有防潮、防虫等措施。

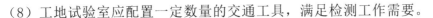

（8）工地试验室应配置一定数量的交通工具，满足检测工作需要。

4. 体系与文化建设

（1）工地试验室应依据母体检测机构的质量体系文件，结合了工程特点，编制简明、适用、针对性和操作性强的质量体系文件及各项管理制度。

（2）工地试验室管理制度主要包括但不限于：试验室工作职责；主要岗位人员工作职责、试验检测人员管理制度、试验检测仪器设备管理制度；样品管理制度；化学品（试剂）管理制度；环境管理制度；标准、文件管理制度；试验检测记录、报告管理制度；试验检测工作程序及质量管理制度；外委试验管理制度；档案资料管理制度；不合格报告管理制度；检测事故分析报告制度。

（3）工地试验室在运行前，应开展质量管理体系文件和各项管理制度的宣贯和培训工作，并将各项制度落实到人，加强考核和检查，确保各项管理制度能得到有效执行，并做好相应记录。

（4）工地试验室应积极营造"诚实守信、科学规范"的工地检测文化氛围，将"科学、客观、严谨、公正"的理念，融入到具体试验检测工作当中。

（五）工地试验室常见问题

1. 人员

试验检测人员在整个检测工作中发挥着举足轻重的作用，是试验检测工作水平高低的关键点，绝大部分的公路施工质量问题都是人员监管不力造成的。

相对高速发展的公路建设而言，试验检测人员还远远不能适应新形势的需要，在工作中易出现下列问题：

（1）试验检测人员相对比较缺乏，人员培训尤其是新上岗人员培训不到位，操作不规范，不注重操作细节。

（2）不熟悉本检测机构的质量管理体系文件。

（3）试验检测人员岗位登记情况较差，普遍存在"持证不上岗，上岗不持证"的情况。

（4）试验检测人才尤其是紧缺熟练的技术过硬、业务素质高的技术人员，存在一人同时担任两个或以上工地试验室任职的情况。

（5）使用虚假资格证书。

（6）人员档案不全，更新不及时，部分试验室的人员档案无目录清单，缺少对人员技能的确认及上岗证，缺少对人员培训活动的记录以及过程的评价和监督记录等。

2. 设备

试验检测设备相对落后，我国现行规范中已经引入了一些较为先进且成熟的检测技术，但在工程实际中，由于受各种条件限制，这些新技术的推广和应用并未普及，仪器设备方面投入不足，仪器设备的精度、质量、数量难以满足工程需要。仪器设备档案、台账建立不完善。检定／校准不规范，留下检定／校准死角，不清楚检定、校准、测试、自校的区别及范围，未能充分利用检定／校准数据信息，使得量值溯源流于形式，不能充分发挥其控制工程质量和成本的作用。

设备管理不规范，设备管理卡标识信息不全，设备状态标识不规范等。

设备档案不全面，如缺少仪器使用记录、期间核查记录、工地试验室仪器调拨记录等；大部分试验室的设备档案信息不全，仅有说明书和检定或校准或自校证书，而设备的验收及安装、期间核查、维修保养记录、设备的软件、唯一性标识、合格证、设备所处的位置、出入库记录、设备暂停使用的手续等都应该作为设备档案信息存入档案中。

3. 试验室布局

试验室布局应遵循"分区设置、布局合理、互不干扰、经济适用"的原则，做到以下几点：

（1）工作区与生活区分离。工作区分为功能室、办公室和资料室。功能室应根据不同的检测项目配置满足要求的基础设施和环境条件。

（2）应按照检测流程和工作相关性进行，保证样品流转顺畅、方便操作，如水泥混凝土室、力学和标养室，沥青室和沥青混凝土室，样品室、留样室、办公室和资料室等相邻设置。

（3）应对造成相互干扰的工作区域进行隔离设置，如有振动源的土工室与需要精密称量的化学室；相对湿度大于95%的标养室与资料室、办公室等。

但部分试验室没有满足上述相关要求，检测室和检测面积分配方面欠科学，仪器设备安放不合理，导致不同试验相互影响，对于检测温湿度条件有明确要求的部分设备或工作场所未进行有效识别、控制与监测。

4. 样品管理

（1）样品不具有代表性。在试验检测工作中，施工单位送来的样品或试验员在现场抽样检测的样品不具有代表性，没能很好地反映施工过程中各成品的真实情况，这就使得试验检测工作形同虚设，对工程中所出现的问题无法有效地检测出来，无法保障公路工程施工的质量。

（2）监理对抽取的样品监督不严格。施工中往往是施工单位代替监理进行现场取样，甚至是监理试验资料也是施工方完成的，存在检验的样品与实际施工中所使用的样品不一致等问题。在监理过程当中，要充分利用监理中心试验室，以试验检测作为有效手段严把质量关，从而起到控制施工质量的目的。

（3）样品送检不及时。现场施工过程中，样品送检过晚或是抽检及自检率达不到要求，往往试验检测报告还没有出来，施工单位已经开始进行下一个工序的施工，失去了试验检测的意义。

加大对施工单位的监管力度，履行监督职责，建立了一套监督制度及处罚措施，只要严格按照制度执行，必将提高工程质量。

5. 内业资料存在的问题

内业资料作为质量溯源的关键，是工程建设中的重要组成部分。在资料整理完整性、规范性、归档时限等方面存在较多问题，人员履约差，部分报告资料存在代签字现象。

第二章　试验检测数据的处理

第一节　试验检测数据处理

一、抽样检验

1. 总体与样本

检验是质量管理工作的重要内容之一，常称质量检验，它主要功能是对产品的合格性进行控制。在工程质量检验中，除重要项目外，大多数采用抽样检验，这就涉及总体与样本的概念。

总体又称为母体，是统计分析中所要研究对象的全体。但组成总体的每个单元称为个体。

从总体中抽取一部分个体就是样本（又称为子样）。例如，从每一桶沥青中抽取两个试样：一批沥青有 100 桶，抽检了 200 个试样做试验，100 桶沥青称为总体，200 个试样就是样本而组成样本的每一个个体，即为样品，样本中的某一个，就是这个样本中的一个样品。

检验的含义：将用某种方法检验物品的结果和质量判定标准相比较，来判断各个物品是否合格。

2. 抽样检验的意义

在产品检验中，全数检验的应用场合很少，大多数情况下是采取抽样检验。其原因如下。

（1）由于无破损检验仪器的种类较少，性能难以稳定，在不采用无破损性检验时，就要采用破坏性检验，而破坏性检验是不可能对全部产品进行检验的。

（2）当检验对象为连续性物体或者粉块混合物（如沥青、水泥等）时，在一般情况下不可能对全部物品的质量特性进行检测试验。

（3）由于一批产品的质量往往有所波动，采用全数检验实际上做不到，用无损检验也有可能导致由于产品不良品率高而带来重大经济损失。

（4）抽样检验由于检验的样本较少，因而可以收集质量信息，提高检验的全面程度和促进产品质量的改善。

3. 抽样检验的条件

抽样检验是从一批产品中随机抽取少量的样本进行检验，根据检验结果来判断该批产品是否合格的检验方法，因此，为使抽样检验对判定质量是否合格提供准确的信息，必须注意抽样检验应具备的条件。

（1）要明确批的划分

即要注意使同批产品在原材料、工艺条件、生产时间等方面具备基本相同的条件。例如，抽样检验水泥、沥青等产品的质量特性时，应将相同厂家、相同品种或相同标本的产品作为一个批次。

（2）必须抽取能代表批的样本

由于抽样检验是以样本检验结果来推断批的好坏的方法，故样本的代表性尤为重要。为使所抽取的样本能成为批的可靠代表，常采用下列方法：

1）单纯随机取样

这是一种完全随机化的取样，它适用于对总体缺乏基本了解的场合。

2）分层取样

当批量或工序被分为若干层时，可从所有分层中按一定比例取样。例如，有两台拌和机同时拌制原材料相同的同标号混凝土，为了检验混凝土的质量特性，采用抽样方法时，应注意对两台拌和机分别取样，这样便于了解不同"层"的产品质量特性，研究各层造成不良品率的原因，也可将甲、乙样品混合进行试验，了解了混合产品的质量特性。

3）两级取样

当物品堆积在一起构成批量时，可以先在若干箱中进行第一级随机取样，挑出部分箱中物品，然后再从已挑选出的箱中物品对其进行随机取样。

4）系统取样

当对总体实行单纯随机抽样有困难时，如测定公路路基的弯沉值，可采用一定间隔进行抽取的抽样方法，称为系统取样。

（3）要明确检验标准

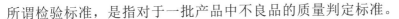

所谓检验标准，是指对于一批产品中不良品的质量判定标准。

（4）要有统一的检测试验方法

产品质量判定标准应与统一的检测试验方法所测定结果相比照。

二、数据的修约规则

1. 质量数据

质量数据的来源，主要是工程建设过程中的各种检验，就是材料检验、工序检验、竣工验收等，只有通过对它的收集、处理和分析，才能达到对生产施工过程的了解、掌握及控制。没有质量数据，就不可能有现代化的科学的质量控制。

质量数据就其本身的特性来说，可以分为计量值数据和计数值数据等两类。

（1）计量值数据

计量值数据是可以连续取值的数据，如长度、厚度等，一般可以用检测工具计量。

（2）计数值数据

有些反映质量状况的数据是不能用测量器具来度量的。为了反映或描述这类型质量状况，而且必须用数据来表示时，便采用计数的办法来获得数据，凡属于这样性质的数据即为计数值数据。如不合格品数、不合格的构件数等，以断定方法得出的数据和以感觉性检验方法得出的数据大多属于计数值数据。

计数值数据有两种表示方法：一是直接用计数出来的次数、点数来表示；二是把计数出来的次数、点数与总检查次（点）数相比，可用百分数表示。

2. 有效数字

在测量工作中，由于测量结果会有误差，因此表示测量结果的位数不宜太多，也不宜太少，太多容易使人误认为测量精度很高，太少则会损失精度。测量过程中，由于受到一系列不可控制和不可避免的主观因素和客观因素的影响，所获得的测量值必定含有误差，即获得的测量值仅仅是被测量的近似值。

另一方面，在数据处理过程中引入的一些常量，在大多数情况之下，是以无穷小数形式的无理数来表示，这就需要确定一项原则，将测得的或计算的数截取到所需的位数。认为在一个数值中小数点后面的位数越多，这个数值就越准确；或者在计算中，保留的位数越多，这个数值就越准确的想法都是错误的。第一种想法的错误在于没有弄清楚小数点的位置不是决定准确与否的标准，而是仅与所用计量单位的大小有关，如长度为 21.3 mm 与 0.0213 m，其准确程度完全相同。第二种想法的错误在于不了解所有测量，由于仪器和人们的感官只能做到一定的准确程度，这个准确程度一方面取决于所用仪器刻度的精细程度，另一方面与所用方法有关。因此在计算结果中，无论小数点取多少位数都不可能把准确程度增加到超过测量误差所允许的范围。反之，表示一个数值时，如果数值位数过少，即数值所取的有效位数少于实际所能达到的精度，则不能把已经达到的精度表示出来，也是错误的。例如不考虑测量误差，单从有效数字来考虑，在数学上 23 与 23.00 两个数是相等的，而作为表示测量结果的数值，二者相差是很悬殊的。用 23 表示的测量结果，其误差可能为 ±0.5；而用 23.00 表示的测量结果，其误差可能为 ±0.005。再如，1 和 0.1 在数值上相差 10 倍，单从数值上看两个数是不等的，而作为测量结果可能因所用单位不同，所表示的测量结果和所达到的精度是相同的。因此，在对测量数据的处理当中，掌握有效数字的有关知识是十分重要的。有效数字的概念可表述为：由数字组成的一个数，除最末 1 位数字是不确切值或可疑值外，其他数字皆为可靠值或确切值，则组成该数的所有数字包括末位数字称为有效数字，除有效数字外其余数字为多余数字。对于"0"这个数字，它在数中的位置不同，可能是有效数字，也可能是多余数字。整数前面的"0"无意义，是多余数字。对纯小数，在小数点后，数字前的"0"只起定位和决定数量级的作用（相当于所取的测量单位不同），所以，也是多余数字。

处于数中间位置的"0"是有效数字。处于数后面位置的"0"是否为有效数字可分为以下三种情况。

（1）数后面的"0"，若把多余数字的"0"用 10 的乘幂来表示，使其与有效数字分开，这样在 10 的乘幂前面所有数字包括"0"皆为有效数字。

（2）作为测量结果并注明误差值的数值，其表示的数值等于或大于误差值的所有数字，包括"0"皆为有效数字。

（3）上面两种情况外的数后面的"0"，就很难判断是有效数字还是多余数字，因此，应避免采用这种不确切的表示方法。一个数，有效数字占有的位数，即有效数字的个数，为该数的有效位数。

在测量或计量中应取多少位有效数字，可根据下述准则判定。

（1）对不需要标明误差的数据，其有效位数应取到最末 1 位数字为可疑数字（也称为不确切数字或参考数字）；

（2）对需要标明误差的数据，其有效位数应取到和误差同一数量级。

3. 极限数值的表示和判定

（1）标准（或其他技术规范）中规定考核的以数量形式给出的指标或参数等，应当规定极限数值。极限数值表示符合该标准要求的数值范围的界限值，它通过给出最小极限值和（或）最大极限值，或给出基本数值与极限偏差值等方式表达。

（2）标准中极限数值的表示形式及书写位数应适当，其有效数字应全部写出。书写位数表示的精确程度，应能保证产品或其他标准化对象应有的性能和质量。

上述数值修约规则（有时称为"奇升偶舍法"）与以往用的"四舍五入"的方法区别在于，"四舍五入"法对数值进行修约，从很多修约后的数值中得到的均值偏大，用上述修约规则，进舍的状况具有平衡性，进舍误差也具有平衡性，经这种修约后，修约值之和变大与变小的可能性是一样的。

三、数据的统计特征与分布

工程质量数据的统计特征量分为以下两类：

（1）表示统计数据的差异性，即工程质量的波动性，主要有极差、标准偏差、变异系数等。

（2）表示统计数据的规律性，主要有算术平均值、中位数、加权平均值等。

质量控制中，就是要应用数理统计方法，从反映工程质量的数据的差异性当中寻找其规律性，从而预测和控制工程质量。

1. 算术平均值

算术平均值是表示一组数据集中位置最有用的统计特征量，经常用样本的算术平均值来代表总体的平均水平。样本的算术平均值则用 $\overline{x}$ 表示。如果 n 个样本数据为 $x_1, x_2, x_3, \cdots, x_n$，那么，样本的算术平均值为

$$\overline{x} = \frac{1}{n}\left(x_1 + x_2 + x_3 + \cdots + x_n\right) = \frac{1}{n}\sum_{i=1}^{n} x_i$$

2. 中位数

在一组数据 $z_1, z_2, \cdots, z_n$ 中，按其大小次序排序，以排在正中间的一个数表示总体的平均水平，称为中位数，或称为中值，用 $\overline{x}$ 表示。n 为奇数时，正中间的数只有一个；n 为偶数时，中间的数有两个，取得这两个数的平均值作为中位数。

$$\overline{x} = \begin{cases} x_{\frac{n+1}{2}} & (n\text{为奇数}) \\ \frac{1}{2}\left(x_{\frac{n}{2}} + x_{\frac{n}{2}+1}\right) & (n\text{为偶数}) \end{cases}$$

3. 极差

在一组数据中最大值与最小值之差，称为极差，记 R，即有

$$R = x_{max} - x_{min}$$

4. 标准偏差

标准偏差有时也称为标准离差、标准差或均方差，它是衡量样本数据波动性（离散程度）的指标。在质量检验中，总体的标准偏差 σ 通常不易求得。而样本的标准偏差 S 为

$$S = \sqrt{\frac{\left(x_1 - \overline{x}\right)^2 + \left(x_2 - \overline{x}\right)^2 + \cdots + \left(x_i - \overline{x}\right)}{n-1}} = \sqrt{\frac{\sum_{i=1}^{n}\left(x_i - \overline{x}\right)^2}{n-1}}$$

5. 变异系数

标准偏差反映了样本数据的绝对波动状况。当测量较大的量值时，绝对误差一般较大；当测量较小的量值时，绝对误差一般较小，因此，用相对波动的大小，即变异系数更能反映样本数据的波动性。变异系数用 C 表示，是标准偏差 S 与算术平均值的比值，即

$$C_v = \frac{S}{\bar{x}} \times 100\%$$

四、可疑数据处理

工程质量常会发生波动情况。质量的波动自然会引起质量检测数据的参差不齐。有时还会发现一些明显过大或过小的数据，这些数据为可疑数据。因此，在进行数据分析之前，应用数理统计法判别其真伪，并且决定取舍。常用的检测方法如下。

1. 拉依达法

当试验次数较多时，可简单地用 3 倍标准差（3S）作为确定可疑数据取舍的标准。当某一测量数据与其测量结果的算术平均值 $\bar{x}$ 之差大于 3 倍标准偏差，即时，该测量数据应舍弃，

$$\left| x_i - \bar{x} \right| > 3S$$

这是美国混凝土标准中所采用的方法，因为该方法是以 3 倍标准偏差为判别标准的，所以亦称为 3 倍标准偏差法，简称 3S 法。

取 3S 的理由是：根据随机变量的正态分布规律，在多次试验当中，测量值落在 $\bar{x}$ -3S 与 +3S 之间的概率为 99.73%，出现在此范围之外的概率仅为 0.27%，也就是在近 400 次试验中才能遇到一次，这种事件为小概率事件，出现的可能性很小，几乎是不可能，因而在实际试验中，一旦出现，就认为该测量数据是不可靠的，应将其舍弃。

另外，当测量值与平均值之差大于 2 倍标准偏差（$\left| x_i - \bar{x} \right| > 2S$）时，该测量值应保留，但需存疑。如发现生产（施工）、试验过程中，有可疑的变异，则该测量值应予舍弃。

2. 肖维纳特法

进行 n 次试验，其测量值服从正态分布，以概率 1/（2n）设定一判别范围 $(-k_n S_k, k_n S)$，当偏差（测量值 x_i 与其算术平均值 $\bar{x}$ 之差）超出该范围时，就意味着该测量值 x_i 是可疑的，应予舍弃。判断范围是

$$\frac{1}{2n} = 1 - \int_{-k_n}^{k_n} \frac{1}{\sqrt{2\pi}} e^{-\frac{t^2}{2}} dt$$

式中：k_n —— 肖维纳特系数，与试验次数 n 有关，可由正态分布系数表查得，如表 2-1 所示。

表 2-1　肖维纳特系数

n	k_n	n	k_n	n	k_n	n	k_n	n	k_n	n	k_n
3	1.38	8	1.86	13	2.07	18	2.20	23	2.30	50	2.58
4	1.53	9	1.92	14	2.10	19	2.22	24	2.31	75	2.71
5	1.65	10	1.96	15	2.13	20	2.24	25	2.33	100	2.81
6	1.73	11	2.00	16	2.15	21	2.26	30	2.39	200	3.02
7	1.80	12	2.03	17	2.17	22	2.28	40	2.49	500	3.20

因此，肖维纳特法可疑数据舍弃的标准为

$$\frac{|x_i - \overline{x}|}{S} \geqslant k_n$$

3. 格拉布斯法

格拉布斯法假定测量结果服从正态分布，据顺序统计量来确定可疑数据的取舍。

进行 n 次重复试验，测得结果为 $x_1, x_2, \cdots, x_i, \cdots, x_n$ 从而 x_i 服从正态分布。

为了检验 $x_i(i = 1, 2, \cdots, n)$ 中是否有可疑值，可以将 x_i 按其值由小到大顺序重新排成，得

$$x_{(1)} \leqslant x_{(2)} \leqslant \cdots \leqslant x_{(n)}$$

根据顺序统计原则，给出标准化顺序统计量 g 为

$$\begin{cases} g_{(1)} = \dfrac{\overline{x} - x_{(1)}}{S} & \text{（当最小值 } x_{(1)} \text{ 可疑时）} \\[2mm] g_{(n)} = \dfrac{x_{(n)} - \overline{x}}{S} & \text{（当最大值 } x_{(n)} \text{ 可疑时）} \end{cases}$$

根据格拉布斯统计量的分布，在指定的显著性水平 β（一般 β=0.05）下，求得判别可疑值的临界值 $g_\theta = (\beta, n)$，格拉布斯法的判别标准是

$$g \geqslant g_o(\beta, n)$$

当 $g \geqslant g_o(\beta, n)$ 时，该测量可疑值是异常的，应该予以舍去。格拉布斯系数如表 2-2 所示。

表 2-2　格拉布斯系数 $g_0(\beta, n)$

n β	0.01	0.05	n β	0.01	0.05	n β	0.01	0,05
3	1.15	1.15	13	2.61	2.33	23	2.96	2.62
4	1.49	1.46	14	2.66	2.37	24	2.99	2.64
5	1.75	1.67	15	2.70	2.41	25	3.01	2.66
6	1.94	1.82	16	2.74	2.44	30	3.10	2,74
7	2.10	1.94	17	2.78	2.47	35	3.18	2.81
8	2.22	2.03	18	2.82	2.50	40	3.24	2.87
9	2.32	2.11	19	2.85	2.53	50	3.34	2.96
10	2.41	2.18	20	2.88	2.56	100	3.59	3.17
11	2.48	2.24	21	2.91	2.58			
12	2.55	2.29	22	2.94	2.60			

　　格拉布斯法每次只能舍弃一个可疑值，若有两个以上的可疑数据，则应该一个一个数据舍弃。舍弃第一个数据后，检测次数由 n 变为 n-1，以此给基础再判别第二个可疑数据。

第二节　质量检验评定标准

一、一般规定

　　（1）根据建设任务、施工管理和质量检验评定的需要，应在施工准备阶段按《公路工程质量检验评定标准》中将建设项目划分为单位工程、分部工程和分项工程。施工单位、工程监理单位和建设单位应按相同的工程项目划分进行工程质量的监控和管理。

　　①单位工程。在建设项目中，根据签订的合同，具有独立施工条件工程。

　　②分部工程。在单位工程中，应按结构部位、路段长度及施工特点或施工任务划分为若干个分部工程。

　　③分项工程。在分部工程中，应按照不同的施工方法、材料、工序及路段长度等划分为若干个分项工程。

　　（2）工程质量检验评分以分项工程为单元，采用 100 分制进行检评。在分项工程评分的基础上，逐级计算各相应分部工程、单位工程、合同段和建设项目评分值。

　　（3）工程质量评定等级分为合格与不合格，应按分项、分部、单位工程、合同段和建设项目逐级评定。

　　（4）施工单位应对各分项工程按本标准所列基本要求、实测项目及外观鉴定进行自检，按《公路工程质量检验评定标准》及相关施工技术规范提交真实、完整的自检资料，对工程质量进行自我评定。

工程监理单位应按规定要求对工程质量进行独立抽检，对于施工单位检评资料进行签字确认，对工程质量进行评定。

建设单位根据对工程质量的检查及平时掌握的情况，对工程监理单位所做的工程质量评分及等级进行审定。

质量监督部门、质量检测机构可依据《公路工程质量检验评定标准》对公路工程质量进行检测评定。

二、工程质量评分

1. 分项工程质量评分

分项工程质量检验内容包括基本要求、实测项目、外观鉴定和质量保证资料四个部分。只有在其使用的原材料、半成品、成品及施工工艺符合基本要求的规定，且无严重外观缺陷和质量保证资料真实并基本齐全时，才能对分项工程质量进行检验评定。

涉及结构安全和使用功能的重要实测项目为关键项目（在标准中以"△"标识），其合格率不得低于 90%（属于工厂加工制造的交通工程安全设施及桥梁金属构件合格率不低于 95%，机电工程合格率为 100%），并且检测值不得超过规定极值，否则必须进行返工处理。

实测项目的规定极值是指任一单个检测值都不能突破的极限值，不符合要求时该实测项目为不合格。

采用《公路工程质量检验评定标准》所列方法进行评定的关键项目，不符合要求时则该分项工程评为不合格。

分项工程的评分值满分为 100 分，按照实测项目采用加权平均法计算，存在外观缺陷或资料不全时，须予减分，即

$$分项工程得分 = \frac{\sum[检查项目得分 \times 权值]}{\sum 检查项目权值}$$

$$分项工程评分值 = 分项工程得分 - 外观缺陷减分 - 资料不全减分$$

（1）基本要求检查

分项工程所列基本要求，对施工质量优劣具有关键作用，应按基本要求对工程进行认真检查。经检查不符合基本要求规定时，不得进行工程质量的检验和评定。

（2）实测项目计分

规定检查项目采用现场抽样方法，按照规定频率及分项工程的施工质量，直接进行检测计分。

检查项目除按数理统计方法评定的项目以外，均应按单点（组）测定值是否符合标准要求进行评定，并按合格率计分，即

检查项目合格率 =（检查合格的点（组）数／该检查项目的全问检查（组）数）×100%

检查项目得分 = 检查项目合格率 × 100

（3）外观缺陷减分

对工程外表状况应逐项进行全面检查，如发现外观缺陷，应该进行减分。对于较严重的外观缺陷，施工单位须采取措施进行整修处理。

（4）资料不全减分

分项工程的施工资料和图表残缺，缺乏最基本的数据，或有伪造涂改者，不予检验和评定。资料不全者应予减分，减分幅度可按《公路工程质量检验评定标准》中所列各款逐款检查，视资料不全情况，每款减 1 ～ 3 分。

2. 分部工程和单位工程质量评分

《公路工程质量检验评定标准》附录 A 所列分项工程和分部工程区分为一般工程和主要（主体）工程，分别给以 1 和 2 的权值计分。进行分部工程和单位工程评分时，采用加权平均值计算法确定相应的评分值，即

$$分部(单位)工程评分值 = \frac{\sum [分项(分部)工程评分值 \times 相应权值]}{\sum 分项(分部)工程权值}$$

3. 合同段和建设项目工程质量评分

合同段和建设项目工程质量评分值按《公路工程竣（交）工验收办法》计算。

4. 质量保证资料

施工单位应有完整的施工原始记录、试验数据、分项工程自查数据等质量保证资料，并进行整理分析，负责提交齐全、真实及系统的施工资料和图表。工程监理单位负责提交齐全、真实和系统的监理资料。质量保证资料应包括以下六个方面。

（1）所用原材料、半成品和成品质量检验结果。

（2）材料配比、拌和加工控制检验和试验数据。

（3）地基处理、隐蔽工程施工记录和大桥、隧道施工监控资料。

（4）各项质量控制指标的试验记录和质量检验汇总图表。

（5）施工过程中遇到的非正常情况记录及其对工程质量影响分析。

（6）施工过程中如发生质量事故，经处理补救之后，达到了设计要求的认可证明文件等。

三、工程质量等级评定

1. 分项工程质量等级评定

分项工程评分值不小于 75 分者为合格；小于 75 分者为不合格；机电工程、属于

工厂加工制造的桥梁金属构件不小于 90 分者为合格，小于 90 分者为不合格，评定为不合格的分项工程，经加固、补强或返工和调测，满足设计要求后，可以重新评定其质量等级，但计算分部工程评分值时按其复评分值的 90% 计算。

2. 分部工程质量等级评定

所属各分项工程全部合格，那么该分部工程评为合格；所属任一分项工程不合格，则该分部工程为不合格。

3. 单位工程质量等级评定

所属各分部工程全部合格，那么该单位工程评为合格；所属任一分部工程不合格，则该单位工程为不合格。

4. 合同段和建设项目质量等级评定

合同段和建设项目所含单位工程全部合格，其工程质量等级为合格；如所属任一单位工程不合格，那么合同段和建设项目的工程质量评为不合格。

第三章 路基土的试验检测

第一节 路基土试验检测项目

一、土的概念

在公路工程建设中，土既是一种建筑材料，例如作为路基填料、路面基层材料，也是工程结构物周围的介质或环境，如隧道、涵洞及地下建筑周围的土等。

土是由岩石风化而形成的，最大特点是分散性，同时也具有复杂性和易变性的特点。土是一种分散体，一种多孔材料。在孔隙中除了空气以外，还存有部分水，有时孔隙中会完全充满水。当土的孔隙中含有空气和水时，土就是由固相、气相和液相组成的三相体系；当土的孔隙中只充满水或空气时，土就是二相体系。随着土体周围环境的影响，尤其是荷载的变化，土的三相结构会发生变化。这种变化会对土的工程性质产生一定影响。所以，对土进行试验和检测是公路设计、施工与科研必不可少的工作，某种意义上讲是设计、施工和科研的基础。

在实际工程中，若土不能满足工程需要时，那么需要对土进行改良，如给土中加水泥、石灰、粉煤灰，以使其形成无机结合料稳定土。

二、土的分类及其指标

土的分布极为广泛，成分十分复杂，性质千差万别。为便于对土的工程性质进行研究，必须对土进行工程分类。土的分类依据不同的指标，方法也有多种。在公路工程领域，我们一般依据的分类指标是土的颗粒组成特征、土的塑性指标和土中有机质的存在情况，可将土分为巨粒土、粗粒土、细粒土及特殊土。

巨粒土，粗粒土和细粒土是依据土的颗粒大小划分的，各粒组范围划分如图 3-1 所示。

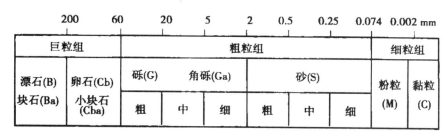

图 3-1　粗组划分图

目前土的工程分类法还不统一：各国各行业都有自己的一套分类体系，即目前的分类是一种行业约定或行业标准。这里仅仅简单介绍交通部颁布的《公路土工试验规程》所列的分类标准。其分类依据为：

①土颗粒组成特征。

②土的塑性指标：液限、塑限和塑性指数。

③土中有机质存在情况。

按分类依据，首先应根据颗粒分析资料和图 3-1 计算土样的各分组含量。然后按下列条文进行分类，具体操作为逐条向下查对，哪一条中所有条件首先满足就依那一条的分类名为准。

（1）巨粒土的分类

巨粒组质量多于总质量 50% 的土称巨粒土。根据巨粒组的具体含量，可以细分为漂（卵）石、漂（卵）石夹土及漂（卵）石质土。

（2）粗粒土的分类

粗粒组质量多于总质量 50% 的土称粗粒土。

①粗粒土中砾粒组质量多于总质量 50% 的土称砾类土，砾类土应根据其中细粒含量和类别以及粗粒组的级配进行再分类，又分为粗、中、细三级。

②粗粒土中砾粒组质量少于或等于总质量 50% 的土称砂类土。砂类土应根据其中细粒含量和类别以及粗粒组的级配进行再分类，又分为粗、中、细三级。

（3）细粒土的分类

细粒组质量多于总质量 50% 的土称细粒土。细粒土应按规定划分为细粒土、含粗粒的细粒土及有机质土。

①细粒土中粗粒组质量少于总质量 25% 的土称细粒土。细粒土可分为高液限黏土（记为 CH）、低液限黏土（记为 CL）、高液限粉土（记为 MH）和低液限粉土（记为 ML）。

②细粒土中粗粒组质量为总质量 25% ～ 50% 的土称含粗粒的细粒土。含粗粒的

细粒土应先确定细粒土部分的名称，再按以下规定最终定名：当粗粒组中砾粒组占优势时，称含砾细粒土，应在细粒土代号后缀以代号"G"；当粗粒组中砂粒组占优势时，称含砂细粒土，应在细粒土代号后缀以代号"S"。

③含有机质的细粒土称有机质土。土中有机质包括未完全分解的动植物残骸和完全分解的无定形物质。后者多呈黑色、青黑色或者暗色，有臭味，有弹性和海绵感，可借目测、手摸及嗅感判别。当不能判定时，可采用下列方法：将试样在 105～110 ℃的烘箱中烘烤。若烘烤 24 h 后试样的液限小于烘烤前的 3/4，该试样为有机质土。当需要测有机质含量时，按有机质含量试验进行。

有机质土定名为有机质高液限粘土（记为 CHO）、有机质低液限黏土（记为 CLO）、有机质高液限粉土（记为 MHO）和有机质低液限粉土（记为 MLO）。

三、试验检测项目

通过以上分析可知，在对公路用土进行工程性质评价之前，首先需要对土样进行筛分试验，以了解路基土颗粒组成特征，然后再根据需要进行土的塑性指标试验以及土中有机质存在情况的分析试验，并以此对其进行工程分类，初步判定其能否作为公路建筑材料。在此基础上再开展公路用土的击实试验以及承载比、回弹模量等工程性能试验，以此进一步判定其能否作为公路建筑材料（如 CBR 就是判定能否作为路基填料的重要参数），并为控制路基施工质量及为路面设计提供技术参数。

在公路工程设计中还会用到土的抗剪强度参数和压缩系数等，具体可以参阅现行《公路土工试验规程》，此处不再赘述。

第二节　土的颗粒分析试验方法

一、概述

组成土体的颗粒是大小不同粒径的集合体，土粒粒径的大小和级配与土的工程性质紧密相关。土的颗粒分析试验就是测定土的粒径大小和级配状况，为土的分类、定名和工程应用提供依据。分析的方法有直接法和间接法。对于粒径大于 0.074 mm 的土用筛析法直接测试，对于粒径为 0.002～0.074 mm 的土一般用水析法间接测试。

二、筛析法

1. 试验原理

筛析法是将土样通过逐级减小孔径的一组标准筛子。对通过某一筛孔的土粒，可以认为其粒径恒小于该筛的孔径，反之，遗留在筛上的颗粒可以认为其粒径恒大于该筛的孔径。这样即可把土样的大小颗粒按筛孔径大小逐级加以分组。

本试验法适用于分析粒径 d > 0.074 mm 的土。

2. 仪器设备

粗筛：孔径为 60，40，20，10，5，2 mm；

细筛：孔径为 2，0.5，0.25，0.074 mm。

3. 试验步骤

将土样放在橡皮板上风干，用木碾将黏结的土团充分碾散拌匀，用四分法取代表性土样备用。将四分法取出的代表性土样称取 100 ～ 4 000 g（土样的粒径越大称取的数量越多）。

将试样过孔径为 2 mm 的细筛，分别称出筛上和筛下土的质量。

取 2 mm 筛上试样倒入依次叠好的粗筛的最上层筛中，取 2 mm 筛下的土样倒入依次叠好的细筛的最上层筛中分别进行筛析。若 2 mm 筛下的土 不超过试样总质量的10%，则可省略细筛分析。同样，2 mm 筛上的土如不超过试样总质量的10%，则可省略粗筛分析。筛析时细筛可放在摇筛机上振摇，振摇时间一般为 10 ～ 15 min。

依次将留在各筛上的土称量。要求各细筛及底盘内土质量总和与原来所取 2 mm筛下试样质量之差不得大于1%，同样各个粗筛及 2 mm 筛下的土质量及与试样质量之差不得大于1%。

4. 计算及绘图

按下式计算小于某颗粒直径的土的质量分数：

$$x = \frac{A}{B} p$$

式中：x—— 小于某颗粒直径的土质量分数，%；

A—— 小于某颗粒直径的土质量，g；

B—— 细筛分析时所取试样质量，粗筛分析时则为试样总质量，g；

p—— 粒径小于 2 mm 的总土质量分数，或粒径小于 0.074 mm 的总土质量分数，如果土中无大于 2 mm 的颗粒或无小于 0.074 mm 的颗粒，分析时取 p=100%。

在半对数坐标纸上，以小于某粒径的土质量分数为纵坐标，颗粒直径的对数值为横坐标，绘制颗粒大小分配曲线。

必要时按下式计算不均匀系数 Cu 及曲率系数（或级配系数）Cc：

$$C_v = \frac{d_{60}}{d_{10}}$$

$$C_c = \frac{d_{30}^2}{d_{10} d_{60}}$$

式中：d60——限制粒径，即土中小于该粒径的颗粒质量分数为60%的粒径，mm；

d10——有效粒径，就是土中小于该粒径的颗粒质量分数为10%的粒径，mm；

d30 土中小于该粒径的颗粒质量分数为30%的粒径，mm。

不均匀系数 Cu 反映大小不同粒组的分布情况，其值越大表示土粒大小分布范围大且级配好；曲率系数则是描述累计曲线的分布范围，反映了累计曲线的整体形状。

本试验记录格式以及计算范例如表3-1。

表3-1　颗粒大小分析试验（筛析法）

工程名称 _____　　　　　　　　试验者 _____

土样编号 _____　　　　　　　　计算者 _____

土样说明 _____　试验日期 _____　校核者 _____

筛前总土质量 =3 000 g　　　　　　小于 2 mm 取试样质量 =810 g

小于 2 mm 土质量 =810 g

小于 2 mm 土占总土质量分数 =27%

粗筛分析				细筛分析				
孔径 /mm	累积留筛土质量 /g	小于该孔径的土质量 /g	小于该孔径的土质量分数 /%	孔径 /mm	累积留筛土质量 /g	小于该孔径的土质量 /g	小于该孔径的土质量分数 /%	占总土质量分数 /%
				2	2190	810	100	27.0
60				1	2410	590	72.8	19.7
40	0	3000	100	0.5	2740	260	32.1	8.7
20	350	2650	88.3	0.25	2920	80	9.9	2.7
10	920	2080	69.3	0.074	2980	20	2.5	0.7
5	1600	1400	46.7					
2	2190	810	27.0					

三、比重计法和移液管法

1. 试验原理

比重计法和移液管法实质为静水沉降法，也称为沉降分析法，其基本原理是 0.002～0.2 mm 粒径的土粒在水或液体中靠自重下沉时基本上做等速运动，运动的规律符合斯托克斯（stokes）定律。该定律认为土粒越大，在静水中沉降速度越快。

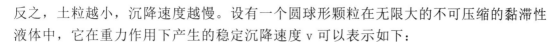

反之，土粒越小，沉降速度越慢。设有一个圆球形颗粒在无限大的不可压缩的黏滞性液体中，它在重力作用下产生的稳定沉降速度 v 可以表示如下：

$$v = \frac{2}{9}r^2\frac{\rho_s - \rho_w}{\eta}$$

式中：v—— 球形颗粒在液体中的稳定沉降速度，m/s；

r—— 球形颗粒的半径 m；

ρ_s, ρ_w —— 颗粒及液体的容重，N/m³；

ς —— 液体的黏度，Pa·s。

也可以写成：

$$d = \sqrt{\frac{18\eta}{\rho_s - \rho_n}}\sqrt{v}$$

式中：d—— 球形颗粒的直径，m。

$$v = \frac{2}{9}r^2\frac{\rho_s - \rho_w}{\eta}$$

表明粒径与沉降速度的平方根成正比。

在进行粒度成分分析时，先将一定质量的干土制成一定体积的悬液，搅拌均匀后，各种粒径的土在悬液中是均匀分布的，即各种粒径在悬液中的浓度在不同深度处都是相等的。

如果悬液体积为 1000 cm³，其中所含小于等于 di，的土粒质量为 msi，则在 L_i 深度处悬液的密度为：

$$\rho_i = \frac{1}{1000}\left[m_{xi} + \left(1000 - \frac{m_{si}}{\rho_s}\right)\rho_w\right]$$

式中：m_{si} —— 悬液中粒径小于等于 4 的土粒质量，g；

ρ_s, ρ_w —— 土颗粒及水的密度，g/cm³。

悬液中小于 di 的土粒质量 msi 占土粒总重 ms 的百分比（质量分数）p_i 为

$$p_i = \frac{m_x}{m_s}\times 100\%$$

从以上分析可看出，只要时间一定，那么某一深度处等于以及小于 di 的粒径就已知。

同样，只要测出同一时间内同深度处的悬液密度，则 di 相应的含量就已知。其具体测定方法有比重计法和移液管法。

2. 适用范围

20 世纪 30 年代凡尔塞国际土壤物理学代表会议规定，斯托克斯公式只适用于直径为 0.2～0.002 mm 的颗粒。当颗粒直径过大时，其沉降速度超过公式所允许的速度，则颗粒在液体中沉降时会产生紊流现象，而不是等速运动。如颗粒直径过小，则胶体颗粒遇水后成为悬浮物质，由于水分子的作用力而相互撞击，永不停止，产生布朗运动，从而改变了原颗粒在液体中沉降的特性，所以不能正确地量测其下沉速度。

目前，公路土工试验规程规定粒径小于 0.075 mm 的土采用该方法来分析粒度成分。

3. 方法概述

（1）比重计法

首先将一定体积液体中的土加以搅拌，使其均匀分散于整个悬液内。自此时算起，在其后某一时间（ t ）将比重计放入悬液中，观测液面所达到的比重计刻度。这样，可以利用已知的 t 及 L 算得相应的等值粒径 d 和推求在全部悬液中所含等于和小于 d 的颗粒密度及其所占质量百分比。用此两项结果，在半对数纸上绘制颗粒大小分配曲线。

（2）移液管法

移液管法根据斯托克斯定律计算出某一粒径的颗粒沉降至某一深度所需要的时间，在此时刻内用吸管在该深度处吸取一定体积的悬液。将吸出的悬液烘干称重，就可把不同粒级的质量测定出来以确定土的颗粒组成。

第三节　路基土液限塑限试验

一、概述

在各类土当中，黏性土具有一个非常显著的特点：含水量的变化会对它的工程性质（如强度、压缩性等）产生特别大的影响。

当黏性土的含水量很高时，土成为泥浆，呈现为黏滞的液态。在此状态下，土的抗剪强度和压缩性均非常小。当含水量逐渐减小至某一值时，土就会表观出了塑性体的特征，具有一定的抗剪强度，在外力作用下，可产生并保持任意的变形。土从液体状态向塑性状态过渡时的界限含水量，我们称之为液限，用" w_L "表示。

当黏性土的含水量继续降低至某一值时，土的塑性状态就会消失，它会呈现出具有脆性的固态特征。土由塑性状态向固性状态过渡时的界限含水量，我们称之是塑限，用" W_P "表示。

黏性土的塑性大小，用塑性指数 I_p 表示。 I_p 即液限与塑限的差值。

$$I_p = w_L - w_p$$

黏性土在不同的含水量状态下，会表现出不同的物理状态。我们用液性指数 4 来反映土的含水量与界限含水量（即物理状态的变化）之间的关系。

$$I_L = \frac{w - w_P}{w_L - w_P}$$

式中：w —— 土的含水量；

w_L —— 塑限；

w_p —— 液限。

所以，可根据的大小区分土所处的物理状态。《公路桥涵地基与基础设计规范》中关于土的物理状态划分规定如图 3-2 所示。

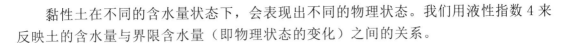

图 3-2　土的 I_L 与物理状态对照图

当土的含水量达塑限后继续降低，土的体积将随含水量的降低而收缩。当达到某一含水量时，土的体积不再收缩，这时的界限含水量称作缩限，用表示。当土的含水量低于缩限时，土将是不饱和的。

二、液限塑限联合测定法

1. 目的和适用范围

本试验的目的是联合测定土的液限和塑限，从而划分土类，计算天然稠度、塑性指数，供公路工程设计和施工使用。

液限塑限联合测定法适用于粒径不大于 0.5 mm，有机质含量不大于试样总质量 5% 的土。

2. 仪器设备

主要仪器设备为 LP-100 型液塑限联合测定仪，他的锥质量为 100 g，锥角为 30°，读数显示形式宜采用光电式、游标式、百分表式。另外还需要：盛土杯（直径 5 cm，深度 4～5 cm）、天平（称量 200 g，感量 0.01 g）、筛（孔径 0.5 mm）、调土刀（皿）、研钵等。

3. 试验主要步骤

取有代表性的天然含水量或者风干土样进行试验。如土中含有大于 0.5 mm 的土粒或杂物时，应将风干土样用带橡皮头的研杵研碎或用木棒在橡皮板上压碎，过 0.5 mm 的筛。取代表性土样 200 g，分开放入 3 个盛土皿中，加不同数量的蒸馏水，使土样的含水量分别控制在液限（a 点）、略大于塑限（c 点）和二者的中间状态（b 点）附近。用调土刀调匀，密封放置 18 h 以上。

将制备好的土样充分搅拌均匀，分层装入盛土杯中，试杯装满之后，刮成与杯边齐平。

给圆锥的锥尖涂少许凡士林，将装好土样的试杯放在联合测定仪上，使锥尖与土样表面刚好接触，然后按动落锥开关，测记经过 5 s 锥的入土深度 h。

去掉锥尖入土处的凡士林，测盛土杯中土的含水量 w。

重复以上步骤对已经制备的其他两个含水量的土样进行测试。

4. 结果整理

在二级双对数坐标纸上，用含水量 w 为横坐标，锥入深度 / 为纵坐标，绘 a、b、c 三点含水量的 h—w 图，连此三点，应该呈一条直线，如图 3-3 所示。

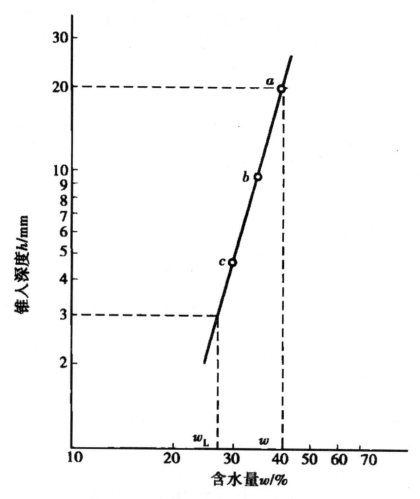

图 3-3　锥入深度与含水量（h—w）关系图

在 h—w 图上，查得纵坐标入土深度 h=20 mm 所对应的横坐标的含水量 w 即为该土样的液限含水量 w_L。

对细粒土，用下式计算塑限入土深度 hp：

$$h_p = \frac{w_L}{0.521w_L - 7.606}$$

对于砂类土，则用下式计算塑限入土深度 hp：

$$h_p = 29.6 - 1.22w_L + 0.017w_L^2 - 0.0000744w_L^3$$

根据 hp 值，再查试验结果 h—w 图，对于应 hp 的含水量即为塑限含水量 wp 值。

三、塑限含水量的搓条试验法

搓条法测土的塑限为国内外过去常用的基本方法。虽然其标准不易掌握，人为因素较大，但由于历史原因，用其结果已设计建造了大量工程，积累了许多经验，目前在确定塑限标准时仍以联合测定法为基本依据之一。

试验按联合测定法备土料，然后取含水量接近塑限的试样一小块，先用手搓成椭圆形，然后用手掌在毛玻璃板上轻轻滚搓。当土条搓至直径为 3 mm 时，其产生裂缝并开始断裂，则这时土条的含水量即为土的塑限含水量，收集了 3 ~ 5 g 滚搓后合格的土条测其含水量。

第四节 击实、承载比、回弹模量及压实度试验

一、击实试验

（一）概述

土作为筑路材料时，需要在模拟现场施工条件下，获得了路基土压实的最大干密度和相应的最佳含水量。击实试验就是为了这种目的利用标准化的击实仪具，测完土的密度和相应的含水量的关系，所以击实试验是控制路基压实质量不可缺少的重要试验项目。

用击实试验模拟现场土的压实，是一种半经验方法。因为土的现场填筑碾压和室内击实试验具有不同的工作条件，两者之间的关系是根据工程实践经验求得的，但要求室内试验的击实功应相当于现场施工的压实功，因此很多国家以及一个国家的不同部门就可能有其自用的击实试验方法和仪器。

（二）试验方法的分类

公路路基土和路面基层材料的击实试验分轻型和重型两类，其击实试验方法类型见表 3-2，主要体现在击实功的不同。

表3-2　击实试验方法类型

试验方法	类别	锤底直径/cm	锤质量/kg	落高/cm	试筒尺寸			层数	每层击数	击实功/(kJ•m⁻²)	最大粒径/mm
					内径/cm	高/cm	容积/cm³				
轻型Ⅰ法	Ⅰ1	5	2.5	30	10	12.7	997	3	27	598.2	25
	Ⅰ2	5	2.5	30	15.2	12	2 177	3	59	598.2	38
重型Ⅱ法	Ⅱ1	5	4.5	45	10	12.7	997	5	27	2 687.0	25
	Ⅱ2	5	4.5	45	15.2	12	2 177	3	98	2 677.2	38

（三）测试方法

1. 试样制备

试样制备分干法和湿法两种。对普通土，干法制样和湿法制样所得击实结果有一定差异，对于具体试验应根据工程性质选择制备方法。

（1）干法制样

将代表性土样风干或在低于50 ℃温度下烘干，放在橡皮板上用木碾碾散，过筛（筛号视粒径大小而定）拌匀备用。

测定土样风干含水量 w_0，按土的塑限估计最佳含水量，并依次按相差约2%的含水量制备一组试样（不少于5个），其中有两个大于与两个小于最佳含水量，加水量 m_w 可按下式计算：

$$m_w = \frac{m_0}{1+0.01w_0} \times 0.01(w-w_0)$$

式中：w_0 —— 土样原有含水量（风干含水量），%；

—— 风干含水量 w_0 时土样的质量，g；

w —— 要求达到的含水量，%；

m_w —— 所需的加水量，g。

按确定的含水量制备试样。将称好的 m_0 质量的土平铺于不吸水的平板上，用喷水设备往土样上均匀喷洒预定的水量，静置一段时间后，装入塑料袋内静置备用。静置时间对高液限黏土不得少于24 h，对低液限黏土不得少于12 h。

（2）湿法制样

对天然含水量的土样过筛（筛孔视粒径大小而定），并且分别风干到所需的几组不同含水量备用。

2. 试样击实

将击实筒（如图3-3所示）放在坚硬的地面上，取制备好的土样按所选击实方法分 3 或 5 次倒入筒内。每层按规定的击实次数进行击实，要求击完之后余土高度不超过试筒顶面 5 mm。

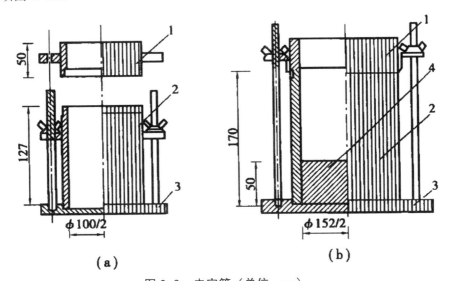

图 3-3　击实筒（单位：mm）

（a）小击实筒；（b）大击实筒

1—套筒；2—击实筒；3—底板；4—垫块

用修土刀齐筒顶削平试样，称筒和击实样土重后用推土器推出筒内试样，测定击实试样的含水量和测算击实后土样的湿密度，依次重复上述过程完成所备不同预定含水量的土样的击实试验。

3. 结果整理

按下式计算击实后各点的干密度 ρ_d：

$$\rho_d = \frac{\rho}{1 + 0.01w}$$

式中：ρ —— 击实后土的湿密度，g/cm³；

二、承载比（CBR）试验

（一）基本原理与要求

承载比是由美国加利福尼亚州公路局首先提出一种评定土基及其他路面材料承载能力的指标，简称 CBR（California Bearing Ratio 的缩写）。所谓 CBR 值是指试件抵抗局部荷载压入变形达 2.5 mm 时的强度和标准碎石压入相同贯入量时的标准荷载强度的比值。

标准荷载强度是用高质量碎石材料由试验求得，其与贯入量之间的关系见表 3-3。

表 3-3　不同贯入量时的标准荷载强度和标准荷载

贯入量 /mm	标准荷载强度 /kPa	标准荷载 /kN
2.5	7000	13.7
5.0	10500	20.3
7.5	13400	26.3
10.0	16200	31.8
12.5	18300	36.0

标准荷载强度与贯入量之间的关系也可用下式表示：

$$P = 162L^{0.61}$$

式中：P——标准荷载强度，kPa；

L——贯入量，mm。

进行该试验时必须注意：

①只用于在规定的试筒内制件后，对于各种土和路面基层、底基层材料进行承载比试验。

②混合料的最大粒径应控制在 25 mm 以内，最大不得超过 40mm（圆孔筛）；如为方孔筛，应该控制在 20 mm 以内，最大不得超过 30 mm。

③路基土或强度不随龄期增长的材料不需养生；对于半刚性基层、底基层材料则需要按规定进行养生。

（二）主要仪器设备

①圆孔筛：孔径 40，25，20，5 mm 的筛各一个。

②试筒：试筒的形式及主要尺寸如图 3-4 所示。

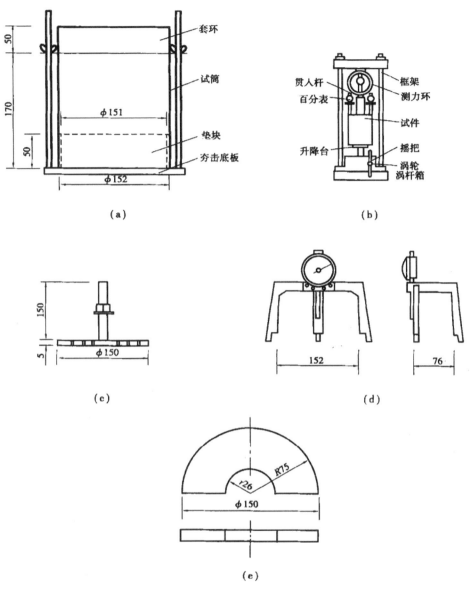

图 3-4　CBR 试验所用仪器（单位：mm）

（a）试筒尺寸示意图；（b）路面材料强度试验仪示意图；

（c）多孔板；（d）百分表架；（e）荷载板

③夯锤和导管：夯锤的底面直径 50 mm，总质量 4.5 kg，夯锤在导管内的总行程为 450 mm，夯锤的形式和尺寸与重型击实试验法所用的相同。

④贯入杆：端面直径 50 mm，长约 100 mm 的金属柱。

⑤路面材料强度试验仪或者其他荷载装置：能量不小于 50 kN，可调节贯入速度至每分钟贯入 1 mm，可以采用测力计式。

⑥百分表：3 个。

⑦试件顶面上的多孔板（测试件吸水时的膨胀量）。

⑧多孔底板（试件放上后浸泡水中）。

⑨测膨胀量时支承百分表的架子。

⑩荷载板：直径150 mm，中心孔眼直径52 mm，每块质量1.25 kg，若干块，并沿直径分为两个半圆。

水槽：浸泡试件用，槽内水位应高出试件顶面25 mms

其他：台秤（感量为试件用料量的0.1%）、拌和盘、直尺、滤纸及脱模器等与重型击实试验法相同。

（三）试件制作

采用夯击法制作试件，步骤如下：

①称试筒本身的质量将试筒固定在底板上，垫块放入筒内，并在垫块上放一张滤纸，安上套环。

②一般要制作3种试件，例如每种试件要制作3个，则共制作9个试件。3种试件均分3层夯击，差别是每层夯击次数分别为30次、50次和98次，使试件的干密度从低于95%到等于100%的最大干密度（9个试件共需试料约50 kg）。

③将已过筛的试料，用四分法逐次分小，至最后取出约50 kg试料，再用四分法将取出的试料分成9份，每份约重5.0 kg。

④按最佳含水量制备试件试样。把一份试料平铺于金属盘内，将事先计算得到的该份试料中应加的水量均匀地喷洒在试料上，如为细料土，所加水量应较最佳含水量小3%。对于中粒土和粗粒土，可直接按最佳含水量加水。用小铲将料充分拌和到均匀状态，然后装入密闭容器或塑料口袋内浸润备用。浸润时间：重黏土不得少于24 h，轻黏土可缩短到12 h，砂土可缩短到1 h，天然砂砾土、红土砂砾、级配砾石可缩短到2 h左右，含土很少的未筛分碎石、砂砾及砂可缩短到1 h。

加水量可按下式计算：

$$Q_w = \left(\frac{Q_n}{1+0.01w_n} + \frac{Q_c}{1+0.01w_c} \right) \times 0.01w - \frac{Q_n}{1+0.01w_n} \times 0.01w_n - \frac{Q_c}{1+0.01w_c} \times 0.01w_c$$

式中：Q_w —— 混合料中应加的水量，g；

Q_n —— 混合料中素土（或集料）的质量，g（其含水量为风干含水量w_c）；

Q_c —— 混合料中水泥或石灰的质量，g（其原始含水量w_c通常很小，可以忽略不计）；

w —— 要求达到的混合料的含水量，%。

⑤将击实筒放在坚实地面（最好是水泥混凝土地面）上，取制备好的试样1.8 kg左右（其量应使击实后的试样略高于筒高的1/3，即高出1～2 mm），倒入筒内。整平其表面后稍加压紧，然后按所需击数进行第一层试样的击实（先击98次）。锤迹必须均匀分布于试样表面。第一层击实完后，检查该层的高度是否合适，以便调整以后两层的试样用量。用刮土刀或螺丝刀将已击实层的表面"拉毛"。然后，重复上

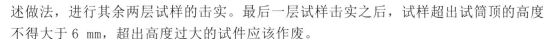

述做法，进行其余两层试样的击实。最后一层试样击实之后，试样超出试筒顶的高度不得大于 6 mm，超出高度过大的试件应该作废。

⑥卸下套环，用直刮刀沿试筒顶修平压实的试件，表面不平整处用细粒土修补。取出垫块，称试筒和试件的质量。

⑦按步骤⑤和⑥制作其余两种试件。只是制作第二种试件时，每层的夯实次数为 50 次，制作第三种试件时，每层的夯击次数为 30 次。

（四）测试方法

1. 泡水测膨胀量

①在试件制成后，取下试件顶面的破残滤纸，放一张好的滤纸，并在上安装附有调节杆的多孔板，在多孔板上加 4 块荷载板。

②将试筒与多孔板一起放入槽内（先不放水），并用拉杆将模具拉紧，安装百分表，并读取初读数。

③向水槽内放水，使水自由淹没试件的顶部和底部。在泡水期间，槽内水面应保持在试件顶面以上大约 25 mm。通常试件要泡水 4 昼夜（96 h）。

④泡水 96 h 终了时，读取试件上百分表的终读数，并用下式计算膨胀量：

$$膨胀量 = \frac{泡水后试件高度变化值}{原试件高度(120mm)} \times 100\%$$

⑤从水槽中取出试件，倒出试件顶面的水，静置 15 min，使其排水，然后卸去附加荷载和多孔板、底板和滤纸，并称量，以计算试件的湿度和密度的变化。

2. 贯入试验

①将泡水试验终了的试件放到路面材料强度试验仪的升降台上，调整偏球座，使贯入杆与试件顶面全面接触，在贯入杆周围放置 4 块荷载板。

②先在贯入杆上施加 45 N 荷载，然后将测力及测变形的百分表的指针都调整至零点。

③加荷使贯入杆以 1～1.25 mm/min 的速度压入试件，记录测力计内百分表某些整读数（如 20，40，60）时的贯入量，并注意使贯入量为 250×10^{-2} mm 时，能有 5 个以上的读数。因此，测力计内的第一个读数应是贯入量 30×10^{-2} mm 左右。

3. 结果整理

①以单位压力（p）为横坐标，贯入量（I）为纵坐标，绘制 p—p 关系曲线，如图 3-5 所示。图上曲线 1 是合适的，曲线 2 开始段是凹曲线，需要进行修正。修正时，在变曲率点引一切线，与纵坐标交于 0′ 点，0′ 即是修正后的原点。

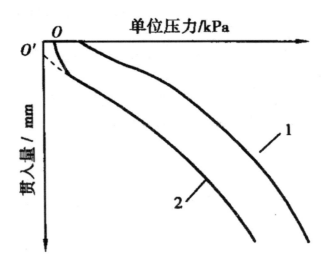

图 3-5 单位压力与贯入量的关系曲线

②一般采用贯入量为 2.5 mm 时的单位压力和标准压力之比作为材料的承载比（CBR），即：

$$CBR = \frac{p}{7000} \times 100$$

式中：CBR—— 承载比，%；

p—— 单位压力，kPa。

同时计算贯入量为 5 mm 时的承载比：

$$CBR = \frac{p}{10500} \times 100$$

如贯入量为 5 mm 时的承载比大于 2.5 mm 时的承载比，那么试验要重做。如结果仍然如此，则采用 5.0 mm 时的承载比。

三、回弹模量试验

（一）现场土基的回弹模量检测方法

土基的回弹模量是公路设计中一个必不可少的参数，我国现有规范已给出不同的自然区划和土质的回弹模量的推荐值，具体参见《公路沥青路面设计规范》"土基回弹模量参考值"表。但由于土基回弹模量的改变将会影响路面设计的厚度，所以建议有条件时最好直接测定，而且随着施工质量的提高，回弹模量值的检验将会作为控制施工质量的一个重要指标。

土基的回弹模量测定方法目前主要是使用承载板法，也可用贝克曼梁法和某些间接的测试方法, 如 CBR 测定法、贯入仪测定法等。这里主要介绍承载板法测定土基回弹模量 E_0。

承载板法是在现场土基表面用承载板逐级加载、卸载的方法, 测出每级荷载相应的回弹变形值, 通过计算求得土基的回弹模量值 E_0。

回弹模量是土基强度的一种表示方法, 根据弹性半空间体上布氏理论, 路基的回弹模量可以由下式求得:

$$E_0 = \frac{\pi D}{4}\left(1 - \mu_0^2\right)\frac{p}{l}$$

用 BZZ-100 车作为加载设备 (后轴重 100 kN, 轮胎内压 0.7 MPa), 在汽车大梁的后轴之后约 80 cm 处, 附设加劲小横梁一根作为反力架。

首先要选定有代表性的测点, 测点应位于水平的路基上, 土质均匀且不含杂物。然后仔细平整土基表面, 撒细砂填平土基的凹处, 砂子不可覆盖全部土基表面, 避免形成一层砂面。安置承载板, 并且用水平尺进行校正。

将试验车置于测点上, 使系于加劲小横梁中部的垂球对准承载板中心, 然后收起垂球。在承载板上安放千斤顶, 上面衬垫钢圆筒、钢板, 并将球座置于顶部与加劲小横梁接触。如用测力环时, 应将测力环置于千斤顶与横梁中间, 千斤顶衬垫必须保持铅直, 以免加压时千斤顶倾倒发生事故而影响测试数据的准确性。如图 3-6 所示。

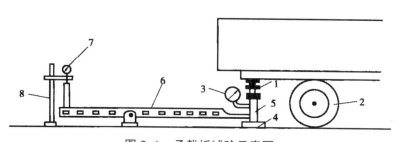

图 3-6 承载板试验示意图

1—支承小横梁; 2—汽车后轮; 3—千斤顶油压表;
4—承载板; 5—千斤顶; 6—弯沉仪; 7—百分表; 8—表架

将两台弯沉仪的测头分别置于承载板上, 百分表对零或其他合适的位置, 测定土基的压力变形曲线。

采用逐级加压、卸载法, 用经过标定的压力表或者测力环控制加载大小。表 3-4 是承载板直径 D=30 cm 时的加载表。

表 3-4 加载表

压强 /MPa	荷载 /kN	压强 /MPa	荷载 /kN

0.02	1.231	0.04	2.462
0.06	3.694	0.08	5.925
0.10	6.156	0.14	8.618
0.18	11.081	0.22	13.543
0.26	16.006	0.30	18.474

首先预压 0.05 MPa，使承载板与土基紧密接触，同时检查百分表的工作情况是否正常。然后放松千斤顶油门卸载，百分表稳定 1 min 后，读初读数。再按下列程序逐级进行加压、卸载测定：每级卸载后百分表不再对零，每次加载、卸载稳定 1 min 后立即记录读数，两台弯沉仪回弹变形值之差和平均值之比小于 30% 时，取平均值。如超过 30%，则应重测。

当回弹变形值超过 0.5 ~ 1 mm 时（路面结构强时，取低值；路面结构弱时，取高值），即可停止加载。加载结束后取走千斤顶，重新读取百分表初读数，再将汽车开出 10 m 以外，读取终读数，两个百分表的终、初读数之差即为总影响量。各级压力回弹变形值加该级的影响量后，则为计算回弹变形值。

这里，我们再来分析一下影响量的产生原因。施加到承载板上的荷载，是靠千斤顶顶起汽车尾部的小横梁来实现的。因此，需要将装有标准轴载的汽车开到测点附近，这样，汽车后轴的两组车轮对测点处土基产生回弹变形，这个回弹变形成为总影响量，在同一测点上其值与汽车后轴重成正比。因此汽车后轴荷载对施测点的回弹弯沉即为总影响量。

如果承载板在逐级加载的过程中，汽车轴载对土基表面压力不变，那么总影响量值不变，故对施测点所测得的回弹弯沉值没有影响。实际上，在对承载板逐级加荷的同时，汽车后轴对土基表面的压力逐级减小，因而总影响量也在逐级减小，致使测点的实测回弹弯沉值比实际回弹弯沉值小一个影响量的变化值（分级影响量），其值与汽车后轴荷载的减小量成正比。

表 3-5 是以后轴重 60 kN 的标准车为测试车的各级荷载影响量的计算值。当使用其他类型的测试车时，各级压力下的影响量按以下计算：

$$a_i = \frac{(T_1 + T_2)\pi D^2 p_i}{4T_1 Q}$$

式中：T_1 —— 测试车前后轴距，m；

T_2 —— 加劲小梁距后轴距离，m；

D —— 承载板直径，m；

Q —— 测试车后轴重，N；

p_i —— 该级承载板压力，Pa；

a—— 总影响量，0.01 mm；

aᵢ—— 该级压力的分级影响量，0.01 mm。

各级荷载的计算（实际）回弹弯沉值按以下计算：

$$l_i = l_i' + a_i$$

式中：l_i'—— 各级荷载的实测回弹弯沉值；

a_i—— 各级荷载的影响量。

表 3-5 是用后轴 60 kN 测试车时各级荷载的影响量计算结果。

表 3-5　各级荷载影响量（后轴 60 kN）

承载板压力/Pa	0.05	0.10	0.15	0.20	0.30	0.40	0.50
影响量	0.06a	0.12a	0.18a	0.24a	0.36a	0.48a	0.60a

将各级压力下的回弹变形值加上该级的影响量所得的各级计算回弹变形值点绘于计算纸上，排除显著偏离的异常点，并绘出顺滑的 p—l 曲线，如曲线起始部分出现反弯，应进行原点修正。

取满足要求的各级荷载及其对应的回弹变形值，按照线形回归方法由下式计算土基回弹模量 E_0 值：

$$E_0 = \frac{\pi D}{4}\left(1 - \mu_0^2\right)\frac{\sum p_i}{\sum l_i}$$

式中：E_0—— 对应于各级荷载下土基回弹模量，MPa；

μ_0—— 泊松比，一般取为 0.35；

D—— 承载板直径（30 cm）；

p_i—— 承载板压力，MPa；

l_i—— 对于荷载的回弹变形，cm。

一般取回弹变形或 1 mm 或承载板压力 ≤ 0.7 MPa 范围之内的测试值代入 $E_0 = \frac{\pi D}{4}\left(1 - \mu_0^2\right)\frac{\sum p_i}{\sum l_i}$ 计算土基回弹模量值。

（二）室内小型承载板试验

本试验适用于不同湿度及密度的细粒土。

1. 仪器设备

杠杆压力仪：最大压力 1 500 N，如图 3-7 所示。

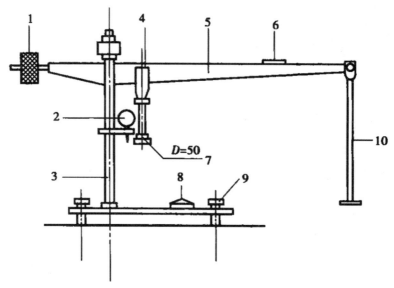

图 3-7　杠杆压力仪（单位：mm）

1—调平砝码；2—千分表；3—立柱；4—加压杆；5—水平杠杆；
6—水平气泡；7—加压球座；8—底座气泡；9—调平脚螺丝；10—加载架

承载板直径 50 mm、高 80 mm。还需千分表（2 块）、秒表（1 块）等仪器。

2. 试样

按击实试验方法制备试样。根据工程要求选择轻型或重型法，视最大粒径用小筒或大筒进行击实试验，得出最佳含水量和最大干密度。然后按最佳含水量用上述试筒击实制备试件。

3. 试验步骤

①安装试样：将试件和试筒的底面放在杠杆压力仪的底盘上，将承载板放在试件中央位置并与杠杆压力仪的加压球座对正。然后将千分表固定在立柱上，将表的测头安放在承载板的表架上。

②预压：在杠杆仪的加载架上施加砝码，用预定的最大单位压力 p 进行预压。含水量大于塑限的土，p=50～100 kPa；含水量小于塑限的土，p=100～200 kPa。预压进行 1～2 次，每次预压 1 min。预压后调正承载板位置，并且将千分表调到接近满量程的位置，准备正式试验。

③测定回弹量：将预定最大单位压力分成 4～6 份，作为每级加载的压力。每级加载时间为 1 min 时，记录千分表读数，同时卸载，让试件恢复变形。卸载 1 min 时，再次记录千分表读数，同时施加下一级荷载。如此逐级进行加载卸载，并且记录千分表读数，直至最后一级荷载。为使试验曲线开始部分比较准确，第一、二级荷载可用每份的一半。试验的最大压力也可略大于预定压力。

四、压实度试验

（一）现场压实度评定方法

1. 非破坏性试验法（核子仪测定密度法）

非破坏性试验使用的仪器是各种核子仪，它利用放射性元素（通常是射线和中子射线）测量路基土或路面结构层材料的密度和含水量。20 世纪 80 年代以前，这类仪器主要在美国和前苏联应用。近年来，核子仪的应用逐渐普遍。核密实度含水量测定仪，既可在现场测定密实度，也可以在现场测定含水量。

这种仪器有几种不同的类型：有一种插入式核密实度含水量测定仪，在使用前需要在拟测量的位置打一个洞（洞深等于拟测的深度），然后将探头插入洞中进行测量，此法又称为直接透射法；另一种是表面式核密实度含水量测定仪，可以直接放在表面上进行测量，无需打洞，此法又称为散射法。更先进的一种核密实度含水量测定仪还带有电子计算机。这类仪器的优点是：测量速度快，需要的人员少，可用于测量各种土（包括冻土）和路面材料的密度及它们的含水量，因此受到质量检验人员的欢迎。

但核子仪的缺点之一是超标的放射性对人类有害。国内曾不止一次检验发现进口的核密实度含水量测定仪的放射性超过规定。因此使用核子仪时要注意：仪器工作时，所有人员必须退后到距离仪器 2 m 以外的地方；仪器不使用时，应将手柄放置于安全位置，仪器应装入专用的仪器箱内，放置在符合核辐射安全规定的地方；仪器应该由经过有关部门的审查合格的专人保管，专人使用。

2. 破坏性试验法

所谓破坏性试验，是指在测量土层或材料层的密实度和含水量之前，需要对被测量层进行一定程度的破坏，以采取样品。测定密度常用的方法有环刀法、蜡封法、灌砂法、灌水法等。环刀法操作简便而准确，在室内和野外普遍采用；不能用环刀的坚硬、易碎、含有粗粒、形状不规则的土，可用蜡封法；灌砂法、灌水法一般应用于现场测定粗粒土和巨粒土的密度，也可以用于测定细粒土的密度，这里主要介绍灌砂法。

（二）灌砂法

所谓灌砂法是用均匀颗粒（或单一粒径）的砂，由一定高度下落到一规定容积的筒或洞内，根据其单位质量不变的原理来测量试洞的容积，用试洞的容积代表洞中取出材料的体积。该方法可用于测试各种土或路面材料的密度。

灌砂法是当前国际上最通用的方法，在很多国家的土工试验法和稳定土材料试验法中，灌砂法列为在现场测定密度的主要方法，可用于测量各种土和路面材料的密度。此法的缺点是：需要携带较多的量砂，称量次数较多，所以它的测量速度较慢。

1. 砂的质量以及量砂的单位质量标定

（1）标定筒下部圆锥体内砂的质量

①在灌砂筒筒口高度上，向灌砂筒内装砂至距筒顶 15 mm 左右为止。称取装入筒内砂的质量 m1 准确至 1 g。以后每次标定及试验都应该维持装砂高度和质量不变。

②将开关打开，让砂自由流出，并使流出的砂的体积与工地所挖试坑内的体积相当（可等于标定罐的容积），然后关上开关，称灌砂筒内剩余砂质量 m_2 准确至 1 g。

③不晃动储砂筒的砂，轻轻地将灌砂筒移至玻璃板上，将开关打开，让砂流出，直到筒内砂不再下流时，将开关关上，并细心地取走灌砂筒。

④收集并称量留在板上的砂或称量筒中的砂，准确到 1 g。玻璃板上的砂就是填满锥体的砂 m_2。

⑤重复上述过程测量三次，取平均值。

（2）标定量砂的单位质量

①用水确定标定罐的容积 V，准确至 1 mL。

②在储砂筒中装入质量为%的砂，并将灌砂筒放在标定罐（如图 3-8 所示）上，将开关打开，让砂流出，整个过程中不需触动灌砂筒，直到砂不再下流时，把开关关闭。取下灌砂筒，称作取筒内剩余砂的质量，准确至 1 g。

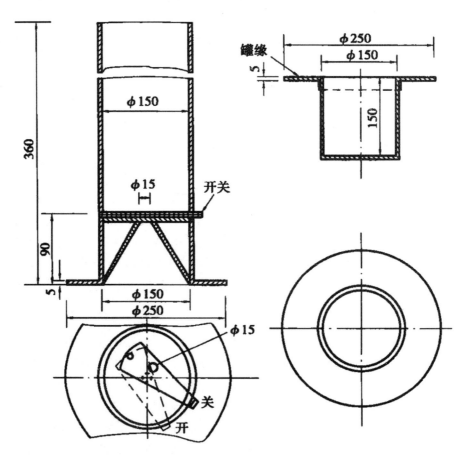

图 3-8　灌砂筒和标定罐（尺寸单位：mm）

③按下式计算填满标定罐所需砂的质量 m_a：

$$m_a = m_1 - m_2 - m_3$$

式中：m_a —— 标定罐中砂的质量，g；

m_1 —— 装入灌砂筒内的砂的总质量，g；

m_2 —— 灌砂筒下部圆锥体内的质量，g；

m_3 —— 灌砂入标定罐后，筒内剩余砂的质量，g。

④重复上述测量 3 次，取其平均值。

⑤计算砂的单位质量：

$$\gamma_s = \frac{m_a}{V}$$

式中：γ_s —— 量砂的单位质量，g/cm^3；

V —— 标定罐的体积，m%

2. 压实度测试

先在拟测量密度的地点挖凿一个圆形试洞，洞深通常应该等于碾压层的厚度，洞的直径与灌砂筒一致。在挖洞过程中，应使洞壁尽可能垂直，避免洞径上大下小。仔细收集洞中挖出的全部土或其他材料，勿使丢失，并采取措施保护其含水量不受损失。及时称取（可以分批称）洞中挖出的全部土或者材料的质量，准确至 1 g，并取部分有代表性的样品做含水量试验。

剩下的重要一步是量测试洞的容积，或确定所挖出的全部土或材料的体积。

将基板安放在试坑上，将灌砂筒安放在基板中间（储砂筒内放满砂），使灌砂筒的下口对准基板中孔及试洞，打开灌砂筒的开关，让砂流入试坑内。在此期间，应该注意勿碰动灌砂筒，直到储砂筒内的砂不再下流时，关闭开关，小心取走灌砂筒，并称量筒内剩余砂的质量，精确到 1 g。

第四章 粉煤灰、矿粉及集料检测

第一节 粉煤灰及矿粉检测

一、基层用粉煤灰

（一）适用范围

本方法适用于测定粉煤灰中二氧化硅、氧化铝及氧化铁的含量。

（二）仪器设备

（1）分析天平：不应低于四级，量程不小于 100g，感量 0.000 1 g。

（2）氧化铝、铂、瓷坩埚：带盖，容量 15 ～ 30 mL。

（3）瓷蒸发皿：容量 50 ～ 100 mL。

（4）马福炉：隔焰加热炉，在炉膛外围进行电阻加热。应该使用温度控制器，准确控制炉温，并定期进行校验。

（5）玻璃容量器皿：滴定管、容量瓶及移液管。

（6）玻璃棒、沸水浴、玻璃三角架、干燥器、玛瑙研钵、精密 pH 试纸（酸性）。

（7）分光光度计：可在 400 ～ 700 nm 范围内测定溶液的吸光度，带有 10 nm、20 nm 比色皿。

（三）试样准备

分析过程中，只应用蒸馏水或同等纯度的水；所用试剂应是分析纯或优级纯试剂。

用于标定与配制标准溶液的试剂，除另有说明外，均应为基准制剂。

除另有说明外，%表示质量分数。规程当中使用的市售浓液体试剂具有下列密度 ρ（20℃，单位 g/cm³ 或%）：

盐酸（HC）1.18～1.19 g/cm³ 或 36%～38%；

氢氟酸（HF）1.13 g/cm³ 或 40%；

硝酸（HNO3）1.39～1.41 g/cm³ 或 65%～68%；

硫酸（H2SO4）1.84 g/cm³ 或 95%～98%；

氨水（NH3·H₂O）0.90～0.91 g/cm³ 或 25%～28%；

在化学分析中，所用酸或氨水，但凡未标注浓度者均指市售的浓度或浓氨水。用体积比表示试剂稀释程度。

（四）试验准备

1. 灼烧

将滤纸和沉淀物放入已灼烧并恒量的坩埚中，烘干。在氧化性气氛中慢慢灰化，不使其产生火焰，灰化至无黑色炭颗粒后，放入马弗炉之中，在规定的温度 950～1 000℃下灼烧。在干燥器中冷却至室温，称量。

2. 检查 Cl- 离子（硝酸银检验）

按规定洗涤沉淀数次后，用数滴水淋洗漏斗的下端，用数毫升水洗涤滤纸和沉淀，将滤液收集在试管中，加几滴硝酸银溶液，观测试管中溶液是否浑浊，继续洗涤并定期检查，直至硝酸银检验不再浑浊为止。

3. 恒量

经第一次灼烧、冷却、称量后，通过连续 15 min 的灼烧，然后冷却、称量的方法来检查质量是否恒定。当连续两次称量之差小于 0.000 5 g 时，即达到恒量。

（五）试验步骤

1. 二氧化硅的测定（碳酸钠烧结，氯化铵质量法）

以无水碳酸钠烧结，盐酸溶解，加固体氯化铵于沸水浴上加热蒸发，使硅酸凝聚（经过滤、灼烧后称量）。用氢氟酸处理后，失去的质量即为胶凝性二氧化硅的质量，加上从滤液中比色回收的可溶性二氧化硅质量即是二氧化硅的总质量。

（1）胶凝性二氧化硅的测定

1）称取约 0.5g 试样（m1），精确至 0.000 1 g，置于铂坩埚中，将盖斜置于坩埚上，在 950～1 000℃下灼烧 5 min，冷却。用玻璃棒仔细压碎块状物，加入（0.3±0.01）g 无水碳酸钠混匀，再将坩埚置于 950～1 000℃下灼烧 10 min，放冷。

2）将烧结块移入瓷蒸发皿中，加少量水湿润，用平头玻璃棒压碎块状物，盖上表面皿，从皿口滴入 5 mL 盐酸及 2～3 滴硝酸，待反应停止后取下表面皿，用平头玻璃棒压碎块状物使其分解完全，用热盐酸（1+1）清洗坩埚数次，洗液合并于蒸发皿中。将蒸发皿置于沸水浴上，皿下放玻璃三角架，再盖上表面皿。蒸发至糊状后，加入 1 g 氯化铵，充分搅匀，在蒸汽水浴上蒸发至干后继续蒸发 10 ~ 15 min，蒸发期间用平头玻璃棒仔细搅拌并压碎大颗粒。

3）取下蒸发皿，加入 10 ~ 20 mL 热盐酸（3+97），搅拌使可溶性盐酸溶解，用中速滤纸过滤，用胶头擦棒擦洗玻璃棒及蒸发皿，用热盐酸（3+97）洗涤沉淀 3 ~ 4 次，然后用热水充分洗涤沉淀，直至检验无氯离子为止。滤液和洗液保存在 250 mL 容量瓶中。

4）将沉淀连同滤纸一并移入铂坩埚，盖斜置于坩埚上，在电炉上干燥灰化完全后放入 950 ~ 1 000℃的马福炉内灼烧 1 h，取出坩埚置于干燥器中冷却至室温，称量。反复灼烧，直至衡量（m_2）。

5）向坩埚中加数滴水湿润沉淀，加三滴硫酸（1+4）和 10 mL 氢氟酸，放于通风橱内电热板上缓慢蒸发至干，升高温度继续加热至三氧化硫白烟完全逸尽。将坩埚放入 950 ~ 1 000 ℃的马福炉内灼烧 30 min，取出了坩埚置于干燥器中冷却至室温，称量。反复灼烧，直至恒量（m³）。

（2）经氢氟酸处理后的残渣分解

向经过氢氟酸处理后得到的残渣中加入 0.5 g 焦硫酸钾熔融，熔块用热水和数滴盐酸（1+1）溶解，溶液并入分离二氧化硅后得到的滤液和洗液中，用蒸馏水稀释至标线，摇匀。此溶液 A 供测定滤液中残留的可溶性二氧化硅、三氧化二铁及三氧化二铝用。

（3）可溶性二氧化硅的测定（硅钼蓝光度法）

从溶液 A 中吸取 25.00 mL 溶液放入 100 mL 容量瓶中。用水稀释至 40 mL，依次加入 5 mL 盐酸（1+11）、95%（V/V）乙醇 8 mL、6 mL 钼酸铵溶液，放置 30 min 后加入 20 mL 盐酸（1+1）、5mL 抗坏血酸溶液，用水稀释至标线，摇匀。放置 1 h 后，使用分光光度计、10 mm 比色皿，以水作参比，在 660 nm 处测定溶液的吸光度。在工作曲线上查出二氧化硅的质量

（4）计算

胶凝性二氧化硅的含量按下式计算。

$$X_{胶凝性\ SiO_2} = \frac{m_2 - m_3}{m_1} \times 100$$

式中：$X_{胶凝性\ SiO_2}$ —— 胶凝性二氧化硅的含量（%）；

m_2 —— 灼烧后未经氢氟酸处理的沉淀及坩埚的质量，g；

m_3 —— 用氢氟酸处理并灼烧后的残渣及坩埚的质量，g；

m_1—— 试料的质量，g。

可溶性二氧化硅的含量按下式计算。

$$X_{可溶性\ SiO_2} = \frac{m_4 \times 250}{m_1 \times 25 \times 1000} \times 100 = \frac{m_4}{m_1}$$

式中：$X_{可溶性\ SiO_2}$ —— 可溶性二氧化硅的含量（%）；

m_4 —— 按该法测定的 100 mL 溶液中所含的二氧化硅质量，g；

m_1 —— 试料的质量，g。

（5）结果表示

SiO_2 总含量按下式计算：

$$X_{胶凝性\ SiO_2} = X_{胶凝性\ SiO_2} + X_{可溶性\ SiO_2}$$

（6）结果整理

平行试验两次，允许重复性误差为 0.15%。

2. 三氧化二铁的测定（基准法）

（1）目的和适用范围

在 pH1.8 ～ 2.0、温度为 60 ～ 70℃的溶液中，用硫基水杨酸钠为指示剂，用 EDTA 二钠标准溶液滴定。

（2）操作流程

从溶液 A 中吸取 25.00 mL 溶液放入 300 mL 烧杯中，加水稀释至约 100 mL，用氨水（1+1）和盐酸（1+1）调节溶液 pH 值在 1.8 ～ 2.0（用精密 pH 试纸检验）。将溶液加热至 70℃，加 10 滴硫基水杨酸钠指示剂溶液，此时溶液为紫红色。用［C（EDTA）=0.015 mol/L]EDTA 二钠标准溶液缓慢滴定至亮黄色（终点时溶液温度应不低于 60℃，如终点前溶液温度降至近 60℃时，应再加热至 60 ～ 70℃）。保留了此溶液供测定三氧化二铝用。

（3）计算

按下式计算三氧化二铁的含量。

$$X_{Fe_2O_3} = \frac{T_{Fe_2O_3} \times V_1 \times 10}{m_1 \times 1000} \times 100 = \frac{T_{Fe_2O_3} \times V_1}{m_1}$$

式中：$X_{Fe_2O_3}$ —— 三氧化二铁的含量（%）

$T_{Fe_2O_3}$ —— 每毫升 EDTA 二钠标准溶液相当于三氧化二铁的毫克数，mg/L；

V_1 —— 滴定时消耗 EDTA 二钠标准溶液的体积，mL；

m_1 —— 试料的质量，g。

（4）结果整理

平行试验两次，允许重复性误差为 0.15%。

3. 三氧化二铝的测定

（1）目的和适用范围

将滴定三氧化二铁后的溶液 pH 值调整至 3，在煮沸状态之下用 EDTA—铜和 PAN 为指示剂，用 EDTA 二钠标准溶液滴定。

（2）操作流程

将测完三氧化二铁的溶液用水稀释至约 200mL，加 1 ～ 2 滴溴酚蓝指示剂溶液，滴加氨水（1+1）至溶液出现蓝紫色，再滴加盐酸（1+1）到黄色，加入PH3的缓冲溶液15mL，加热至微沸并保持1 min，加入10滴EDTA-铜溶液，及2～3滴PAN指示剂，用［C（EDTA）=0.015mol/L]EDTA二钠标准溶液滴定至红色消失，继续煮沸，滴定，直至溶液经煮沸后红色不再出现，呈稳定的亮黄色为止。记下EDTA二钠标准溶液消耗量 V_3。

（3）计算

按下式计算三氧化二铝的含量。

$$X_{Al_2O_3} = \frac{T_{Al_2O_3} \times V_3 \times 10}{m_1 \times 1000} \times 100 = \frac{T_{Al_2O_3} \times V_3}{m_1}$$

式中：$X_{Al_2O_3}$ —— 三氧化二铝的含量（%）；

$T_{Al_2O_3}$ —— 每毫升EDTA二钠标准溶液相当于三氧化二铝的毫克数，mg/L；

V_3 —— 滴定时消耗EDTA二钠标准溶液体积，mL；

m_1 —— 试料的质量，g。

（4）结果整理

平行试验两次，允许重复性误差为0.20%。

（六）报告

试验报告应包括以下内容：

粉煤灰来源，试验方法名称，三氧化硅的含量，三氧化二铁的含量，三氧化二铁的含量。

二、混凝土用粉煤灰

拌制水泥混凝土和砂浆时，作掺合料的粉煤灰成品应该满足表4-1的要求。

表4-1　拌制水泥混凝土和砂浆用粉煤灰技术要求

项目 Ⅰ级		技术要求		
		Ⅱ级	Ⅲ级	
细度（45μm方孔筛筛余，%）不大于	F类粉煤灰	12.0	20.0	45.0
	C类粉煤灰			
需水量比，%不大于	F类粉煤灰	95	105	115
	C类粉煤灰			
烧失量，%不大于	F类粉煤灰	5.0	8.0	15.0
	C类粉煤灰			
含水量，%不大于	F类粉煤灰	1.0		
	C类粉煤灰			
三氧化硫，%不大于	F类粉煤灰	3.0		
	C类粉煤灰			
游离氧化钙，%不大于	F类粉煤灰	1.0		
	C类粉煤灰	4.0		
安定性雷氏夹煮沸后增加距离，mm 不大于	C类粉煤灰	5.0		

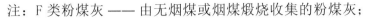

注：F 类粉煤灰 —— 由无烟煤或烟煤煅烧收集的粉煤灰；

C 类粉煤灰 —— 由褐煤或次烟煤煅烧收集的粉煤灰，他的氧化钙含量一般大于 10%。

水泥生产中作活性混合材料的粉煤灰应该满足表 4-2 要求。

表 4-2 水泥活性混合材料用粉煤灰技术要求

项目		技术要求
烧失量，% 不大于	F 类粉煤灰	8.0
	C 类粉煤灰	
含水量，% 不大于	F 类粉煤灰	1.0
	C 类粉煤灰	
三氧化硫，% 不大于	F 类粉煤灰	3.5
	C 类粉煤灰	
游离氧化钙，% 不大于	F 类粉煤灰	1.0
	C 类粉煤灰	4.0
安定性雷氏夹煮沸后增加距离，mm 不大于	C 类粉煤灰	5.0
强度活性指数，% 不小于	F 类粉煤灰	70.0
	C 类粉煤灰	

（一）粉煤灰细度测定方法

1. 适用范围

本方法适用于粉煤灰细度的测定。

2. 仪器设备

采用负压筛析仪（见图 4-1、图 4-2）。主要是根据筛座、筛子、真空源及收尘器等组成，利用气流作为筛分的动力和介质，通过旋转的喷嘴喷出的气流作用使筛网里的待测粉状物料呈流态化，并在整个系统负压的作用之下将细颗粒通过筛网抽走，从而达到筛分的目的。

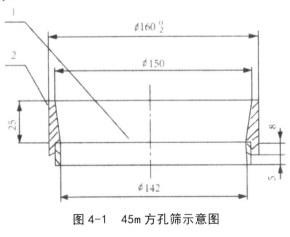

图 4-1 45m 方孔筛示意图

1—筛网；2—筛框

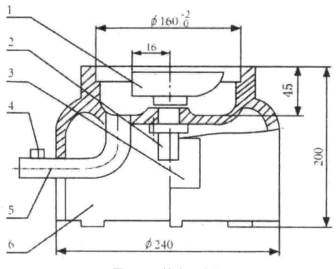

图 4-2　筛座示意图

1—喷气嘴；2—微电机；3—控制板开口；4—负压表接口；
5—负压源及收尘器接口；6—壳体

天平：量程不小于 50 g，最小分度值不大于 0.01 g。

3. 试验步骤

（1）将测试用粉煤灰样品置于温度为 105～110℃的烘箱内烘干至恒重，取出来放在干燥器中冷却至室温。称取试样约 10 g，精确至 0.01 g。倒入 45 方孔筛筛网上，将筛子置于筛座上，盖上筛盖。

（2）接通电源，将定时开关开到 3 min，开始筛析。

（3）开始工作后，观察负压表，使负压稳定在 4 000～6 000 Pa。若负压小于 4 000 Pa，则应停机，清理收尘器当中的积灰后再进行筛析。

（4）在筛析过程中，可用轻质木棒或硬橡胶棒轻轻敲打筛盖，以防吸附。

（5）3 min 后筛析自动停止，停机后筛网内的筛余物，如出现颗粒成球、粘筛或有细颗粒沉积在筛框边缘，用毛刷将细颗粒轻轻刷开，将定时开关固定在手动位置，再筛析 1～3 min 直至筛分彻底为止，将筛网内的筛余物收集并称量，准确到 0.01 g。

4. 结果计算

45 μm 孔筛筛余按下式计算：

$$F = \left(G_{l} / G \right) \times 100$$

式中：F——45 μm 方孔筛筛余（%）；

G_{1}——筛余物的质量，g；

G——称取试样的质量，g；

（二）粉煤灰需水量比测定方法

1. 适用范围

本方法适用于粉煤灰需水量比的测定。

2. 方法原理

本方法测定试验胶砂和对比胶砂的流动度，用二者流动度达到130～140 nun 时的加水量之比确定粉煤灰的需水量比。

3. 材料

（1）水泥：GSB 14-1510 强度检验用水泥标准样品。

（2）标准砂：符合 GB/T 17671-1999 规定的 0.5～1.0 mm 的中级砂。

（3）水：洁净的饮用水。

4. 仪器设备

天平：量程不小于 1 000 g，最小分度值不大于 1 g。

搅拌机：符合 GB/T 17671-1999 规定的行星式水泥胶砂搅拌机。

流动度跳桌：按照 GB/T 2419 规定。

5. 试验步骤

（1）胶砂配比按表 4-3 进行。

表 4-3　胶砂配比

胶砂种类	水泥（g）	粉煤灰（g）	标准砂（g）	加水量（mL）
对比胶砂	250		750	125
试验胶砂	175	75	750	按流动度达到130～U0 mm 调整

（2）试验胶砂按规定进行搅拌。

（3）搅拌后的试验胶砂按 GB/T 2419 测定，当流动度在 130～140 mm 范围内，记录此时的加水量；当流动度小于 130 mm 或大于 140 mm 时，重新调整加水量，直到流动度达到 130～140 mm 为止。

6. 结果计算

粉煤灰需水量比按下式计算：

$$X = (L_1 / 125) \times 100$$

式中：X—— 需水量比（%）；

L_1—— 试验胶砂流动度达到 130～140 mm 时加水量，mL；

I_{25}—— 对比胶砂的加水量，mL。

计算至 1%。

（三）粉煤灰安定性的检测

1. 检测依据

按《水泥标准稠度用水量、凝结时间、安定性检验方法》进行。

2. 主要仪器设备

沸煮箱（篦板与箱底受热部位的距离不得小于 20 mm）、雷氏夹、雷氏夹膨胀值测量仪、水泥净浆搅拌机、标准养护箱、直尺及小刀等。

3. 试验样品制备

水泥与粉煤灰按 7 ：3 质量比混合而成。

（四）粉煤灰烧失量检测

1. 检测依据

本方法依据《水泥化学分析方法》测定粉煤灰烧失量。

2. 主要仪器设备

（1）天平：称量 1 g，精确至 0.000 1 g。

（2）瓷坩埚。

（3）高温炉，隔焰加热炉，在炉膛外围进行电阻加热。应该使温度控制器准确控制炉温，可控温度（700±25）℃、（800±25）℃、（950±25）℃。

（4）干燥器。

3. 检测步骤

称取约 1g 试样，精确至 0.000 1 g，置于已灼烧恒量的瓷坩埚当中，将盖斜置于坩埚上，放在高温炉内从低温开始逐渐升高温度，在（950±25）℃下灼烧 15～20 min，取出坩埚置于干燥器中冷却至室温，称量。反复灼烧，直至恒量。

4. 结果处理

烧失量的质量百分 W_{101} 数按下式计算：

$$W_{101} = \frac{m_1 - m_2}{m_1} \times 100$$

式中：W_{101} —— 烧失量的质量百分数（%）；

m_1 —— 试样的质量，g；

m_2 —— 灼烧后试样的质量，g。

三、沥青混合料用矿粉

沥青混合料的矿粉必须采用石灰岩或岩浆岩中的强基性岩石等憎水性石料经磨细得到的矿粉，原石料中的泥土杂质应除净，矿粉应干燥、洁净，能自由地从矿粉仓流出，其质量应符合表 4-4 的技术要求。

表4-4 沥青混合料用矿粉质量要求

项目	单位	高速公路、一级公路	其他等级公路
表观相对密度不小于	t/m³	2.50	2.45
含水量不大于	%	1	1
粒度范围 < 0.6 mm < 0.15 mm < 0.075 mm	% % %	100 90 ~ 100 75 ~ 100	100 90 ~ 100 70 ~ 100
外观		无团粒结块	
亲水系数		< 1	
塑性指数		< 4	
加热安定性		实测记录	

拌和机的粉尘可作为矿粉的一部分回收使用。但是每盘用量不得超过填料总量的 25%，掺有粉尘填料的塑性指数不得大于 4%。

粉煤灰作为填料使用时，用量不得超过填料总量的 50%，粉煤灰的烧失量应小于 12%，与矿粉混合后的塑性指数应小于 4%，其余质量要求与矿粉相同。高速公路、一级公路的沥青面层不宜采用粉煤灰作填料。

（一）矿粉筛分试验（水洗法）

1. 目的与适用范围

测定矿粉的颗粒级配。同时要适用于测定供拌制沥青混合料用的其他填料如水泥、石灰、粉煤灰的颗粒级配。

2. 仪具与材料

（1）标准筛：孔径为 0.6 mm、0.3 mm、0.15 mm、0.075 mm。

（2）天平：感量不大于 0.1 g。

（3）烘箱：能控温在 105℃ ±5℃。

（4）搪瓷盘。

（5）橡皮头研杵。

3. 试验步骤

（1）将矿粉试样放入 105±5℃烘箱中烘干到恒重，冷却，称取 100g，准确至 0.1 g。如有矿粉团粒存在，可用橡皮头研杵轻轻研磨粉碎。

（2）将 0.075 mm 筛装在筛底上，仔细倒入矿粉，盖上筛盖。手工轻轻筛分，至大体上筛不下去为止，存留在筛底上的小于 0.075 mm 部分可弃去。

（3）除去筛盖和筛底，按筛孔大小顺序套成套筛。把存留在 0.075 mm 筛上的矿粉倒回 0.6 mm 筛上，在自来水龙头下方接一胶管，打开自来水，用胶管的水轻轻冲洗矿粉过筛，0.075 mm 筛下部分任其流失，直至流出的水色清澈为止。水洗过程中，可以适当用手扰动试样，加速矿粉过筛，待上层筛冲干净后，取去 0.6 mm 筛，接着从 0.3 mm 筛或 0.15 mm 筛上冲洗，但不得直接冲洗 0.075 mm 筛。

注：①自来水的水量不可大大大急，防止损坏筛面或将矿粉冲出，水不得从两层筛之间流出，自来水龙头宜装有防溅水龙头。当现场缺乏自来水时，也可由人工浇水冲洗。

②如直接在 0.075 mm 筛上冲洗，将可能使筛面变形，筛孔堵塞，或造成石广粉与筛面发生共振，不能通过筛孔。

（4）分别将各筛上的筛余反过来用小水流仔细冲洗入各个搪瓷盘中，待筛余沉淀后，稍稍倾斜搪瓷盘。仔细除去清水，放进 105℃烘箱中烘干至恒重。称取各号筛上的筛余量，准确至 0.1 g。

4. 计算

各号筛上的筛余量除以试样总量的百分率，即为各号筛的分计筛余百分率，精确至 0.1%。用 100 减去 0.6 mm、0.3 mm、0.15 mm、0.075 mm 各筛的分计筛余百分率，即为通过 0.075 mm 筛的通过百分率，加上 0.075 mm 筛的分计筛余百分率即为 0.15 mm 筛的通过百分率，依次类推，计算出各号筛的通过百分率，精确至 0.1%。

5. 精密度或允许差

以两次平行试验结果的平均值作为试验结果。各号筛的通过率相差不得大于 2%。

（二）矿粉密度试验

1. 目的与适用范围

用于检验矿粉的质量，供沥青混合料配合比设计计算使用，同时适用于测定供拌制沥青混合料用的其他填料如水泥、石灰、粉煤灰的相对密度。

2. 仪具与材料

（1）李氏比重瓶：容量为 250 niL 或 300 mL。

（2）天平：感量不大于 0.01 g。

（3）烘箱：能控温在 105℃ ±5℃。

（4）恒温水槽：能控温在 20℃ ±0.5℃。

（5）其他：瓷皿、小牛角匙、干燥器、漏斗等。

3. 试验步骤

（1）将代表性矿粉试样置瓷皿中，在 105℃烘箱中烘干至恒重（一般不少于 6 h），放入干燥器中冷却后，连同小牛角匙和漏斗一起准确称量（m1），准确至 0.01 g，矿粉质量应不少于 200 g。

（2）向比重瓶中注入蒸馏水，至刻度 0 ～ 1 mL 之间，将比重瓶放入 20℃的恒温水槽中，静放至比重瓶中的水温不再变化为止（一般不少于 2 h），读取比重瓶中水面的刻度（V1），准确至 0.02 mL。

（3）用小牛角匙将矿粉试样通过漏斗徐徐加入比重瓶中，待比重瓶中水的液面上升至接近比重瓶的最大读数时为止，轻轻地摇晃比重瓶，使瓶中的空气充分逸出。再次将比重瓶放入恒温水槽中，待温度不再变化时，读取比重瓶的读数（V_2），准确至 0.02 ml 验过程中，比重瓶中的水温变化不得超过 1℃。

（4）准确称取牛角匙、瓷皿、漏斗及剩余矿粉的质量（m_2），准确至 0.01 g。

注：对亲水性矿粉应采用煤油作介质测定，方法是相同。

4. 计算

按下式计算矿粉的密度和相对密度，精确至小数点后 3 位。

$$\rho_f = \frac{m_1 - m_2}{V_2 - V_1}$$

$$\gamma_f = \frac{\rho_f}{\rho_w}$$

式中：ρ_f —— 矿粉的密度，g/cm^3；

γ_f —— 矿粉对水的相对密度，无量纲；

m_1 —— 牛角匙、瓷皿、漏斗及试验前瓷器中矿粉的干燥质量，g；

m_2 —— 牛角匙、瓷皿、漏斗及试验后瓷器中矿粉的干燥质量，g；

V_1 —— 加矿粉以前比重瓶的初读数，mL；

V_2 —— 加矿粉以后比重瓶的终读数，mL；

ρ_w —— 试验温度时水的密度。

5. 精密度或允许差

同一试样应平行试验两次，取出平均值作为试验结果，两次试验结果的差值不得大于 0.01 g/cm^3。

第二节　集料试验检测

一、粗集料技术要求

在沥青混合料中，粗集料是指粒径大于 2.36 mm 的碎石、破碎砾石、筛选砾石和矿渣等；在水泥混凝土中，粗集料是指粒径大于 4.75 mm 的碎石、砾石和破碎砾石。粗集料的质量应满足《公路工程集料试验规程》的要求。

粗集料的技术要求主要有以下几个方面。

（一）有害物质、针片状颗粒、含泥量和泥块含量、坚固性

为保证混凝土的质量，卵石和碎石中不应混有草根、树叶、树枝、塑料、煤块、炉渣等杂物。在实际工程中，粗集料中常含泥和泥块，针、片状颗粒以及有机物、硫化物、硫酸盐等有害物质。其中，针片状颗粒指粗集料中细长的针状颗粒和扁平的片状颗粒。当颗粒形状的诸方向中的最小厚度（或直径）与最大长度（或宽度）的尺寸之比小于规定比例时，属于针片状颗粒。针、片状颗粒易折断，其含量多时，会降低新拌混凝土的流动性和硬化后混凝土的强度。含泥量是指碎石或砾石中小于0.075 mm的尘屑、淤泥和黏土的总含量及4.75 mm以上泥块颗粒含量。粗集料的坚固性是指粗集料在自然风化和其他外界物理化学因素作用下抵抗破碎的能力。粗集料中的有害物质、针片状颗粒、含泥量和泥块的含量、坚固性指标要求应该符合表4-5的规定。

表4-5　碎石、卵石有害物质、针片状颗粒、含泥量和泥块含量、坚固性指标要求

项目		指标		
Ⅰ类 Ⅱ类		Ⅲ类		
有害物质含量	有机物（比色法）	合格	合格	合格
	硫化物及硫酸盐（按SO3质量计），%	＜ 0.5	＜ 1.0	＜ 1.0
针片状颗粒含量	针片状颗粒含量（按质量计），%	＜ 5	＜ 15	＜ 25
含泥量和泥块含量	含泥量（按质量计），%	＜ 0.5	＜ 1.0	＜ 1.5
	泥块含量（按质量计），%	0	＜ 0.5	＜ 0.7
坚固性指标	采用硫酸钠溶液法进行试验，经5次循环后的质量损失，%	碎石 ＜ 10	＜ 20	＜ 30
		卵石 ＜ 12	＜ 16	＜ 16

（二）强度

为了保证混凝土的强度，粗集料必须具有足够的强度 = 碎石的强度可用压碎指标和岩石抗压强度指标表示，卵石的强度可用压碎指标表示。当混凝土强度等级大于或等于C60时，对粗集料强度有严格要求或对骨料质量有争议时，应用岩石抗压强度作检验。

岩石抗压强度，是用母岩制成50 mm×50 mm×50 mm的立方体，浸泡水中48 h，待吸水饱和后测定的抗压强度值。压碎指标是将一定质量气干状态下粒径为9.5～19.0mm的石子装入一定规格的圆筒内，在压力机上均匀加荷到200 kN并稳荷5 s，然后卸荷后称取试样质量（m0），再用孔径为2.36 mm的筛筛除被压碎的碎粒，称取留在筛上的试样质量（m_1）。压碎指标的计算公式如下：

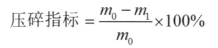

$$压碎指标 = \frac{m_0 - m_1}{m_0} \times 100\%$$

压碎指标越小，表明粗集料抵抗破碎的能力越强，粗集料的强度越高，碎石、卵石的压碎指标及岩石抗压强度要求见表4-6。

表4-6　碎石、卵石的强度要求

项目		指标		
	Ⅰ类	Ⅱ类	Ⅲ类	
压碎指标（%）	碎石	＜10	＜20	＜30
	卵石	＜12	＜16	＜16
岩石抗压强度		在水饱和状态下，火成岩80 MPa，变质岩60 MPa，水成岩30 MPa		

（三）最大粒径和颗粒级配

1. 最大粒径

粗集料中公称粒级的上限称为该骨料的最大粒径。当骨料粒径增大时，其总表面积减小，因此包裹它表面所需的水泥浆数量相应减少，可以节约水泥，所以在条件许可的情况下，粗集料最大粒径应尽量用得大些。

但试验研究证明，粗集料最大粒径超过80 mm后，随骨料粒径的增大节约水泥的效果不明显；当集料粒径大于40 mm后，由于减少用水量获得的强度的提高被黏结面积的减少和大粒径骨料造成的不均匀性的不利影响所抵消，且给混凝土搅拌、运输、振捣等带来困难，强度也难以提高。因此，要综合考虑各种因素来确定石子的最大粒径。

《混凝土结构工程施工及验收规范》从结构与施工的角度，对粗集料的最大粒径作了以下规定：粗集料的最大粒径不得超过结构截面最小尺寸的1/4，同时不得超过钢筋间最小净距的3/4；对混凝土实心板，粗集料最大粒径不宜超过板厚的1/2，且不得超过40 mm。

2. 颗粒级配

粗集料的级配原理与细集料基本相同，也要求有良好的颗粒级配，用来减小空隙率，节约水泥，提高混凝土的密实度和强度。粗集料的颗粒级配用筛分析的方法进行测定，根据粗集料的公称最大粒径选用相应的标准筛进行筛分，然后计算得各筛的分计筛余百分率和累计筛余百分率。粗集料的颗粒级配分为连续粒级和单粒粒级。

连续粒级是石子粒级呈连续性，即颗粒由大到小，每一级石子都占一定的比例。连续级配的颗粒大小搭配连续合理（最小粒径都从4.75 mm起），石子的空隙率较小，用其配制的混凝土拌和物的和易性好，不易发生离析现象，混凝土质量容易保证，目

前在土木工程中应用较多。但其缺点是，当最大粒径较大（大于 40 mm）时，天然形成的连续级配往往

与理论值有偏差，且在运输、堆放过程中易发生离析，影响到级配的均匀合理性。实际应用时，除直接采用级配理想的天然连续级配外，常采用由预先分级筛分形成单粒粒级进行掺配组合成人工连续级配。

间断级配是石子粒级不连续，人为剔去某些中间粒级的颗粒而形成的级配方式。间断级配相邻两级粒径相差较大，较大粒径骨料之间的空隙由比它小几倍的小粒径颗粒填充，能更有效降低石子颗粒间的空隙率，使水泥达到最大程度地节约，但由于颗粒粒径相差较大，混凝土拌和物容易产生离析、分层现象，导致了施工困难，单粒粒级级配需按设计进行掺配。

（四）表观密度、堆积密度、空隙率、碱骨（集）料反应

粗集料的表观密度、堆积密度、空隙率应符合下列规定：表观密度应大于 2 500kg/m，松散堆积密度大于 1 350 kg/m³，空隙率小于 47%。

经碱骨（集）料反应试验后，由碎石、卵石制备的试件应无裂缝、酥裂、胶体外溢等现象，在规定的试样龄期的膨胀率应小于 0.10%。

（五）粗集料的磨耗试验（洛杉矶法）

1. 主要仪器设备

（1）洛杉矶磨耗机。圆筒内径 710 mm±5 mm，内侧长 510 mm±5 mm，两端封闭，钢筒的回转速率为 30 ～ 33 r/min。

（2）标准筛。符合要求的系列标准筛，筛孔 1.7 mm 的方孔筛或筛孔 2 mm 的圆孔筛。

（3）钢球。直径约 48 mm，质量为 390 ～ 445 g。

（4）其他。能使温度控制在 105℃ ±5℃ 范围的烘箱，称量 10 kg、感量 5 g 的台秤，轧石机、钢锤、及金属盘等。

2. 试验方法

（1）试验准备

将集料或块石轧碎、洗净，置于烘箱中烘至恒量。

对用于沥青路面及各种基层、底基层的粗集料，按照表 4-7 中的规定准备试样。

表 4-7　沥青路面用集料的洛杉矶磨耗试验条件

粒度类别	粒级组成（mm）	试样质量（g）	试样总质量（g）	钢球个数（个）	钢球总质量（g）	转动次数（转）
A	26.5～37.5	1250±25	5000±10	12	5000±25	500
	19.0～26.5	1250±25				
	16.0～19.0	1250±10				
	9.5～16.0	1250±10				
B	19.0～26.5	2500±10	5000±10	11	4850±25	500
	16.0～19.0	2500±10				
C	4.75～9.5	2500±10	5000±10	8	3 330±20	500
	9.5～16.0	2500±10				
D	2.36～4.75	5000±10	5000±10	6	2500±15	500
E	63～75	2500±50	10 000±100	12	5000±25	1000
	53～63	2500±50				
	37.5～53	5000±50				
F	37.5～53	5000±50	10 000±75	12	5 000±25	1 000
	26.5～37.5	5000±25				
G	26.5～37.5	5000±25	10 000±50	12	5 000±25	1 000
	19. 0～26. 5	5000±25				

（2）试验步骤

将准备好的试样放入磨耗机圆筒中，并且加入总质量符合要求的钢球，盖好筒盖，紧固密封。将计数器归零，设定要求的转动次数。开动磨耗机，以 30～33 r/min 转速旋转至规定的次数后停止。取出试样用 1.7 mm 方孔筛（用于沥青混合料集料）或 2 mm 圆孔筛（用于水泥混凝土集料）筛去试样中的石屑，用水洗净留在筛上的试样，烘至恒量，准确地称出其质量。

二、粗集料及集料混合料的筛分试验

（一）目的与适用范围

（1）测定粗集料（碎石、砾石、矿渣等）的颗粒组成，对于水泥混凝土用粗集料可采用干筛法筛分，对沥青混合料及基层用粗集料必须采用水洗法试验。

（2）本方法也适用于同时含有粗集料、细集料、矿粉的集料混合料筛分试验，如未筛碎石、级配碎石、天然砂砾、级配砂砾、无机结合料稳定基层材料、沥青拌和楼的冷料混合料、热料仓材料及沥青混合料经溶剂抽提后的矿料等。

（二）仪具与矿料

（1）试验筛：根据需要选用规定的标准筛。

（2）摇筛机。

（3）天平或台秤：感量不大于试样质量的 0.1%。

（4）其他：盘子、铲子、毛刷等。

（三）试验准备

按规定将来料用分料器或四分法缩分至表 4-8 要求的试样所需量，风干后备用。根据需要可按要求的集料最大粒径的筛孔尺寸过筛，除去了超粒径部分颗粒后，再进行筛分。

表 4-8　筛分用的试样质量

公称最大粒径（mm）	75	63	37.5	31.5	26.5	19	16	9.5	4.75
试样质量不小于（kg）	10	8	5	4	2.5	2	1	1	0.5

（四）水泥混凝土用粗集料干筛法试验步骤

（1）取试样一份置于 105℃ ±5℃烘箱中烘干至恒重，称取干燥集料试样的总质量（m0），准确至 0.1%。

（2）用搪瓷盘作筛分容器，按筛孔大小排列顺序逐个把集料过筛。人工筛分时，需使集料在筛面上同时有水平方向及上下方向的不停顿的运动，使小于筛孔的集料通过筛孔，直至 1 min 内通过筛孔的质量小于筛上残余量的 0.1% 为止；当采用摇筛机筛分时，应在摇筛机筛分后再逐个由人工补筛。将筛出通过的颗粒并入下一号筛，和下一号筛中的试样一起过筛，顺序进行，直至各号筛全部筛完为止。应确认 1 min 内通过筛孔的质量确实小于筛上残余量的 0.1%。

注：由于 0.075 mm 筛干筛几乎不能把沾在粗集料表面的小于 0.075 mm 部分的石粉筛过去，而且对水泥混凝土用粗集料而言，0.075 mm 通过率的意义不大，所以也可以不筛，且把通过 0.15 mm 筛的筛下部分全部作为 0.075 mm 的分计筛余，将粗集料的 0.075 mm 通过率假设为 0。

（3）如果某个筛上的集料过多，影响筛分作业时，可以分两次筛分，当筛余颗粒的粒径大于 19 mm 时，筛分过程中允许用手指轻轻拨动颗粒，但不得逐颗塞过筛孔。

（4）称取每个筛上的筛余量，准确至总质量的 0.1%。各筛分计筛余量及筛底存量的总和与筛分前试样的干燥总质量相比，相差不得超过 W。的 0.5%。

（五）沥青混合料及基层用粗集料水洗法试验步骤

（1）取一份试样，将试样置 105℃ ±5℃烘箱中烘干至恒重，称取干燥集料试样的总质量（m_3），准确至 0.1%。

注：恒重系指相邻两次称取间隔时间大于 3h（通常不少于 6 h）的情况下，前后两次称量之差小于该项试验所要求的称量精密度，下同。

（2）将试样置一洁净容器中，加入足够数量的洁净水，将集料全部淹没，但不得使用任何洗涤剂、分散剂或表面活性剂。

（3）用搅棒充分搅动集料，使集料表面洗涤干净，使细粉悬浮在水中，但不得破碎集料或有集料从水中溅出。

（4）根据集料粒径大小选择组成一组套筛，其底部为 0.075 mm 标准筛，上部为 2.36 mm 或 4.75 mm 筛。仔细将容器中混有细粉的悬浮液倒出，经过套筛流入另一容器中，尽量不将粗集料倒出，以免损坏标准筛筛面。

注，无需将容器中的全部集料都倒出，只倒出悬浮液。并且不可直接倒至 0.075 mm 筛上，以免集料掉出损坏筛面。

（5）重复（2）～（4）步骤，直至倒出的水洁净为止，必要时可采用水流缓慢冲洗。

（6）将套筛每个筛子上的集料及容器中的集料全部回收在一个搪瓷盘中，容器上不得有沾附的集料颗粒。

注：沾在 0.075 mm 筛面上的细粉很难回收扣入搪瓷盘中，此时需将筛子倒扣在搪瓷盘上，用少量的水并助以毛刷将细粉刷落入搪瓷盘中，并注意不要散失。

（7）在确保细粉不散失的前提下，小心泌去搪瓷盘中的积水，将搪瓷盘连同集料一起置 105℃ ±5℃烘箱中烘干至恒重，称取干燥集料试样的总质量（m_4），准确至 0.1%。以 m_4 与 m_3 之差作为 0.075mm 的筛下部分。

（8）将回收的干燥集料按干筛方法筛分出 0.075 mm 筛以上各筛的筛余量，此时 0.075 mm 筛下部分应为 0，如果尚能筛出，那么应将其并入水洗得到的 0.075 mm 的筛下部分，且表示水洗得不干净。

（六）干筛法筛分结果的计算

（1）计算各筛分计筛余量及筛底存量的总和与筛分前试样的干燥总质量之差，作为筛分时的损耗，并且计算损耗率，记入表 4-9 之第（1）栏，若损耗率大于 0.3%，应重新进行试验。

$$m_5 = m_0 - \left(\sum m_i + m_底 \right)$$

式中：m_5 —— 由于筛分造成的损耗，g；

m_0 —— 用于干筛的干燥集料总质量，g；

m_i —— 各号筛上的分计筛余，g；

i —— 依次为 0.075 mm、0.15 mm、…至集料最大粒径的排序；

$m_底$ —— 筛底（0.075 mm 以下部分）集料总质量，g。

（2）干筛分计筛余百分率

干筛之后各号筛上的分计筛余百分率按下式计算，记入表 4-9 之第（2）栏，精确至 0.1%。

$$p_i' = \frac{m_i}{m_0 - m_0} \times 100$$

式中：p_i' —— 各号筛上的分计筛余百分率（%）；

m_5—— 由于筛分造成的损耗，g；

m_0—— 用于干筛的干燥集料总质量，g；

m_i—— 各号筛上的分计筛余，g；

i—— 依次为 0.075 mm、0.15 mm、…到集料最大粒径的排序。

（3）干筛累计筛余百分率。

各号筛的累计筛余百分率为该号筛以上各号筛的分计筛余百分率之和，记入表 4-9 之第（3）栏，精确到 0.1%。

（4）干筛各号筛的质量通过百分率。

各号筛的质量通过百分率 P，等于 100 减去该号筛累计筛余百分率，记入表 4-9 之第（4）栏，精确至 0.1%。

表 4-9　粗集料干筛分记录

干燥试样总量 /m_0（g）	第 1 组				第 2 组				平均
	3000				3000				
筛孔尺寸（mm）	筛上重 m_i（g）	分计筛余（%）	累计筛余（%）	通过百分率（%）	筛上重 m_i（g）	分计筛余（%）	累计筛余（%）	通过百分率（%）	通过百分率（%）
	（1）	（2）	（3）	（4）	（1）	（2）	（3）	（4）	（5）
19	0	0	0	100	0	0	0	100	100
16	696.3	23.2	23.2	76.8	699.4	23.3	23.3	76.7	76.7
13.2	431.9	14.4	37.6	62.4	434.6	14.5	37.8	62.2	62.3
9.5	801.0	26.7	64.4	35.6	802.3	26.8	64.6	35.4	35，5
4.75	989.8	33.0	97.4	2.6	985.3	32.9	97.4	2.6	2.6
2.36	70.1	2.3	99.7	0.3	68.5	2.3	99.7	0.3	0.3
1.18	8.2	0.3	100.0	0.0	7.9	0.3	100.0	0.0	0.0
0.6	0.5	0.0	100.0	0.0	0.2	0.0	100.0	0.0	0.0
0，3	0.0	0.0	100.0	0.0	0.0	0.0	100.0	0.0	0.0
0.15	0.0	0.0	100.0	0.0	0.0	0.0	100.0	0.0	0.0
0.075	0.0	0.0	100.0	0.0	0.0	0.0	100.0	0.0	0.0
筛底 $m_底$	0.0	0.0	100.0		0.0	0.0	100.0	0.0	
筛分后总量 $\sum m_i$（g）	2 997.8	100.0			2 998.2	100.0			
损耗 m_5（g）	2.2				1.8				
损耗率（%）	0.07				0.06				

（5）由筛底存量除以扣除损耗后的干燥集料总质量计算 0.075 mm 筛的通过率。

（6）试验结果以两次试验的平均值表示，记入表 4-9 之第（5）栏，精确至 0.1%。当两次试验结果的差值超过 1% 时，试验应该重新进行。

三、粗集料密度及吸水率试验（网篮法）

（一）目的与适用范围

本方法适用于测定各种粗集料的表观相对密度、表干相对密度、毛体积相对密度、表观密度、表干密度、毛体积密度，及粗集料的吸水率。

（二）仪具与材料

（1）天平或浸水天平：可悬挂吊篮测定集料的水中质量，称量应满足试样数量称量要求，感量不大于最大称量的 0.05%。

（2）吊篮：耐锈蚀材料制成，直径和高度为 150 mm 左右，四周以及底部用 1～2 mm 的筛网编制或具有密集的孔眼。

（3）溢流水槽：在称量水中质量时能保持水面高度一定。

（4）烘箱：能控温在（105±5）℃。

（5）毛巾：纯棉制，洁净，也可以用纯棉的汗衫布代替。

（6）温度计。

（7）标准筛。

（8）盛水容器（如搪瓷盘）。

（9）其他，刷子等。

（三）试验准备

（1）将试样用标准筛过筛除去其中的细集料，对于较粗的粗集料可用 4.75 mm 筛过筛，对 2.36～4.75 mm 集料，或者混在 4.75 mm 以下石屑中的粗集料，则用 2.36 mm 标准筛过筛，用四分法或分料器法缩分至要求的质量，分两份备用，对沥青路面用粗集料，应对不同规格的集料分别测定，不得混杂，所取的每一份集料试样应基本上保持原有的级配。在测定 2.36～4.75 mm 的粗集料时，试验过程中应特别小心，不得丢失集料。

（2）经缩分后供测定密度和吸水率的粗集料质量应符合表 4-10 的规定。

表 4-10　测定密度所需要的试样最小质量

公称最大粒径(mm)	4.75	9.5	16	19	26.5	31.5	37.5	63	75
每一份试样的最小质量（kg）	0.8	1	1	1	1.5	1，5	2	3	3

（3）将每一份集料试样浸泡在水中，并适当搅动，仔细洗去附在集料表面的尘土和石粉，经多次漂洗干净至水完全清澈为止，清洗过程中不得散失集料颗粒。

（四）试验步骤

（1）取试样一份装入干净的搪瓷盘中，注入洁净的水，水面至少应高出试样 20 mm，轻轻搅动石料，使附着在石料上的气泡完全逸出。在室温下保持浸水 24 h。

（2）将吊篮挂在天平的吊钩上，浸入溢流水槽中，向溢流水槽中注水，水面高度至水槽的溢流孔，将天平调零，吊篮的筛网应保证集料不会通过筛孔流失，对 2.36～4.75 mm 粗集料应更换小孔筛网，或在网篮中加放入一个浅盘。

（3）调节水温在 15～25℃范围内。将试样移入吊篮中。溢流水槽中的水面高度由水槽的溢流孔控制，维持不变。称取集料的水中质量。

（4）提起吊篮，稍稍滴水后，较粗的粗集料可以直接倒在拧干的湿毛巾上。将较细的粗集料（2.36～4.75 mm）连同浅盘一起取出，稍稍倾斜搪瓷盘，仔细倒出余水，将粗集料倒在拧干的湿毛巾上，用毛巾吸走从集料中漏出的自由水。此步骤需特别注意不得有颗粒丢失，或有小颗粒附在吊篮上。再用拧干的湿毛巾轻轻擦干集料颗粒的表面水，至表面看不到发亮的水迹，即为饱和面干状态。当粗集料尺寸较大时，宜逐颗擦干，注意对较粗的粗集料，拧湿毛巾时不要太用劲，防止拧得太干；对较细的含水较多的粗集料，毛巾可拧得稍干些，擦颗粒的表面水时，既要将表面水擦掉，又千万不能将颗粒内部的水吸出，整个过程中不得有集料丢失，并且已擦干的集料不得继续在空气中放置，以防止集料干燥。

注：对 2.36～4.75 mm 集料，用毛巾擦拭时容易沾附细颗粒集料从而造成集料损失，此时宜改用洁净的纯棉汗衫布擦拭至表干状态。

（5）立即在保持表干状态下，称取集料的表干质量。

（6）将集料置于浅盘中，放入 105℃ ±5 1 的烘箱中烘干到恒重。取出浅盘，放在带盖的容器中冷却至室温，称取集料的烘干质量。

注：恒重是指相邻两次称量间隔时间大于 3 h 的情况下，其前后两次称量之差小于该项试验要求的精密度，即 0.1%。一般在烘箱中烘烤的时间不得少于 4～6 h。

（7）对同一规格的集料应平行试验两次，取平均值作为试验结果。

（五）精密度或允许差

重复试验的精密度，对表观相对密度、表干相对密度、毛体积相对密度，两次结果之差对于相对密度不得超过 0.02，对吸水率不得超过 0.2%。

第五章 钢材、砖石及土工合成材料检测

第一节 钢材检测

钢材是土木工程中所使用的主要的材料之一，建筑钢材在土木工程中的应用是多种多样的，可以用作主要的结构材料，也可以用作连接、维护及饰面材料。

一、钢材的分类

1. 按化学成分分类

（1）碳素钢

其主要成分是铁和碳，其中含碳量小于 1.35%，及限量以内的硅、锰、磷、硫等杂质。碳素钢的性能主要取决于含碳量。含碳量增加，钢的强度、硬度升高，塑性、韧性和可焊性降低。与其他钢类相比，碳素钢使用最早，成本较低，性能范围宽，用量最大。

根据含碳量不同碳素钢又分为三种：①低碳钢，含碳量 < 0.25%；②中碳钢，含碳量 0.25% ～ 0.6%；③高碳钢，含碳量 > 0.6%。

（2）合金钢

合金钢是指含有一定量的合金元素的钢。钢中除了含有铁、碳和少量硅、锰、磷、硫等杂质外，还含有一定量的铬、镍、钼、钨、钒、钛、铌、锆、钴、铝、铜、硼、稀土等一种或多种合金元素。其目的是获得高强度、高韧性、耐磨、耐腐蚀、耐低温、耐高温及无磁性等特殊性能。

合金钢按合金元素总含量分为三种：①低合金钢，合金元素总含量 < 5%；②中合金钢，合金元素总含量 5% ～ 10%；③高合金钢，合金元素总含量 > 10%。

另外，合金钢按质量分为优质合金钢、特质合金钢；按特性和用途又分为合金结构钢、不锈钢、耐酸钢、耐磨钢、耐热钢、合金工具钢、滚动轴承钢、合金弹簧钢及特殊性能钢（如软磁钢、永磁钢、无磁钢）等。

2. 按冶炼脱氧程度分类

（1）沸腾钢

沸腾钢是脱氧不完全的钢。一般用锰铁和少量铝脱氧后，钢水中还剩余一定数量的氧化铁（FeO）的氧量，氧化铁与碳反应放出一氧化碳气体。因此，在浇注时钢水在钢锭模内呈沸腾现象，故称为沸腾钢。这种钢材的优点是生产成本低、产量高，加工性能好；缺点是钢的杂质多，成分偏析较大，性能不太均匀；钢的致密程度较差，抗蚀性、冲击韧性和可焊性差。

（2）镇静钢

镇静钢是脱氧充分的钢。镇静钢在浇注之前不仅用弱脱氧剂锰铁而且还使用强脱氧剂硅铁和铝对钢液进行脱氧，因而钢液的含氧量很低。强脱氧剂硅和铝的加入，使得在凝固过程中，钢液中的氧优先与强脱氧元素铝和硅结合，从而抑制了碳氧之间的反应，所以镇静钢结晶时没有沸腾现象，由此而得名。在正常情况下，镇静钢中没有气泡，但有缩孔和疏松。与沸腾钢相比，这种钢氧化物系夹杂含量较低，纯净度较高。镇静钢的偏析不像沸腾钢那样严重，钢材性能也比较均匀。

（3）半镇静钢

半镇静钢是脱氧程度介于沸腾钢和镇静钢之间的钢，浇注时有沸腾现象，但较沸腾钢弱。这类钢具有沸腾钢和镇静钢的某些优点，在冶炼操作上较难掌握。半镇静钢的许多性能、特点，介于镇静钢和沸腾钢之间。这种钢含碳量一般低于 0.25% 的低碳钢，可作为普通或优质碳素结构钢使用。

二、钢材的主要技术性质

钢材作为主要的受力结构材料，不但需要具有一定的力学性能，同时还要求具有容易加工的工艺性能。其主要的力学性能有抗拉性能、冲击韧性、疲劳强度及硬度。主要的工艺性能有冷弯性能和可焊接性能。

1. 力学性能

（1）抗拉性能

抗拉性能是建筑钢材最主要的技术性能，通过拉伸试验，可以测得屈服强度、抗拉强度和断后伸长率，这些是钢材的重要技术性能指标。

土木工程用钢材可由低碳钢受拉的应力—应变曲线来说明（见图 5-1）。图中 OAB-CD 曲线上任意一点都表示在一定荷载的作用下，钢材的应力 δ 和应变 ε 的关系。由图 5-1 可知，低碳钢的受拉过程明显划分为四个阶段：弹性阶段、屈服阶段、强化阶段、颈缩阶段。

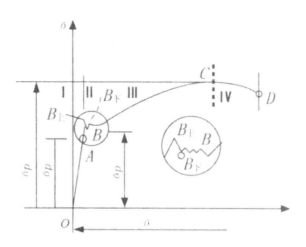

图 5-1　低碳钢拉伸时的应力－应变曲线

伸长率反映了钢材的塑性大小，在工程中具有重要意义。塑性大，钢质软，结构塑性变形大，影响使用。塑性小，钢质硬脆，超载后易断裂破坏。塑性良好的钢材，会使内部应力重新分布，不致于由于应力集中而发生脆断。

对于含碳量及合金元素含量较高的硬钢，在外力作用下没有明显的屈服阶段，通常以 0.2% 残余变形时对应的应力值作为屈服强度，用 $\sigma_{0.2}$ 表示。

（2）冲击韧性

冲击韧性是指钢材抵抗冲击荷载而不被破坏的能力。钢材的冲击韧性是用标准试件（中部加 T 有 V 形或 U 形缺口），在试验机上进行冲击弯曲试验后确定，试件缺口处受冲击，以缺口处单位面积上所消耗的功作为冲击韧性指标，用冲击韧性值 αk（J/cm2）表示。αk 越大，表示冲断试件时消耗的功越多，钢材的冲击韧性越好。

钢材进行冲击试验，能较全面地反映出材料的品质。钢材的冲击韧性对钢的化学成分、组织状态、冶炼和轧制质量及温度和时效等都较敏感。

（3）耐疲劳性

钢材在交变荷载反复作用下，在远低于屈服点时发生突然破坏，这类破坏叫疲劳破坏。若发生破坏的危险应力是在规定周期（交变荷载反复作用的次数）内的最大应力，则称其为疲劳极限或疲劳强度。此时规定的周期 N 称为钢材的疲劳寿命。

测定疲劳极限时，应根据结构的受力特点确定应力循环类型（拉－拉型、拉－压型等）、应力特征值 ρ（最小最大应力比）和周期基数。例如测定钢筋的疲劳极限，常用改变大小的拉应力循环来确定 αk 值，对非预应力筋一般为 0.1 ～ 0.8，预应力筋则为 0.7 ～ 0.85；周期基数一般为 200 万或 400 万次。

试验证明，钢材的疲劳破坏，先在应力集中的地方出现疲劳裂纹，然后在交变荷载反复作用下，裂纹尖端产生应力集中，致使裂纹逐渐扩大，而产生瞬时疲劳断裂。钢材疲劳极限不仅与其化学成分、组织结构有关，且与其截面变化、表面质量以及内应力大小等可能造成应力集中的各种因素有关。

（4）硬度

硬度是指钢材对外界物体压陷、刻划等作用的抵抗能力。硬度是衡量钢材软硬程度的一项重要的性能指标，它既可理解为是钢材抵抗弹性变形、塑性变形或破坏的能力，也可表述为钢材抵抗残余变形和反破坏的能力。硬度不是个简单的物理概念，而是材料弹性、塑性、强度和韧性等力学性能的综合指标。

测定钢材硬度的方法有布氏法（HB）、洛氏法（HRC），较常用的是布氏法。

布氏法是在布氏硬度机上用一规定直径的硬质钢球，加以一定的压力，将其压入钢材表面，使形成压痕，将压力除以压痕面积所得应力值为该钢材的布氏硬度值，以数字表示，不带单位。数值越大，表示钢材越硬。

洛氏法是在洛氏机上根据测量的压痕深度来计算硬度值。在规定的外加载荷下，将钢球或金刚石压头垂直压入试件表面，产生压痕，测试压痕深度，利用洛氏硬度计算公式计算出洛氏硬度，用"HRC"来表示。压痕越浅，HRC 值越大，材料硬度越高。

2. 工艺性能

钢材不仅应具有优良的力学性能，还应具有良好的工艺性能，用满足施工工艺的要求。其中冷弯性能和焊接性能是钢材重要的工艺性能。

（1）冷弯性能

冷弯性能是指钢材在常温下能承受弯曲而不破裂的性能。钢材冷弯性能指标，用试件在常温下所承受的弯曲程度表示。冷弯试验是将钢材接规定弯曲角度与弯心直径弯曲，检查受弯部位的外拱面和两侧面，不发生裂纹、起层或断裂为合格，弯曲角度越大，弯心直径对试件厚度（或直径）的比值愈小，则表示钢材冷弯性能越好。

钢材的冷弯性能反映钢材在常温下弯曲加工发生塑性变形时对产生裂纹抵抗能力，不仅是检验钢材的冷加工能力和显示钢材的内部缺陷状态的一项指标，并且也是考虑钢材在复杂应力状态下发展裂纹变形能力的一项指标。

通常来说，钢材的塑性愈大，其冷弯性能愈好。

（2）焊接性能

焊接性能主要指钢材的可焊性，也就是钢材之间通过焊接方法连接在一起的结合性能，是钢材固有的焊接特性。

建筑工程中，焊接是钢材的主要连接方式；在钢筋混凝土工程中，焊接广泛应用于钢筋接头、钢筋网、钢筋骨架和预埋件的连接。因此，要求钢材具有良好的可焊接性能。

钢材主要有两种焊接方法：电弧焊（钢结构焊接用）及接触对焊（钢筋连接用）。由于在焊接过程中的高温作用和焊接后急剧冷却作用，存在剧烈的膨胀和收缩，焊缝及附近的过热区将发生晶体组织及结构变化，产生局部变形及内应力，使焊件易产生变形、内应力组织的变化和局部硬脆性倾向等缺陷，降低了焊接的质量。可焊性良好的钢材，焊缝处性质应与钢材尽可能相同，焊接才能获得牢固可靠、硬脆性小的效果。

钢的化学成分、冶炼质量及冷加工等都可影响焊接性能。含碳量超过 0.3% 的碳素钢可焊性变差；硫、磷及气体杂质会使可焊性降低；加入过多的合金元素也将降低

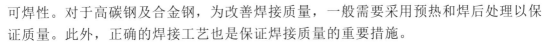

可焊性。对于高碳钢及合金钢，为改善焊接质量，一般需要采用预热和焊后处理以保证质量。此外，正确的焊接工艺也是保证焊接质量的重要措施。

钢筋焊接应注意：冷拉钢筋的焊接应在冷拉之前进行；焊接部位应清除铁锈、熔渣、油污等；应尽量避免不同国家的进口钢筋之间或进口钢筋和国产钢筋之间的焊接。

三、钢筋混凝土用钢材

混凝土结构用钢主要有热轧钢筋、冷轧带肋钢筋、冷轧扭钢筋、热处理钢筋及预应力混凝土用钢丝及钢绞线等。

1. 热轧钢筋

热轧钢筋根据其表面特征分为光圆钢筋和带肋钢筋两类。根据《钢筋混凝土用钢第 1 部分热轧光圆钢筋》《钢筋混凝土用钢第 2 部分热轧带肋钢筋》和《钢筋混凝土用余热处理钢筋》规定，热轧钢筋分为 HPB300、HRB335、HRB400、HRB500、HRBF335、HRBF400、HRBF500、RRB400（KL400）八个牌号，H、R、B 分别为热轧（Hotrolled）、带肋（Ribbed）、钢筋（Bars）三个词的英文首位字母。其中，HPB 代表热轧光圆钢筋，HRB 代表热轧带肋钢筋，HRBF 代表细晶粒热轧带肋钢筋，RRB 表示余热处理钢筋。热轧钢筋的牌号越高，那么钢筋的强度越高，但韧性、塑性与可焊性降低。

热轧钢筋主要有 Q235 轧制的光圆钢筋和合金钢轧制的带肋钢筋。

（1）热轧光圆钢筋

热轧光圆钢筋经热轧成型，横截面通常为圆形，表面光滑的成品钢筋。它的强度低，但具有塑性好、伸长率高、便于焊接等特点。它的适用范围广，不仅用于中型构件的主要受力钢筋，构件的箍筋，还可以用于制作冷拔低碳钢丝。

1）技术要求

①钢筋牌号及化学成分（熔炼分析）应符合表 5-1 的规定。

表 5-1　钢筋牌号及化学成分

牌号	化学成分（质量分数），% 不大于				
	C	Si	Mn	P	S
HPB300	0.25	0.55	1.50	0.045	0.050

②钢中残余元素铬、镍、铜含量应各不大于 0.30%，供方如能保证可不作分析。

③钢筋的成品化学成分允许偏差应符合 GB/T 222 的规定。

2）力学性能、工艺性能

①钢筋的屈服强度 R_{el}、抗拉强度 R_m、断后伸长率 A、最大力总延伸率 A_{gt}，等力学性能特征值应符合表 5-2 的规定。表 5-2 所列各力学性能特征值，可作为交货检验的最小保证值。

表 5-2　热轧光圆钢筋的技术要求

牌号	公称直径（mm）	屈服强度(MPa)	抗拉强度(MPa)	断后伸长率(%)	最大力总延伸率（%）	冷弯试验180°（d-弯芯直径；a-钢筋公称直径）
		不小于				
HPB300	6～11	300	420	25.0	10.0	$d=a$

②根据供需双方协议，伸长率类型可从 A 或 A_{gt} 中选定。例如伸长率类型未经协议确定，则伸长率采用 A，仲裁检验时采用 A_{gt}。

③弯曲性能

按表 5-1 规定的弯芯直径弯曲 180° 后，钢筋受弯曲部位表面不得产生裂纹。

3）表面质量

①钢筋应无有害的表面缺陷，按盘卷交货的钢筋应将头尾有害缺陷部分切除。

②试样可使用钢丝刷清理，清理后的重量、尺寸、横截面积和拉伸性能满足本标准的要求，锈皮、表面不平整或氧化铁皮不作为拒收的理由。

③当带有 2）规定的缺陷以外的表面缺陷的试样不符合拉伸性能或者弯曲性能要求时，则认为这些缺陷是有害的。

（2）热轧带肋钢筋

钢筋混凝土用热轧带肋钢筋采用低合金钢热轧而成，横截面通常为圆形，表面带有两条纵肋和沿长度方向均匀分布的横肋。其牌号有 HRB335、HRB400、HRB500、HRBF335、HRBF400、HRBF500 六种，力学性能见表 5-3。热轧带肋钢筋具有较高的强度、较好的塑性及可焊性，主要用于钢筋混凝土结构中的受力筋以及预应力筋。

表 5-3　热轧带肋钢筋的力学性能

牌号	屈服强度（MPa）	抗拉强度（MPa）	断后伸长率（%）	最大力总延伸率 4（%）
	不小于			
HRB335HRBF335	335	455	17	7.5
HRB400HRBF400	400	540	16	
HRB500HRBF500	500	630	15	

（3）检验项目

每批钢筋的检验项目：取样方法及试验方法应符合表 5-4 的规定。

表 5-4　钢筋取样方法和试验方法

序号	检验项目	取样数量	取样方法	试验方法
1	化学成分（熔炼分析）	1	GB/T 20066	GB/T 223GB/T4336
2	拉伸	2	任选两根钢筋切取	GB/T228、本标准8.2
3	弯曲	2	任选两根钢筋切取	GB/T232、本标准8.2
4	尺寸	逐支（盘）		本标准8.3
5	表面	逐支（盘）		目视
6	重量偏差	本标准8.4	本标准8.4	

注：对化学分析和拉伸试验结果有争议时,仲裁试验分别按GB/T 223、GB/T 228进行。

1）力学性能、工艺性能试验

①拉伸、弯曲试验试样不允许进行车削加工。

②计算钢筋强度用截面面积采用公称作横截面面积。

2）尺寸测量

钢筋直径的测量应精确到0.1 mm。

3）重量偏差的测量

①长度应逐支测量,应精确到1mm。测量试样总重量时,应精确到不大于总重量的1%。

②钢筋实际重量与理论重量的偏差（%）按下式计算:

$$重量偏差=\frac{试样实际总重量-（试样总长度×理论重量）}{试样总长度×理论重量}×100\%$$

③检验结果的数值修约与判定应符合YB/T081的规定。

2. 冷拉钢筋

冷拉钢筋是在常温下,来超过原来钢筋屈服点强度的拉应力,强行拉伸钢筋,使钢筋产生塑性变形以达到提高钢筋屈服点强度。经过冷拉的钢筋可达到除锈、调直、提高强度、节约钢材的目的。热轧钢筋经过冷拉和时效处理后,其屈服点和抗拉强度增大17%～27%,材料变脆,屈服阶段变短,伸长率降低,冷拉时效后强度略有提高。为了保证冷拉钢材的质量,不使冷拉钢筋脆性过大,冷拉操作应采用双控法,即控制冷拉率和冷拉应力。如果冷拉至控制应力而未超过控制冷拉率,那么合格;若达到冷拉率,未达到控制应力,则钢筋应降级使用,冷拉钢筋是钢筋加工的常用方法之一。

冷拉钢筋的技术性质应符合表5-5的要求。

表5-5　冷拉钢筋的力学性能

钢筋级别	钢筋直径（mm）	屈服强度（MPa）	抗拉强度（MPa）	伸长率（%）	冷弯	
		≥			弯曲角度（°）	弯曲直径（mm）
HRB335	≤ 25	450	510	10	90	3d
	28 ～ 40	430	490	10	90	4d
HRB400	8 ～ 40	500	570	8	90	5d
HRB500	10 ～ 28	700	835	6	90	5d

3. 冷轧带肋钢筋

冷轧带肋钢筋是热轧圆盘条经冷轧后,在其表面带有沿长度方向均匀分布的三面或二面横肋的钢筋。国家标准《冷轧带肋钢筋》规定:冷轧带肋钢筋牌号由CRB和钢筋的抗拉强度最小值构成,分为CRB550、CRB650、CRB800、CRB970四个牌号。其中,CRB550 钢筋的公称直径范围为4 ～ 12 mm,CRB650 及以上牌号钢筋的公称直径为4 mm、5 mm、6 mm。

冷轧带肋钢筋强度高,塑性、焊接性好,握裹力强,广泛用于中、小预应力混凝土结构和普通钢筋混凝土结构构件中。CRB550 可作为普通混凝土结构的配筋，其他牌号则可作为预应力混凝土结构配筋。由于钢筋表面轧有肋痕，故有效地克服了冷拉、冷拔钢筋与混凝土握裹力低的缺点，同时还具有和冷拉、冷拔钢筋（丝）相接近的强度。

4. 预应力混凝土用热处理钢筋

预应力混凝土用热处理钢筋是用普通热轧中碳低合金钢经悴火和回火调质而成，按外形分为有纵肋和无纵肋两种（均有横肋）。通常有三个规格，即公称直径 6 mm（牌号 40Si2Mn）、8.2 mm（牌号 48Si2Mn）和 10 mm（牌号 45Si2Cr），热处理钢筋抗拉强度、屈服点、伸长率，特别适用于预应力混凝土构件的配筋。为了增加与混凝土的粘接力，钢筋表面常轧有通长的纵筋和均布的横肋。预应力混凝土用热处理钢筋的优点是：强度高，可代替高强钢丝使用；配筋根数少，节约钢材；锚固性好，不易打滑，预应力值稳定；施工简便，开盘后钢筋自然伸直，不需要调直及焊接。主要用于预应力混凝土梁、板结构，钢筋混凝土轨枕和吊车梁等。

5. 冷拔低碳钢丝

冷拔低碳钢丝使用 6.5 ～ 8 mm 的低碳钢热轧圆盘条经一次或多次冷拔制成的以盘卷供应的光面钢丝。其屈服强度可提高 40% ～ 60%。但降低了低碳钢的塑性，变得硬脆，属硬钢类钢丝。

6. 预应力混凝土用钢丝及钢绞线

（1）预应力混凝土用钢丝

预应力混凝土用钢丝是用优质碳素结构钢制成的，抗拉强度高达 1770 MPa，根据《预应力混凝土用钢丝》规定，预应力混凝土用钢丝分为消除应力光圆钢丝（S）、消除应力螺旋肋钢丝（SH）和消除应力刻痕钢丝（SI）。光圆钢丝和螺旋钢丝有 4 mm、5 mm、6 mm、7 mm、8 mm、9 mm，刻痕钢丝有 5 mm、7 mm。刻痕钢丝和螺旋肋钢丝与混凝土的黏结力好。预应力混凝土用钢丝具有强度高、初性好、无接头、不需冷拉、施工简便、质量稳定、安全可靠等优点，主要用于大跨度屋架及薄腹梁、大跨度吊车梁、桥梁、电杆、轨枕等。

（2）预应力混凝土用钢绞线

预应力混凝土用钢绞线是以数根优质碳素结构钢钢丝经绞捻和消除内应力制成。根据钢丝的股数分为 1×2、1×3 和 1×7 三类。1×7 钢绞线是以一根钢丝为蕊、6 根钢丝围绕绞捻而成。钢绞线具有强度高、柔韧性好、无接头、质量稳定、施工简便等优点，使用时按要求的长度切割，适用于大荷载、大跨度、曲线配筋的预应力钢筋混凝土结构。

四、钢筋力学与机械性能试验

1. 拉伸性能试验

（1）试验目的、依据

在室温下对钢材进行拉伸试验，可以测定钢材的屈服点、抗拉强度以及伸长率等重要技术性能，并且以此对钢材的质量进行评定，确定其是否满足国家标准的规定，试验依据为《金属材料室温拉伸试验方法》。

（2）主要仪器设备

1）液压万能试验机：示值误差应小于1%。

2）游标卡尺：据试样尺寸测量精度要求。

选用相应精度的任一种量具，如游标卡尺、螺旋千分尺或者精度更高的测微仪，精度0.1 mm。

3）钢筋打点机。

（3）试件条件

1）试验速度：钢筋拉伸试验加载速率见表5-6。

表 5-6　圆钢规格加载速率

直径	横截面积（mm²）	屈服前加载速率区间（kN/s）	屈服期间加载速率区间（kN/s）	平行长度加载速率（kN/s）
Φ6	28.27	0.17 ~ 1.70	1.48 ~ 14.84	47.49
Φ7	38.48	0.23 ~ 2.31	2.02 ~ 20.20	64.65
Φ8	50.27	0.30 ~ 3.02	2.64 ~ 26.39	84.45
Φ9	63.63	0.38 ~ 3.82	3.34 ~ 33.41	106.90
Φ10	78.54	0.47 ~ 4.71	4.12 ~ 41.23	131.95
Φ11	95.03	0.57 ~ 5.70	4.99 ~ 49.89	159.65
Φ12	113.1	0.68 ~ 6.79	5.94 ~ 59.38	190.01
Φ13	132.7	0.80 ~ 7.96	6.97 ~ 69.67	222.94
Φ14	153.9	0.92 ~ 9.23	8.08 ~ 80.80	258.55
Φ15	176.7	1.06 ~ 10.60	9.28 ~ 92.77	296.86
Φ16	201.1	1.21 ~ 12.07	10.56 ~ 105.58	337.85
Φ17	227	1.36 ~ 13.62	11.92 ~ 119.18	381.36
Φ18	254.5	1.53 ~ 15.27	13.36 ~ 133.61	427.56
Φ19	283.5	1.70 ~ 17.01	14.88 ~ 148.84	476.28
Φ20	314.2	1.89 ~ 18.85	16.50 ~ 164.96	527.86

直径	横截面积（mm²）	屈服前加载速率区间（kN/s）	屈服期间加载速率区间（kN/s）	平行长度加载速率（kN/s）
Φ21	346.4	2.08～20.78	18.19～181.86	581.95
Φ22	380.1	2.28～22.81	19.96～199.55	638.57
Φ24	452.4	2.71～27.14	23.75～237.51	760.03
Φ25	490.9	2.95～29.45	25.77～257.72	824.71
Φ26	530.9	3.19～31.85	27.87～278.72	89L 91
Φ28	615.8	3.69～36.95	32.33～323.30	1 034.54
Φ30	706.9	4.24～42.41	37.11～371.12	1 187.59
Φ32	804.2	4.83～48.25	42.22～422.21	1 351.06
Φ34	907.9	5.45～54.47	47.66～476.65	1 525.27

2）试验一般在室温 10～35℃范围内进行，对于温度要求严格的试验，试验温度应为 23℃ ±5℃。

3）夹持方法：应使用如楔形夹头、螺纹夹头、平推夹头、套环夹具等合适的夹具夹持试样，夹头的夹持面与试样接触应尽可能地对称均匀。

（4）试件制备

拉伸试验用钢筋试件长度：L0＞L0+200 mm，尺寸见表 5-7。如平行长度 L，比原始标距长许多，例如不经机加工的试样，可以标记一系列套叠的原始标距。有时，可以在试样表面画一条平行于试样纵轴的线，并且在此线上标记原始标距（标

表 5-7　钢筋试件尺寸

直径	L_0（5a）（mm）	L_0（10a）（mm）	直径	L_0（5a）（mm）	L_0（10a）（mm）
φ6	30	60	φ18	90	180
φ7	35	70	φ19	95	190
φ8	40	80	φ20	100	200
φ9	45	90	φ21	105	210
φ10	50	100	φ22	110	220
φ11	55	110	φ24	120	240
φ12	60	120	φ25	125	250

续　表

直径	L_0（5a）（mm）	L_0（10a）（mm）	直径	L_0（5a）（mm）	L_0（10a）（mm）
φ13	65	130	φ26	130	260
φ14	70	140	φ28	140	280
φ15	75	150	φ30	150	300
φ16	80	160	φ32	160	320
φ17	85	170	φ34	170	340

（5）试验步骤

1）根据被测钢筋的品种和直径，确定钢筋试样的原始标距 L0。

2）用钢筋打点机在被测钢筋表面打刻标点。

3）接通试验机电源，启动试验机油泵，让油缸升起，读盘指针调零。根据钢筋直径的大小选定试验机的量程。

4）夹紧被测钢筋，使上下夹持点在同一直线上，保证试样轴向受力。不得将试件标距部位夹入试验机的钳口中，试样被夹持部分不小于钳口的 2/3。

5）启动油泵，按要求控制试验机的拉伸速度，拉伸过程中，测力度盘指针停止转动时的恒定荷载，或第一次回转时的最小荷载，即为所求的屈服点荷载 Ps（N）。

6）屈服点荷载测出后，继续对试件加荷直至拉断，读出最大荷载 Pb（N）。

7）卸去试样，关闭试验机油泵和电源。

8）试件拉断后，将其断裂部分紧密地对接在一起，并尽量使其位于一条轴线上。如断裂处形成缝隙，那么此缝隙应计入该试件拉断后的标距内。

断后标距 L1 的测量：

①直接法。如拉断处到最邻近标距端点的距离大于 L0/3 时，直接测量标距两端点距离。

②移位法。如拉断处到最邻近标距端点的距离小于或等于 L0/3 时，则按以下方法测定 L1：在长段上从拉断处 O 点起，取基本等于短段格数得 B 点，再取等于长段所余格数的一半，得 C 点；或取所余格数分别加 1 或减 1 的一半，得 C 点和 C1 点）。

测量断后标距的量值其最小刻度应不大于 0.1 mm。

（6）结果评定

1）试验出现下列情况之一者，试验结果无效

①试样断在机械刻划的标记上或标距之外，造成了断后伸长率小于规定最小值。

②试验记录有误或设备发生故障影响试验结果。

2）遇有试验结果作废时，应补做同样数量试样的试验。

3）试验后试样出现 2 个或 2 个以上的颈缩及显示出肉眼可见的冶金缺陷（例如分层、气泡、夹渣、缩孔等），应在试验记录和报告中注明。

4）当试验结果有一项不合格时，应另取 2 倍数量的试样重新做试验，如仍有不

合格项目，则该批钢材应判为拉伸性能不合格。

2. 钢筋弯曲（冷弯）试验

（1）试验目的、依据

检验钢筋承受规定弯曲程度的弯曲塑性变形性能，并且显示其缺陷，作为评定钢筋质量的技术依据。

试验依据为《金属材料弯曲试验方法》。

（2）方法原理

弯曲试验是以圆形、方形、矩形或多边形横截面试样在弯曲装置上经受弯曲塑性变形，不改变加力方向，直至达到规定的弯曲角度。

弯曲试验时，试样两臂的轴线保持在垂直于弯曲轴的平面内。如为弯曲180°角的弯曲试验，按照相关产品标准的要求，可将试样弯曲至两臂直接接触或两臂相互平行且相距规定距离，可使用垫块控制规定距离。

（3）主要仪器设备

弯曲试验应在配备下列弯曲装置之一的试验机或者压力机上完成。

1）支撑辊式弯曲装置，见图5-2。

2）V型模具式弯曲装置，见图5-3。

3）虎钳式弯曲装置，见图5-4。

4）翻板式弯曲装置，见图5-5。

具备不同直径的弯心，弯心直径由有关标准规定，其宽度应该大于试样的直径，弯曲A自由压头应具有足够的硬度。

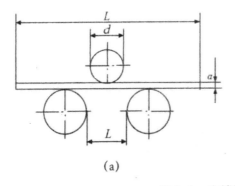
(a)

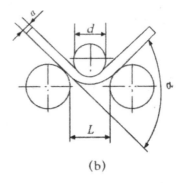
(b)

图5-2　支撑辊式弯曲装置

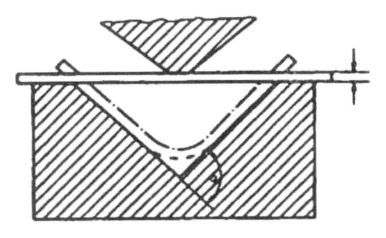

图 5-3　V 型模具式弯曲装置图

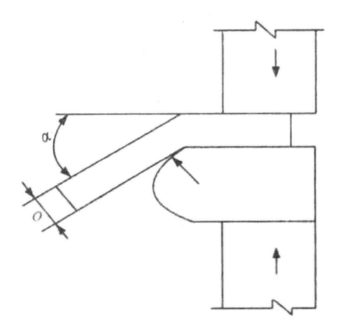

图 5-4　虎钳式弯曲装置

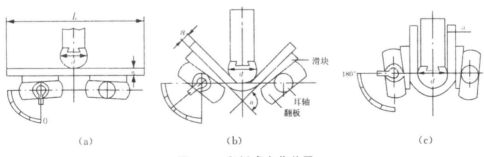

（a）　　　　　　　（b）　　　　　　　（c）

图 5-5　翻板式弯曲装置

（4）试样制备

1）试验可使用圆形、方形、矩形或多边形截面的试样。试样加工时，应该去除由于剪切或火焰切割或类似的操作而影响了材料性能的部分。若试验结果不受影响，允许不去除试样受影响的部分。

2）试样的弯曲外表面不得有划痕和损伤。

3）当钢筋直径不大于 30 mm 时，不需加工，直接试验。钢筋直径超过 30 mm、但不大于 50 mm 时，可以将其机加工成横截面内切圆直径不小于 25 mm 的试样。直径或多边形横截面内切圆直径大于 50 mm 的产品，应将其机加工成横截面内切圆直径不小于 25 mm 的试样。加工时，应保留一侧的原表面；试验时，试样未经机加工的原表面应置于受拉变形的一侧。

4）弯曲试样长度根据试样直径和弯曲装置而定。

（5）试验步骤

试验一般在 10 ～ 35℃的室温范围内进行，对于温度要求严格的试验，试验温度应为 18 ～ 28℃。由相关产品标准规定，采用相应方法完成试验。

试样在图 5-2 ～图 5-5 所给定的条件进行弯曲，在作用力之下的弯曲程度可分为下列 3 种类型：

1）试样在给定的条件和力作用下弯曲到规定的弯曲角度。

2）试样在力作用下弯曲至两臂相距规定距离且相互平行，见图 5-6。

3）试样在力作用下弯曲至两臂直接接触，见图 5-7。

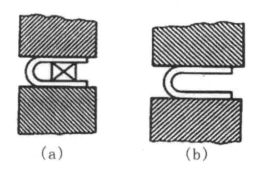

（a）　　　　　　　（b）

图 5-6　试样弯曲至两臂平行

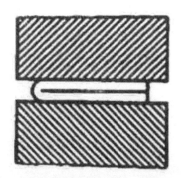

图 5-7　试样弯曲至两臂直接接触

（6）试验结果

1）弯曲后，按有关产品标准规定检查试样弯曲外表面，进行结果评定。相关产品标准规定的弯曲角度作为最小值，若规定弯曲压头直径，用规定的弯曲压头直径作为最大值。

2）有关标准未做具体规定时，检查试样的外表面，按以下5种试验结果进行评定，若无裂纹、裂缝或断裂，则评定试样合格。

①完好：试样弯曲处的外表面金属基体上，肉眼可以见因弯曲变形产生的缺陷时称为完好。

②微裂纹：试样弯曲的外表面金属基体上出现细小的裂纹，其长度不大于2 mm、宽度不大于0.2 mm时，称为微裂纹。

③裂纹：试样弯曲外表面金属基体上出现开裂，其长度大于2 mm而小于等于5 mm，宽度大于0.2 mm而小于等于0.5 mm时，称为裂纹。

④裂缝：试样弯曲外表面金属基体上出现开裂，其长度大于5 mm、宽度大于0.5 mm时，称为裂缝。

⑤断裂：试样弯曲外表面出现沿宽度贯穿的开裂，其深度超过试样厚度的1/3时，称为断裂。

3.钢筋在最大力下总延伸率的测定方法

（1）试样

1）长度：试样夹具之间的最小自由长度应符合表5-8要求。

表5-8 试样夹具之间的最小自由长度

钢筋公称直径	试样夹具之间的最小自由长度（mm）
d ≤ 22 mm	350

2）原始标距的标记和测量：在试样自由长度范围内，均匀划分为10 mm或5 mm的等间距标记，标记的划分和测量应符合《金属材料拉伸试验》的有关要求。

（2）拉伸试验

按GB/T 228规定进行拉伸试验，直到试样断裂。

（3）断裂后的测量

选择Y和V两个标记，这两个标记之间的距离在拉伸试验之前至少应为100 mm。两个标记都应当位于夹具离断裂点较远的一侧。两个标记离开夹具的距离都应不小于20 mm或钢筋公称直径（取二者之较大者）；两个标记和断裂点之间的距离应不小于50 mm（取二者之较大者）。

4.金属线材反复弯曲性能的检测

（1）检测依据

本方法依据《金属材料线材反复弯曲试验方法》测定金属线材在常温下反复弯曲中承受塑性变形能力的测定方法。

（2）试件

直径或特征尺寸为 0.3 ～ 10 mm 的金属线材。线材试样应尽可能平直，必要时要将试样矫直，在矫直过程中不损伤线材表面，局部硬弯可以不矫直。

（3）检测设备

反复弯曲试验机。

（4）检测方法

1）根据表 5-9 所列线材直径 d 选择圆柱支辊半径 r、圆柱支辊顶部至拔杆底部距离 dL 以及拔杆孔直径 dg。

2）使弯曲臂处于垂直位置，把试样由拔杆孔插入，试样下端用夹块夹紧，并使试样垂直于圆柱支辊轴线。

3）将试样弯曲 90°，再向相反方向连续交替进行；将试样自由端弯曲 90°，再返回至起始位置作为一次弯曲。反复弯曲是向相反方向进行连续而不间断地反复弯曲。

4）弯曲操作应以每秒钟不超过一次的均匀速率平稳无冲击地进行，必要时，应降低弯曲速度以确保试样产生的热不致影响试验结果。试验过程当中，对试样施加的张紧力不得超过试样公称抗拉强度相对力值的 2%。

5）连续试验至相关产品标准中规定的弯曲次数，或者连续试验至试样完全断裂为止。如果某些产品有特殊要求，可以根据规定连续试验至出现肉眼可以见的裂纹为止。

6）试样断裂的最后一次弯曲不计入弯曲次数 Nb。

表 5-9　圆柱支辊半径、支座顶部至底板距离、拔杆孔直径（单位：mm）

圆形金属线材公称直径	圆柱支辊半径	距离	拔杆孔直径 d_g
$0.3 \leqslant d < 0.5$	1.25±0.05	15	2.0
$0.5 \leqslant d < 0.7$	1.75±0.05	15	2.0
$0.7 \leqslant d < 1.0$	2.5±0.1	15	2.0
$1.0 \leqslant d < 1.5$	3.75±0.1	20	2.0
$1.5 \leqslant d < 2.0$	5.0±0.1	20	2.0 和 2.5
$2.0 \leqslant d < 3.0$	7.5±0.1	25	2.5 和 3.5
$3.0 \leqslant d < 4.0$	10.0±0.1	35	3.5 和 4.5
$4.0 \leqslant d < 6.0$	15.0±0.1	50	4.5 和 7.0
$6.0 \leqslant d < 8.0$	20.0±0.1	75	7.0 和 9.0
$8.0 \leqslant d < 10.0$	25.0±0.1	100	9.0 和 11.0

（5）检测结果

把终止试验的判据填写在试验结果当中。

第二节　砖石检测

一、砌墙砖试验

1. 尺寸测量

（1）量具

砖用卡尺，如图5-8所示，分度值是 0.5 mm。

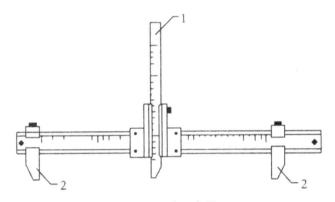

图 5-8　砖用卡尺

1—垂直尺；2—支脚

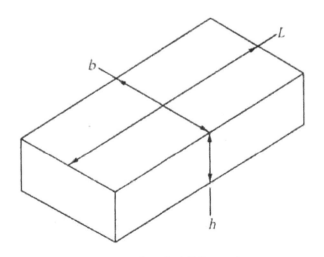

图 5-9 尺寸量法（单位：mm）

l—长度；b—宽度；h—高度

（2）测量方法

长度应在砖的两个大面的中间处分别测量两个尺寸；宽度应该在砖的两个大面的中间处分别测量两个尺寸；高度应在砖的两个条面的中间处分别测量两个尺寸，如图5-9所示。当被测处有缺损或凸出时，可以在其旁边测量，但应选择不利的一侧。精确至0.5mm。

（3）结果表示

每一方向尺寸以两个测量值的算术平均值表示。

2．外观质量检查

（1）量具

1）砖用卡尺：如图5-8所示，分度值为0.5 mm。

2）钢直尺：分度值不应大于1 mm。

（2）测量方法

1）缺损

①缺棱掉角在砖上造成的破损程度，用破损部分对长、宽、高三个棱边的投影尺寸来度量，称为破坏尺寸，如图5-10所示。

②缺损造成的破坏面，是指缺损部分对条、顶面（空心砖为条、大面）的投影面积，如图5-11所示。空心砖内壁残缺及肋残缺尺寸，用长度方向的投影尺寸来度量。

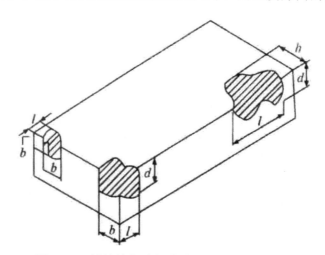

图5-10　缺棱掉角破坏尺寸量法（单位：mm）

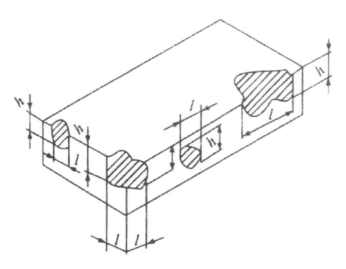

图 5-11　缺损在条、顶面上造成破坏面量法（单位：mm）

2）裂纹

①裂纹分为长度方向、宽度方向和水平方向三种，用被测方向的投影长度表示。如果裂纹从一个面延伸至其他面上时，那么累计其延伸的投影长度，如图 5-12 所示。

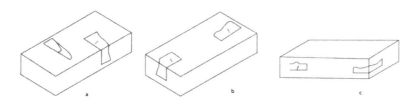

图 5-12　裂纹长度量法（单位：mm）

（a）宽度方向裂纹长度量法；（b）长度方向裂纹长度量法；（c）水平方向裂纹长度量法

②多孔砖的孔洞与裂纹相通时，则将孔洞包括在裂纹内一并测量。

③裂纹长度以在三个方向上分别测得的最长裂纹为测量结果。

3）弯曲

弯曲分别在大面和条面上测量，测量时将砖用卡尺的两支脚沿棱边两端放置，择其弯曲最大处将垂直尺推至砖面，如图 5-13 所示。但是不应将因杂质或碰伤造成的凹处计算在内。以弯曲中测得的较大者作为测量结果。

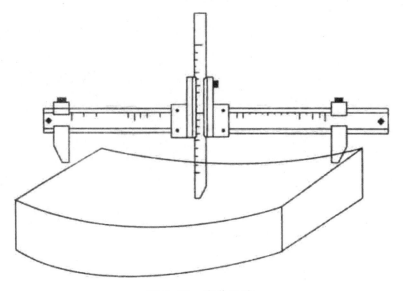

图 5-13　弯曲量法

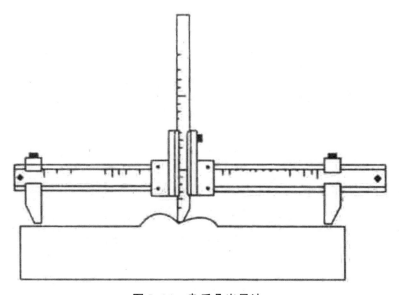

图 5-14　杂质凸出量法

4）杂质凸出高度

杂质在砖面上造成的凸出高度，用杂质距砖面的最大距离表示。测量时将砖用卡尺的两支脚置于凸出两边的砖平面上，用垂直尺测量，如图 5-14 所示。

5）色差

装饰面朝上随机分两排并列，在自然光之下距离砖样 2 m 处目测。

（3）结果处理

外观测量结果以 mm 为单位，不够 1 mm 者按 1 mm 计。

3. 抗折强度试验

（1）适用范围粉煤灰砖。

（2）仪器设备

1）材料试验机：试验机的示值相对误差不大于 ±1%，其下加压板应该为球铰支座，预期最大破坏荷载应在量程的 20% ～ 80%。

2）抗折夹具：抗折试验的加荷形式为三点加荷，其上压辊和下支辊的曲率半径为 15 mm，下支辊应有一个为铰接固定。

3）钢直尺：分度值不应该大于 1 mm。

（3）试样数量

试样数量为 10 块。

（4）试样处理

试样应放在温度为（20±5）℃的水中浸泡 24 h 后取出，用湿布拭去其表面水分进行抗折强度试验。

（5）试验步骤

1）按规定方法测量试样的宽度和高度尺寸各 2 个，分别取算术平均值，精确至 1mm。

2）调整抗折夹具下支辊的跨距为砖规格长度减去 40 mm。规格长度为 190 mm 的砖，其跨距为 160 mm。

3）将试样大面平放在下支辊上，试样两端面与下支辊的距离应相同，当试样有裂缝或凹陷时，应使有裂缝或凹陷的大面朝下，以 50 ～ 150 N/s 的速度均匀加荷，直至试样断裂，记录最大破坏荷载 P。

（6）结果计算与评定

1）每块试样的抗折强度，按照下式计算。

$$R_c = \frac{3PL}{2BH^2}$$

式中：Rc—— 抗折强度，MPa；

P—— 最大破坏荷载，N；

L—— 跨距，mm；

B—— 试样宽度，mm；

H—— 试样高度，mm。

2）试验结果以试样抗折强度的算术平均值与单块最小值表示。

4. 抗压强度试验

（1）仪器设备

1）材料试验机：试验机的示值相对误差不大于 ±1%，其下加压板应为球铰支座，预期最大破坏荷载应在量程的 20% ～ 80%。

2）钢直尺：分度值不应大于 1 mm。

3）振动台、制样模具、搅拌机：应符合 GB/T25044 的要求。

4）切割设备。

5）抗压强度试验用净浆材料：应符合 GB/T 25183 的要求。

（2）试样数量

试样数量为 10 块。

（3）试样制备

1）一次成型制样

①一次成型制样适用采用样品中间部位切割，交错叠加灌浆制成强度试验试样的方式。

②将试样锯成两个半截砖，两个半截砖用于叠合部分的长度不得小于 100 mm。如果不足 100 mm，应另取备用试样补足。

③将已切割开的半截砖放入室温的净水中浸 20～30 min 后取出，在铁丝网架上滴水 20～30 min，以断口相反方向装入制样模具中。用插板控制两个半截砖间距不应大于 5 mm，砖大面与模具间距不应大于 3 mm，砖断面、顶面与模具间垫以橡胶垫或其他密封材料，模具表面涂油或脱模剂，制样模具及插板如图 5-15 所示。

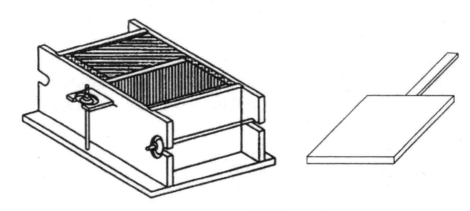

图 5-15 一次成型制样模具及插板

④将净浆材料按照配制要求，置于搅拌机中搅拌均匀。

⑤将装好试样的模具置于振动台上，加入适量搅拌均匀的净浆材料，振动时间为 0.5～1 min，停止振动，静置至净浆材料达到初凝时间（15～19 min）之后拆模。

2）二次成型制样

①二次成型制样适用于采用整块样品上下表面灌浆制成强度试验试样的方式。

②将整块试样放入室温的净水中浸 20～30 min 后取出，在铁丝网架上滴水 20～30 min。

③将净浆材料按照配制要求，置于搅拌机中搅拌均匀。

④模具表面涂油或脱模剂，加入适量搅拌均匀的净浆材料，将整块试样一个承压面与净浆接触，装入制样模具中，承压面找平层厚度不应大于 3 mm。接通振动台电源，振动 0.5～1 min，停止振动，静置至净浆材料达到初凝时间（15～19 min）后拆模。

按同样方法完成试样另一承压面的找平。

（4）试样养护

1）一次成型制样、二次成型制样在不低于10℃的不通风室内养护4 h。

2）非成型制样不需养护，试样气干状态直接进行试验。

（5）试验步骤

1）测量每个试样连接面或受压面的长、宽尺寸各2个，分别取算术平均值，精确到1mm。

2）将试样平放在加压板的中央，垂直于受压面加荷，应均匀平稳，不得发生冲击或振动。加荷速度以2～6 kN/s为宜，直至试件破坏为止，记录最大破坏荷载P。

（6）结果计算与评定

1）每块试样的抗压强度按以下式子计算。

$$R_P = \frac{P}{L \times B}$$

式中：R_P —— 抗压强度，MPa；

P—— 最大破坏荷载，N；

L—— 受压面（连接面）的长度，mm；

B—— 受压面（连接面）的宽度，mm。

2）试验结果以试样抗压强度的算术平均值和标准值或单块最小值表示。

二、岩石抗压强度试验

1. 目的和使用范围

单轴抗压试验时测定规则形状岩石试件单轴抗压强度的方法，主要用于岩石的强度分级和岩性描述。

本法采用饱和状态下的岩石立方体（或者圆柱体）时间的抗压强度来评定岩石强度（包括碎石或卵石的原始岩石强度）。

在某些情况下，试件含水状态还可根据需要选择天然状态、烘干状态或冻融循环后状态。试件的含水量状态要在试验报告中注明。

2. 仪器设备

（1）压力试验机或万能试验机。

（2）钻石机、切石机、磨石机等岩石试件加工设备。

（3）烘箱、干燥器、游标卡尺、角尺以及水池等。

3. 试件制备

1）建筑地基的岩石试验，采用圆柱体作为标准试件，直径为50 mm±2 mm，高径比为2：1。每组试件共6个。

2）砌体工程（桥梁工程、挡土墙、边坡）用的石料试验，采用立方体试件，边长为 70 mm±2 mm。每组试件共 6 个。

3）路面工程用石料试验采用角圆柱体或立方体试件，其直径或边长和高均为 500 mm±2 mm。每组试件共 6 个。

有显著层理的岩石，分别沿平行和垂直层理方向各取试件 6 个。试件上、下端面应平行和磨平试件端面的平面度公差应小于 0.05 mm，端面对于试件轴线垂直偏差不应超过 25°。对于非标准圆柱体试件，试验之后压强度试验值按下式进行换算。

$$R_c = \frac{8R}{7 + 2D/H}$$

式中：R_c —— 试件高径比为 2：1 的标准抗压强度值；

R—— 试件任意高径比的抗压强度值；

D—— 试件直径；

H—— 试件高。

4．试验步骤

（1）用游标卡尺量取试件尺寸（精确到 0.1 mm）

对于立方体试件，在顶面和底面上各取其边长，以各面上相互平行的两个边长的算术平均值计算其承压面积；对于圆柱体试件，在顶面和底面分别测量两个相互正交的直径，并以其各自的算术平均值分别计算底面和顶面的面积，取其顶面和底面面积的算术平均值作为计算抗压强度所用的截面面积。

（2）试件的含水状态

可根据需要选择烘干状态、天然状态、饱和状态及冻融循环后状态，试件饱和采用下面任一方法。

用煮沸法饱和试件：将称量后的试件放入水槽，注水至试件高度的一半，静置 2 h。再加水使试件浸没，煮沸 5 h 以上，并保持水的深度不变。煮沸停止后静置水槽，待其冷却，去除试件，用湿纱布擦去表面水分，立即进行试验。

用真空抽气法饱和试件：将称量后的试件置于真空干燥器中，注入洁净水，水面高出试件顶面 20 mm，开动抽气机，抽气时真空压力需达 100 kPa，保持此真空状态直至无气泡发生为止（不少于 4 h）。经真空抽气的试件应放置在原容器中，在大气压力下静置 4 h，取出试件用纱布擦去表面水分，立即进行试验。

（3）按岩石强度，选定合适的压力机

将试件置于压力机的承压板中央，对正上、下承压板，不得偏心。

（4）以 0.5～1 MPa 的速率进行加荷直至破坏

记录破坏荷载以及加载过程中出现的现象。抗压试件试验的最大荷载记录以 N 为单位，精度为 1%。

5．试验注意事项

岩石的抗压强度是反映岩石力学性质的主要指标之一，它在岩体工程分类、建筑材料选择及工程岩体稳定性评价计算中都是必不可少的指标。试验研究表明，岩石的抗压强度受一系列因素的影响与控制。这些因素包括两个方面：一方面是岩石本身方面的因素，如矿物组成、结构构造及含水状态等；另一方面是试验条件，例如试件形状、大小、高径比及加工精度、加荷速率等。

第三节　土工合成材料检测

一、土工合成材料的分类及其使用范围

1. 土工合成材料的分类

合成材料分类随着新材料和新技术的发展还将不断有所变化。按照中华人民共和国行业推荐性标准《公路土工合成材料应用技术规范》，把土工合成材料分为四大类，即土工织物、土工膜、土工复合材料和土工特种材料。

常用的土工合成材料有：

土工网 —— 合成材料条带或合成树脂压制成的平面结构网状土工合成材料。

土工格栅 —— 聚合物材料经过定向拉伸形成的具有开孔网格、较高强度的平面网状材料。

土工模袋 —— 双层聚合化纤织物制成的连续（或者单独的）袋状材料，可以代替模板用高压泵把混凝土或砂浆灌入模袋之中，最后形成板状或其他形状结构。

土木织物 —— 透水性的平面土工合成材料，按制造方法分为无纺（非织造）土工织物和有纺土工织物。无纺土工织物是由细丝或纤维按定向排列或非定向排列并结合在一起的织物；有纺土工织物是两组平行细丝或者纱按一定方式交织而成的织物。

土工复合排水材料 —— 以无纺土工织物和土工网、土工膜或不同形状的合成材料芯片复合而成的土工排水材料。

玻纤网 —— 以玻璃纤维制成的平面网格状材料。

土工垫 —— 以热塑性树脂为原料，经挤出、拉伸等工序形成的相互缠绕，并在节点上相互熔合，底部为高模量基础层的三维网垫。

2. 土工合成材料的适用范围

土工合成材料因其具有过滤、排水、隔离、加筋、防渗和防护等作用，在土工、交通、水利、电子、石油、海港、铁路、公路、机场、市政和建筑等部门得到广泛应用。

（1）土工合成材料在土工技术中的应用

1）加筋土坡

土坡中加入土工合成材料（土工格栅或土工织物）可将土坡填筑得更陡一些。就加筋功能而言，与针刺土工织物相比，土工格栅和有纺土工织物可以在较小的应变下发挥作用。针刺土工织物则具有土工格栅和有纺土工织物所不具备的土工合成材料平面内的透水性。因而，土工合成材料在加筋（低透水性土）土坡中的应用是：

①针刺土工织物与土工格栅叠合铺设，具有加筋及排水功能；或针刺土工织物与有纺土工织物铺设结合，具有加筋和排水功能。

②土工合成材料作为土坡内排水系统（竖向和水平向）和土工格栅结合或土工合成材料作为土坡内排水系统（竖向和水平向）和有纺土工织物结合。

土工合成材料在加筋（低透水性土）土坡中的应用前景是将土工合成材料作为含有活性碳纤维的载体，使土工合成材料成为具有导水性的填充聚合物或金属纤维，从而通过电泳、离子转移和电渗改善加筋区内细粒土的性质。

2）加筋挡土墙

与加筋土坡类似，加筋土挡墙可以形成直立墙面。加筋可是土工织物，但更多的是使用土工格栅。

3）大堤地基加筋

20世纪70年代，美国工程师兵团采用高强土工织物加固土堤地基。其最终目的是减少软土地基土堤的沉降。荷兰也是将该技术用于大面积填土的较早采用者之一。在土堤和地基设置加筋以减少不均匀沉降。如果土堤需要跨过地基中的孔洞，就所涉及的加筋抗拉强度而言，导致不均匀沉降的地基中孔洞的最大尺寸是最为关键的。

4）混凝土坝防渗

许多建成的混凝土坝存在严重的缺陷。除了剥落和裸露钢筋外，工程上最为关心的缺陷是结构渗漏的增加。现行的方法是放空水库后，在混凝土坝的上游面粘贴土工膜。沿垂直方向每隔2 m设一水平不锈钢槽，以夹紧土工膜。该方法的改善是先在混凝土坝上游面设置土工网格，然后将土工膜粘贴在土工网格上。设置土工网格的目的是收集渗过土工膜的水。

土工膜用于该目的已有20多年。据报道，它最早用于意大利，当前在全世界得到普遍的应用。

5）土项防渗

土工膜以及土工合成材料和黏性土形成的衬砌（GCL），已被用在土坝或土坝的上游面作为防渗体。土工膜应妥善防护，防止刺破，并妥善锚固。将该项技术用于碾压混凝土坝，在这种情况下，土工膜及铺于土工膜下面的土工织物在工厂被粘贴在混凝土板上。在现场，随着土坝升高，逐步进行安装。在现场的，用于土工膜条带对这种板进行粘贴。该项技术有效地减少了水平渗漏。

6）隧道防渗

现行的方法是将土工膜用于永久性混凝土里侧的防渗体，与针刺的、较厚的无纺土工织物一起，将水导入没在隧道底脚的排水出口，形成封闭的排水系统。

（2）土工合成材料在市政工程中的应用

1）改善道路

有许多方法将合成材料用于道路的断面上，其目的是使道路具有更好的性能和更长的使用期，或两者兼有。将土工织物和土工格栅用于道路的不同部位时，土工合成材料的功能为：

①土工织物用于路堤和路基的隔离和加筋；

②土工格栅用于路堤和路基的加筋；

③土工格栅用于路堤内部的侧向加筋。

在路基施工过程中加入连续纤维。已有人进行过这方面的室内和现场试验。迄今，最大的成功是将分散的纤维（典型的有聚丙烯）应用在碎石路基中。

2）无沟槽管道维修

城市的基础设施在不断地老化，建筑材料也有数百年的历史。采用无沟槽技术维修是正在兴起的行业，而且都采用了聚合材料。

由于现行的方法都减小原有管网的尺寸，现在的进展是用高压的探头挤坏原有的管道，以扩大直径，然后，迅速插入新管道井衬砌。这样，原管道的能力不降低，有些情况下，还扩了管道的直径。

3）水土保持系统

水土流失影响土地和农田的使用，也是水污染的原因之一。为控制、减轻和避免土的流失，许多与土工合成材料有关的水土流失控制方法被采用。

水土流失控制材料用长钉（长达 3 m）加固松软土坡。

二、土工合成材料试验

1. 单位面积质量测定

（1）适用范围

1）本方法规定了土工合成材料单位面积质量的测定方法。

2）本方法适用于土工织物、土工格栅，其他类型的土工合成材料可以参照执行。

（2）定义

单位面积质量：单位面积的试样，在标准大气条件下的质量。

（3）仪器设备及材料

1）剪刀或切刀。

2）称量天平（感量为 0.01 g）。

3）钢尺（刻度至毫米，精度为 0.5 mm）。

（4）试样制备

1）土工织物：除符合 JTGE 50-2006 规程 T 1101—2006 的有关规定外，用切刀或剪刀采取面积为 10 000 mm² 的试样 10 块，剪裁及测量精度为 1 mm。

2）对于土工格栅、土工网这类孔径较大的材料，除符合有关规定外，试样尺寸应能代表该种材料的全部结构。可放大试样尺寸，剪裁时应从肋间对称剪取，剪裁后应测量试样的实际面积。

3）称量将裁剪好的试样按编号顺序逐一在天平上称量，读数精确到 0.01 g。

（5）结果计算

1）按下式计算每块试样的单位面积质量，按 GB8170 修约，保留小数一位：

$$G = \frac{m \times 10^6}{A}$$

式中：G——试样单位面积质量，g/m²；

m——试样质量，g；

A——试样面积，mm²。

2）计算 10 块试样单位面积质量的平均值，精确到 0.1 g/m²。

2. 土工织物厚度测定

（1）适用范围

1）本方法规定了在一定压力下测定土工织物及相关产品厚度的试验方法。

2）本方法适用于土工织物及复合土工织物。

（2）定义

1）厚度：土工织物在承受规定的压力下，正反两面之间的距离。

2）常规厚度：在 2 kPa 压力下测的试样厚度。

（3）仪器设备及材料

1）基准板：面积应大于 2 倍的压块面积。

2）压块：圆形，表面光滑，面积为 25 cm²，重为 5 N、50 N、500 N 不等；其中常规厚度的压块为 5 N，对试样施加 2 kPa±0.01 kPa 的压力。

3）百分表：最小分度值 0.01 mm。

4）秒表：最小分度值 0.1 s。

（4）试验结果

1）计算在同一压力下所测定的 10 块试样厚度的算术平均值，用毫米为单位，计算到小数点后三位，按 GB 8170 修约到小数点后两位。

2）如果需要，同时计算出标准差和变异系数。标准差与变异系数按 JTGE 50—2006 规程 T 1108—2006 的规定计算。

3. 土工膜厚度测定

（1）适用范围

1）本方法规定了用机械测量法测定土工薄膜、薄片厚度的试验方法。

2）本方法适用于没有压花和波纹的土工薄膜、薄片。

（2）仪器设备及材料

1）基准板：表面应平整光滑，并且有足够的面积。

2）千分表：最小分度值 0.001 mm。

（3）试验步骤

1）取样：除符合 JTGE50—2006 规程 T 1101-2006 的有关规定外，沿样品的纵向距端部大约 1 m 的位置横向截取试样，试样条宽 100 m，无折痕及其他缺陷。

2）试样调湿和状态调节：按 JTGE 50-2006 规程 T 1101—2006 中的第 5 条规定进行。

3）基准板、拭样和千分表表头应无灰尘、油污。

4）测量前将千分表放置在基准板上校准表读值基准点，测量后重新检查基准点是否变动。

5）测量厚度时，要轻轻放下表测头，待指针稳定后读值。

6）当土工膜（片）宽大于 2 000 mm 时，每 200 mm 测量 1 点；膜（片）宽在 300～2 000 mm 时，以大致相等间距测量 10 点；膜（片）宽在 100～300 mm 时，每 50 mm 测量 1 点；膜（片）宽小于 100 mm 时，至少测量 3 点。对于未裁毛边的样品，应在离边缘 50 mm 以外进行测量。

（4）试验结果

1）试验结果以试样的平均厚度和厚度的最大值、最小值表示，计算到小数点之后 4 位，按 GB8170 修约到小数点后 3 位，准确至 0.001 mm。

2）如果需要，按 JTGE 50-2006 规程 T 1102—2006 的规定计算平均厚度的标准偏差和变异系数。

4. 梯形撕破强力试验

（1）适用范围

1）本方法规定了用梯形试样测定土工织物撕破强力方法。

2）本方法适用于测定土工织物的梯形撕破强力。

（2）仪器设备及材料

1）拉伸试验机：应具有等速拉伸功能，拉伸速率可以设定，并能测读拉伸过程中的应力、应变量，记录应力一应变曲线。

2）夹具：钳口表面应有足够宽度，以保证能够夹持试样的全宽，并采用适当措施避免试样滑移和损伤。

（3）试样制备

1）取样：按 JTGE 50-2006 规程 T 1101—2006 的规定取样。

2）制样：纵向和横向各取 10 块试样。试样上不得有影响试验结果的可见瑕疵点。在每块试样的梯形短边正中处剪一条垂直于短边的 15 mm 长的切口，并画上夹持线。

3）试样调湿和状态调节：按 JTGE 50—2006 规程 T 1101—2006 中的第 5 条规定进行。

（4）试验步骤

1）调整拉伸试验机卡具的初始距离为 25 mm，设定满量程范围，使试样最大撕破负荷在满量程负荷的 30%～90% 范围内，设立拉伸速率为 100 mm/min±5 mm/min。

2）将试样放入卡具内，使夹持线与夹钳钳口线相平齐，然后旋紧上、下夹钳螺栓，同时要注意试样在上、下夹钳中间的对称位置，使梯形试样的短边保持垂直状态。

3）开动拉伸试验机，直至试样完全撕破断开，记录最大撕破强力值，用 N 为单位。

4）如试样从夹钳中滑出或者不在切口延长线处撕破断裂，则应剔除此次试验数值并在原样品上再裁取试样，补足试验次数。

（5）试验结果

（1）按 JTGE50—2006 T 1102-2006 的规定分别计算纵、横向撕破强力的平均值与变异系数。

（2）纵、横向撕破强力以各自 10 次试验的算术平均值表示，用 N 为单位，计算到小数点后 1 位，按 GB8170 修约到整数；变异系数精确至 0.1%。

第六章 路基路面厚度与压实度检测

第一节 路基路面的厚度检测

一、路基路面现场测试随机选点方法

随机取样选点法需要的仪器及材料包括以下几种：

①量尺：钢尺、皮尺等；②硬纸片，共28块，每块大小为 2.5 cm×2.5 cm，并从 1～28 编号后装入一个布袋里；③骰子：2 个；④其他还有毛刷、粉笔等。

（一）测定区间或测定断面的确定方法

首先是路段的确定。根据路面施工或验收、质量评定方法等有关规范决定需要检测的路段。检测路段可以是一个作业段、一天完成的路段或路线全程。在路基路面工程检查验收时，通常取 1 km 的一段为一个检测路段，下面主要介绍测定断面的确定步骤（测定区间的确定与此相同）。

（1）将检测路段划分为一定长度的区间或按桩号间距（一般 20 m）划分成若干个断面，依次编号为 1，2，3…1，n，总的区间数或断面数为 T 个。

（2）从布袋中随机摸出一块硬纸片，硬纸片上的数字为表 6-1 的栏号（表中仅 1～5 栏），共 28 栏，从 1～28 栏中选出该栏号对应的一栏。

（3）按照测定区间数、断面数检测频度的要求，确定测定断面的取样总数 n。依次找出与 A 列 01，02，03，…，n 对应的 B 列中值，共 n 对对应 A、B 值。当 n＞30 时，应分次进行。

（4）将 n 个 B 值和总的区间数或断面数 T 相乘，四舍五入成整数，就得到 n 个断面的编号。

（5）查断面编号对应的桩号，就为拟检测的断面。

表 6-1　一般取样的随机数

栏号 1			栏号 2			栏号 3			栏号 4			栏号 5		
A	B	C	A	B	C	A	B	C	A	B	C	A	B	C
15	0.033	0.578	05	0.048	0.879	21	0.013	0.220	18	0.089	0.716	17	0.024	0.863
21	0.101	0.300	17	0.074	0.156	30	0.036	0.853	10	0.102	0.330	24	0.060	0.032
23	0.129	0.916	18	0.102	0.191	10	0.052	0.746	14	0.111	0.925	26	0.074	0.639
30	0.158	0.434	06	0.105	0.257	25	0.061	0.954	28	0.127	0.840	07	0.167	0.512
24	0.177	0.397	28	0.179	0.447	29	0.062	0.507	24	0.132	0.271	28	0.194	0.776
11	0.202	0.271	26	0.187	0.844	18	0.087	0.887	19	0.285	0.089	03	0.219	0.166
16	0.204	0.012	04	0.188	0.482	24	0.105	0.849	01	0.326	0.037	29	0.264	0.284
08	0.208	0.418	02	0.208	0.577	07	0.139	0.159	30	0.344	0.938	11	0.282	0.262
19	0.211	0.798	03	0.218	0.402	01	0.175	0.647	22	0.405	0.295	14	0.379	0.994
29	0.233	0.070	07	0.245	0.808	23	0.196	0.873	05	0.421	0.282	13	0.394	0.405
07	0.260	0.073	15	0.248	0.831	26	0.240	0.981	13	0.451	0.212	06	0.410	0.157
17	0.262	0.308	29	0.261	0.037	14	0.255	0.374	02	0.461	0.023	15	0.438	0.700
25	0.271	0.180	30	0.302	0.883	06	0.310	0.043	06	0.487	0.539	22	0.453	0.635
06	0.302	0.672	21	0.318	0.088	11	0.316	0.653	08	0.497	0.396	21	0.472	0.824
01	0.409	0.406	11	0.376	0.936	13	0.324	0.585	25	0.503	0.893	05	0.488	0.118
13	0.507	0.693	14	0.430	0.814	12	0.351	0.275	15	0.594	0.603	01	0.525	0.222
02	0.575	0.654	27	0.438	0.676	20	0.371	0.535	27	0.620	0.894	12	0.561	0.980
18	0.591	0.318	08	0.467	0.205	08	0.409	0.495	21	0.629	0.841	08	0.652	0.508
20	0.610	0.821	09	0.474	0.138	16	0.445	0.740	17	0.691	0.583	18	0.668	0.271
12	0.631	0.597	10	0.492	0.474	03	0.494	0.929	09	0.708	0.685	30	0.736	0.634
27	0.651	0.281	13	0.498	0.892	27	0.543	0.387	07	0.709	0.012	02	0.763	0.253
04	0.661	0.953	19	0.511	0.520	17	0.625	0.171	11	0.714	0.049	23	0.804	0.140
22	0.692	0.089	23	0.591	0.770	02	0.699	0.073	23	0.720	0.695	25	0.828	0.425
05	0.779	0.346	20	0.604	0.730	19	0.702	0.934	03	0.748	0.413	10	0.843	0.849
09	0.787	0.173	24	0.654	0.330	22	0.816	0.802	20	0.781	0.603	16	0.858	0.849
13	0.818	0.837	12	0.728	0.523	04	0.838	0.166	26	0.830	0.384	04	0.903	0.327
14	0.905	0.631	16	0.753	0.344	15	0.904	0.116	04	0.843	0.002	09	0.912	0.382
26	0.912	0.376	01	0.806	0.134	28	0.969	0.742	12	0.884	0.582	27	0.935	0.162
28	0.920	0.163	22	0.878	0.884	09	0.974	0.046	29	0.926	0.700	20	0.970	0.582
03	0.945	0.140	25	0.930	0.162	05	0.977	0.494	16	0.951	0.601	19	0.975	0.327

（二）测点位置的确定方法

（1）从布袋中任意取出一个纸片，纸片上的号即是表 6-1 中的栏号。从 1 ~ 28 栏中选出该栏号的一栏。

（2）按照测点数的频率要求（取样总数为 n），依次找出栏号的取样位置数，每个栏号均有 A、B、C 三列根据检验数据 n（当 n ＞ 30 时应分次进行），依次在所定栏号的 A 列找出等于所需取样位置的全部数，如 01，02，03，…，n。

（3）确定取样位置的纵向距离。找出与 A 列中相对应的 B 列中数值，以此数值乘以检测区间的总长度，并且加上该段的起点桩号，即得出取样位置距该段起点的距离或桩号。

（4）确定取样位置的横向距离。找出与 A 列中相对应的 C 列中数值。以此数值乘以检测路段（路基或路面）的宽度，再减去宽度的一半，即得出取样位置距路中线的距离。如差值为正值，表示在中心线的右侧；如差值为负值，表示在中心线的左侧。

二、路基路面几何尺寸检测

（一）检测项目与要求

在路基路面施工过程、交工验收期间及旧路调查当中，都有必要检测路基路面各部分的几何尺寸，以保证其符合规定的要求。几何尺寸检测所使用的仪器与材料有，钢尺、经纬仪、全站仪、水准仪、塔尺、粉笔等。几种结构层的几何尺寸检测项目的要求如表 6-2 所示。其他结构层检测项目的要求参见《公路工程质量检测评定标准》，主要有纵断面高程、中线偏位、宽度及横坡等。

表 6-2 几何尺寸检测要求

结构名称	检查项目	规定值或容许偏差		检查方法和频率
		高速、一级公路	其他公路	
土方路基	纵断面高程 /mm	+10、−15	+10、−20	水准仪：每 200 m 测 4 个断面
	中线偏位 /mm	50	100	经纬仪：每 200 m 测 4 点，弯道加 HY、YH 两点
	宽度 /mm	符合要求		米尺：每 2000 m 测 4 处
	横坡 /（%）	±0.3	±0.5	水准仪：每 200 m 测 4 个断面
	边坡	符合要求		尺量：每 200 m 测 4 处
水泥混凝土面层	纵横缝顺直度 /mm	10		纵缝 20 m 拉线，每 200 m 4 处；横缝沿板宽拉线，每 200 m 4 条
	中线偏位 /mm	20		经纬仪：每 200 m 测 4 点
	宽度 /mm	±20		尺量：每 200 m 测 4 处
	纵断面高程 /mm	±10	±20	水准仪：每 200 m 测 4 个断面
	横坡 /（%）	±0.15	±0.25	水准仪：每 200 m 测 4 个断面

结构名称	检查项目	规定值或容许偏差		检查方法和频率
		高速、一级公路	其他公路	
沥青混凝土和沥青碎石面层	纵段高程/mm	±15	±20	水准仪：每200 m测4个断面
	中线偏位/mm	20	30	经纬仪：每200 m测4点
	宽度/mm	±15	±20	尺量：每200 m测4处
	横坡/（%）	±0.3	±0.5	水准仪：每200 m测4处

（二）准备工作

（1）在路基或路面上准确恢复桩号。

（2）按随机取样的方法，在一个检测路段内选取测定的断面位置以及里程桩号，在测定断面做上标记。通常将路面宽度、横坡、高程及中线偏位选取在同一断面位置，且宜在整数桩号上测定。

（3）根据道路设计的要求，确定路基路面各个部分的设计宽度的边界位置，在测定位置上用粉笔做上记号。

（4）根据道路设计的要求，确定设计高程的纵断面位置，在测定位置上用粉笔做上记号。

（5）根据道路设计的要求，在与中线垂直的横断面上确定成形后路面的实际中线位置。

（6）根据道路设计的路拱形状，确定曲线与直线部分的交界位置及路面与路肩（或硬路肩）的交界处作为横坡检验标准；当有路缘石或中央分隔带时，用两侧路缘石边缘作为横坡测定的基准点，用粉笔做上记号。

（三）纵断高程测定

（1）将水准仪架设在路面平顺处整平，以路线附近的水准点高程为基准，依次将塔尺竖立在中线的测定位置上，记录测定点的高程读数，以 m 为单位，精确至 0.001 m

（2）连续测定全部测点并和水准点闭合。

各测点的实测高程 H_i 与设计高程 H_{0i} 之差为 $\ddot{A}H_i$：

$$\ddot{A}H_i = H_i - H_{0i}$$

（四）路基路面宽度及中线偏位测定

路基宽度指行车道与路肩宽度之和，以 m 为单位，当设有中间带、变速车道、爬坡车道、紧急停车带时，还应包括这些部分的宽度。路面宽度包括行车道、路缘带、变速车道、爬坡车道、硬路肩和紧急停车带的宽度以 m 计。其测定方法如下。

用钢尺沿中心线垂直方向水平量取路基路面各部分的宽度，以 m 表示，对于高速公路及一级公路，精确至 0.005 m；对于其他等级公路，精确至 0.01 m。

测量时量尺应保持水平，不得将尺紧贴路面量取，路面宽度必须是水平宽度，如果尺子贴地面量，测定的是斜面，这是不正确的。另外测定时不应使用皮尺，必须使用钢尺。

各测定断面的实测宽度 B_i 与设计宽度 B_{0i} 之差 $\ddot{A}B_i$ 为

$$\ddot{A}B_i = B_i - B_{0i}$$

实测宽度与设计宽度的差应符合规定值。

路基路面实际中心线偏离设计中心线的距离为路基路面中线偏位，以 mm 为单位。中线偏位的测定方法如下。

（1）对于有中线坐标的道路，首先从设计资料中查出待测点 P 的设计坐标，用经纬仪对该设计坐标进行放样，并对放样点 P' 做好标记，量取 PP′ 的长度，即为中线平面偏位 $\ddot{A}_{CL}$，以 mm 表示。对于高速公路及一级公路，精确至 5 mm；对于其他等级公路，精确至 10 mm。

（2）对于无中线坐标的低等级道路，首先恢复交点或转点，实测偏角及距离，然后采用链距法、切线支距法或偏角法等传统方法敷设道路中线的设计位置，量取设计位置与施工位置之间的距离，即为中线平面偏位 $\ddot{A}_{CL}$，以 mm 表示，精确至 10 mm。

三、路面结构层厚度检测

在路面工程中，各个层次的厚度是和道路整体强度密切相关的。在路面设计当中，路面的厚度是按设计荷载及荷载的作用次数计算出来的。厚度不够，就不能抵抗荷载作用下的应力，或者说就不能保证路面的使用寿命。不管是刚性路面还是柔性路面，各个层次的厚度是至关重要的。只有在保证厚度的情况下，路面的各个层次及整体的强度才能得到保证。除了保证强度外，严格控制各结构层的厚度，还能对路面的标高起到一定的控制作用，因此，路面厚度是一个非常重要的质量控制指标，路面各层次施工完成后及工程交工验收时，必须要进行厚度检测。

路面各结构层厚度的检测一般与压实度同时进行，当用灌砂法进行压实度检查时，可量取挖坑灌砂深度即为结构层的厚度。当用钻芯取样法检查压实度时，可用直接量取芯样高度的方法确定路面厚度。结构层厚度也可以采用水准仪量测法求得，即在同一测点量出结构层底面及顶面的高程，然后求其差值。这种方法无须破坏路面，测试精度高。目前，国内外还可用雷达、超声波等方法检测路面结构层厚度。

路面各结构层厚度的检测方法与结构层的层位和种类有关，对于基层或砂石路面的厚度可用挖坑法测定，沥青面层与水泥混凝土路面板的厚度应用钻芯法和雷达、超声波法测定。

（一）检测要求

1. 路面厚度代表值与极值的允许偏差

几种常用的路面结构层厚度的代表值和极值的允许偏差如表6-3所示。

表6-3　几种常用的路面结构层厚度的代表值与极值的允许偏差

类型与层位		厚度/mm			
		代表值		合格值	
		高速、一级公路	其他公路	高速、一级公路	其他公路	
水泥混凝土面层		-5	-5	-10	-10
沥青混凝土、沥青碎石面层		总厚度：设计值-5%上面层：设计值的10%	-8%H	总厚度：设计值-10.%H；上面层，设计值的20%	-15%H
沥青贯入式面层		—	-8%H或-5		-15%H或-10
水泥稳定类粒料	基层	-8	-10	-15	-20
	底基层	-10	-12	-25	-30
石灰土	基层	—	-10	—	-25
	底基层	-10	-12	-25	-30

2. 抽检频率

对于水泥混凝土面层，每200 m每车道检查2处；对于沥青混凝土、沥青碎石及沥青贯入式面层，每200 mm每车道检查1处；对水泥稳定粒料基层及石灰稳定土底基层，每200 m每车道检查1处。

（二）挖坑及钻芯法测定路面厚度

1. 仪具与材料技术要求

（1）挖坑用的镐、铲、凿子、锤子、小铲、毛刷等。

（2）取样用路面取芯钻机及钻头、冷水机。钻头的标准直径为 φ100 mm，如芯样仅供测量厚度，不做其他试验时，对于沥青面层与水泥混凝土板，也可用直径 φ50 mm 的钻头；对于基层材料有可能损坏的试件，也可以用直径 φ50 mm 的钻头，但钻孔深度均必须达到层厚。

（3）量尺：钢尺、钢卷尺、卡尺。

（4）补坑材料：与检查层位的材料相同。

（5）补坑用具：夯、热夯、水等。

（6）其他：搪瓷盘、棉纱等。

2. 挖坑法

（1）根据现行相关规范的要求，随机地取样决定挖坑检查的位置。如为旧路，该点有坑洞等显著缺陷或接缝时，可在其旁边检测。

（2）选一块约40 cm×40 cm的平坦表面作为试验地点，用毛刷将其清扫干净。

（3）根据材料坚硬程度，选择镐、铲、凿子等适当的工具，开挖这一层材料，

直至层位底面。在便于开挖的前提下，开挖面积应尽量缩小，坑洞大体呈圆形，边开挖边将材料铲出，置于搪瓷盘中。

（4）用毛刷将坑底清扫，确认坑底面为下一层的顶面为止。

（5）将钢尺平放横跨于坑的两边，用另一把钢尺或卡尺等量具在坑的中部位置垂直伸至坑底，测量坑底至钢尺的距离，就为检查层的厚度，以 mm 计，精确至 1 mm。

3. 钻孔取样法

（1）根据现行相关规范的要求，随机取样决定挖坑检查的位置。如为旧路，该点有坑洞等显著缺陷或接缝时，可在其旁边检测。

（2）按钻取芯样的方法用路面取芯机钻孔。

（3）仔细取出芯样，清除底面灰尘，找出和下层的分界面。

（4）用钢尺或卡尺沿圆周对称的十字方向四处量取表面至上下层界面的高度，取其平均值即为该层的厚度，以 mm 计，精确至 1mm。

4. 施工过程中的简易方法

在沥青路面施工过程中，当沥青混合料尚未冷却时，可根据需要随机选择测点，用大号螺丝刀插入至沥青层底面深度后用尺读数，量取沥青层的厚度，以 mm 计，精确至 1 mm。

5. 填补挖坑或钻孔方法

用与取样层相同的材料填补挖坑或钻孔，具体步骤如下。

（1）适当清理坑中残留物，钻孔时留下的积水应用棉纱吸干。

（2）对于无机结合料稳定层及水泥混凝土路面板，应按相同配合比用新拌的材料分层填补并用小锤压实。水泥混凝土中宜掺加少量快凝早强剂。

（3）对于无结合料粒料基层，可用挖坑时取出的材料，适当地加水拌和后分层填补，并用小锤压实。

（4）对正在施工的沥青路面，用相同级配的热拌沥青混合料分层填补并用加热的铁锤或热夯压实，旧路钻孔也可用乳化沥青混合料修补。

（5）所有补坑结束时，宜比原面层略鼓出少许，用重锤或压路机压实平整。

特别注意的是，补坑工序如有疏忽、遗留或者补得不好，易成为隐患而导致开裂，所有挖坑、钻孔均应仔细做好。

（三）路面结构层厚度评定

对路段内路面结构层厚度，按代表值的允许偏差和单个测定值的允许偏差进行评定，厚度的代表值为厚度的算术平均值的下置信界限值，即

$$h_L = \bar{h} - S \cdot t_a / \sqrt{n}$$

式中：h_L —— 厚度代表值；

$\overline{h}$ —— 厚度平均值；

S —— 标准差；

n —— 检查数量；

t_a ——t 分布中随测点数和保证率（置信度 α）而变的系数，查《公路路基路面现场测试规程》中确定。

采用的保证率如下。

高速公路、一级公路：基层、底基层的为 99%；面层的是 95%。

其他公路：基层、底基层的为 95%；面层的为 90%。

当厚度代表值大于或等于设计厚度减去代表值允许偏差时，则按单个检查值的偏差不超过单点合格值来计算合格率；当厚度代表值小于设计厚度减去代表值允许偏差时，相应分项工程评为不合格。

代表值和单点合格值的允许偏差参见实测项目表。

沥青面层一般按沥青铺筑层总厚度进行评定，但是高速公路和一级公路分 2 ～ 3 层铺筑时，还应进行上面层厚度检查和评定。

随机取样选点是按照数理统计原理，在路基路面现场测定时决定测定区间、测定断面、测点位置的方法。熟悉路基路面现场测试随机选点方法。掌握路基路面几何尺寸检测和路面结构层厚度检测。

知道测定断面的确定方法及测点位置的确定方法，掌握几何尺寸检测仪器使用方法及检测方法及路面结构层厚度检测方法及评定。

第二节 路基路面压实度检测

一、认识压实度

随着近年来公路交通事业的飞速发展，公路的路基路面在使用质量要求上不断地提高，怎么才能让快速、科学和先进的路基路面压实度检测技术，用数据的形式来有效控制和评价路基的施工质量与使用性能？

（一）压实度

压实度是路基路面施工质量检测的关键指标之一，表征路基路面现场压实后的密实状况，碾压技术越好，现场压实度越大，越密实，材料的整体性能就越好。所以，路基路面的碾压工艺是施工质量控制的关键工序。

对于路基土、路面半刚性基层及粒料类柔性基层而言，压实度是指工地实际达到的干密度与室内标准击实试验所得的最大干密度的比值；对沥青面层、沥青稳定基层而言，压实度是指现场实际达到的密度与室内标准密度的比值。因此，压实度的测定主要包括室内标准密度（最大干密度）确实和现场密度试验。

（二）标准密度（最大干密度）确定

室内试验得出的标准密度（最大干密度）是压实度评定的基准值，直接决定结果的可靠性，因此，标准密度（最大干密度）的室内试验确定方法应原理科学、数据重视性高、操作简单，且实验条件应与实际压实条件相接近。近年来逐渐被引起重视的振动击实、大型马歇尔击实等均是考虑到目前施工之中广泛使用振动压路机进行碾压成形而对试验条件进行改进的成果。

由于筑路材料类型不同，标准密度（最大干密度）的室内确定试验方法也有所不同。

1. 路基土最大干密度确定试验方法

根据路基土类别与性质的不同，路基土最大干密度试验方法主要有击实法、振动法和表面振动压实仪法，适用的范围如表6-4所示。

表6-4　路基土最大干密度确定方法比较

试验方法	使用范围	土的粒组
轻型、重型击实法	小试筒适用于粒径不大于25 mm的土；大试筒适用于粒径不大于38 mm的土	细粒土粗粒土
振动台法	本实验规定采用振动台法测定无黏性自由排水粗粒土和巨粒土（包括堆石料）的最大干密度；本试验方法适用于通过0.074 mm标准筛的土颗粒质量百分数不大于15%的无黏性自由排水粗粒土和巨粒土；对于最大颗粒大于60 mm的巨粒土，因受试筒允许最大粒径的限制，宜按相似级配法的规定处理	粗粒土巨粒土
表面振动压实仪法	同上	粗粒土巨粒土

击实试验是我国路基土最大干密度确定的主要方法，通过试验得出的击实曲线，确定最佳含水量的最大干密度。根据击实功的不同，可以分为重型和轻型击实，两个试验的原理和基本规律相似，但重型击实试验的击实功提高了4.5倍。按采集土样的含水量，又分湿土法和干土法等两种；按土能否重复使用，分为土能重复使用和不能重复使用等两种。根据工程的具体要求，按击实试验方法的规定，选择轻型或重型试验方法；根据土的性质选用干土法或湿土法，对于高含水量土，宜选用湿土法，对于非高含水量土，则选用干土法；除易击碎的试样，试样可以重复使用。

振动法与表面振动压实法均采用振动方法测定土的最大干密度。前者整个土样同时受到垂直方向的振动作用，而后者振动作用自土体表面垂直向下传递。研究结果表明，对于无黏聚性自由排水土，这两种方法最大干密度试验的测定结果基本一致，但前者试验设备及操作较复杂，后者相对容易，且更接近于现场振动碾压的实际状况。因此，使用时可根据试验设备拥有情况择其一即可，但推荐优先采用表面振动压实法。

已有国内外研究结果表明，对于砂石、卵石、漂石及堆石料等无黏聚性自由排水土而言，一致公认采用振动方法而不是普通击实法。所以，建议采用振动方法测定无黏聚性自由排水土的最大干密度。

2. 路面基层材料标准密度（最大干密度）确实试验方法

路面基层主要包括半刚性基层和柔性基层两类，其中柔性基层主要有以级配碎石为代表的粒料类基层和以沥青稳定碎石为代表沥青稳定类基层。

（1）半刚性基层材料

半刚性基层材料最大干密度目前主要按照《公路工程无机结合料稳定材料试验规程》标准击实法确定，但当粒料质量分数高（50%以上）时，因为击实筒空间的限制，现行方法就不能得出真正的最大干密度。若以此为准，按施工规范要求的压实度成形，所测得的强度和有关参数偏小，据此进行设计，势必造成浪费。同样，如以此为准进行施工质量控制，容易使控制要求偏低，不能保证施工质量。同时，随着振动碾压的大面积应用，标准击实试验无法反映实际施工中的振动压实状态。因此，比理论计算法、振动击实法更为科学的最大干密度确定方法一理论计算法被研究应用。

理论计算法主要根据半刚性基层材料的体积组成，利用结合料和粒料级配组成与密度综合确定混合料最大干密度，主要用于无机结合料稳定粒料类材料的密度确定。

（11）石灰土、二灰稳定粒料。

根据室内试验测得结合料的最大干密度 ρ_1 和集料的相对密度 γ，把已确定的结合料与集料的质量比换算为体积比 $V_1 : V_2$，那么混合料的最大干密度 ρ_0 为

$$\rho_0 = V_1 \rho_1 + V_2 \gamma$$

石灰土、二灰稳定粒料的最佳含水量 w_0 是结合料的最佳含水量 w_1 和集料饱水裹覆含水量 w_2 的加权值，即

$$w_0 = w_1 A + w_2 B$$

式中：A、B——结合料和集料的质量百分比，以小数计。

饱水裹覆含水量是指把集料浸水饱和后取出，不擦去表面裹覆水时的含水量。除吸水率特大的集料外，此值对于砾石，可取 3%，对于碎石，可取 4%。

2）水泥稳定粒料。

此类材料的最大干密度 ρ_0 与集料的最大干密度 ρ_G 和水泥硬化后的水泥质量有关，即

$$\rho_0 = \frac{\rho_G}{1 - \dfrac{(1+k)w_a}{100}}$$

式中：ρ_G ——集料在振动台加载振动而得到的最大干密度，g/cm3；

w_a ——水泥含水量，%；

k ——水泥水化时水的增量，视水泥品种不同而异，通常为水泥质量的 10%～25%，以小数计。

水泥加水拌匀后，在 105℃烘箱中烘干，称试验前水泥质量和烘干后硬化的水泥质量，即可求得水泥水化的水增量。

因水泥中含有水化水，故用烘箱法不能正确测出水泥稳定粒料的最佳含水量。根据对比试验，水泥稳定粒料的最佳含水量 w_0 由水泥的水化水、集料的饱水裹覆含水量和拌及水泥所需要的水（水灰比为0.5）三者组成，即

$$w_0 = (0.5+k)a + w_2\left(1 - \frac{a}{100}\right)$$

式中：w_2 —— 集料饱水裹覆含水量，%；

k —— 水泥水化水增量，以小数计。

（2）以级配碎石为代表的粒料类基层

粒料类基层材料最大干密度确定试验方法有重型击实法和振动法等两种，重型击实法参照《公路土工试验规程》击实试验。振动法参考粗粒土、巨粒土的振动法，以振动台法或表面振动压实法确定最大干密度。

目前国内外对级配碎石等粒料类材料重型击实法和振动法开展了许多对比研究，表明振动法与重型击实法具有很好的相关性，都能够很好地反映级配碎石的密实度。但考虑到目前振动试验尚未形成标准，振动参数不是很统一，且重型击实设备一般施工单位都有，试验方法简单易操作，所以，国内外仍以重型击实试验为主。

（3）沥青稳定碎石基层

沥青稳定碎石基层材料标准的试验方法主要有标准马歇尔击实法、大型马歇尔击实法、旋转压实法和振动法等。我国主要采用马歇尔击实法，对于公称最大粒径等于或大于31.5 mm的混合料采用大型马歇尔击实法。

标准密度取值有三种情况可以选择：以沥青拌和厂每天取样实测的马歇尔试件密度，取平均值作为该批混合料铺筑路段压实度的标准密度；以每天真空法测的最大理论密度作为标准密度；以实验密度作为标准密度。可以根据工程需要与实际情况，选择其中一个或两个作为标准密度。

密度可以采用蜡封法、体积法和表干法进行测定。

3. 沥青面层混合料

沥青面层混合料标准密度试验方法与沥青稳定碎石基层的相同，我国仍以马歇尔击实法为主，有三个标准密度可供选择。

密度测定，根据混合料本身的特点，可以采用下列方法之一。

（1）水中重法：本法仅适用于密实的Ⅰ型沥青混凝土试件，不适用于采用了吸水性大的集料的沥青混合料试件。

（2）表干法：本法适用于测定吸水率不大于2%的各种沥青混合料试件。

（3）蜡封法：本法适用于吸水率大于2%的沥青混凝土试件及沥青碎石混合料试件。

（4）体积法：本法适用于空隙率较大的沥青碎石混合料以及大空隙透水性开级配沥青混合料试件。

（三）现场密度试验检测方法

现场密度主要检测方法和各方法的适用范围如表 6-5 所示。

表 6-5　现场密度检测方法及适用范围比较

试验方法	适用范围
挖坑灌砂法	适用于现场测定基层（或底基层）、砂石路面及路基土的各种材料压实层的密度和压实度检测，但不适用于填石路堤等有大孔洞或大孔隙材料压实层的压实度检测
环刀法	适用于测定细粒土及无机结合料稳定细粒土的密度，但对于无机结合料稳定细粒土，其龄期不宜超过 2 d，宜用于施工过程中的压实度检验
核子法	适用于现场用核子密度仪以散射法测定路基或路面材料的密度和含水量，并计算施工压实度
钻芯法	适用于检验从压实的沥青路面上钻取的沥青混合料芯样试件的密度，以评定沥青面层的施工压实度

二、钻芯法测定沥青路面面层压实度

1. 目的与适用范围

（1）沥青混合料面层的压实度是按施工规范规定的方法测定的混合料试样的毛体积密度与标准密度之比值，用百分率表示。

（2）本方法适用于检验从压实的沥青路面上钻取的沥青混合料芯样试件的密度，以评定沥青面层的施工压实度。

2. 仪具与材料技术要求

本方法需要下列仪具与材料。①路面取芯钻机；②天平：感量不大于 0.1 g；③水槽；④吊篮；⑤石蜡；⑥其他：卡尺、毛刷、小勺、取样袋（容器）、电风扇。

3. 方法与步骤

（1）钻取芯样

按本规程"T 0901 取样方法"钻取路面芯样，芯样直径不宜小于 φ100 mm。当一次钻孔取得的芯样包含有不同层位的沥青混合料时，应该根据结构组合情况用切割机将芯样沿各层结合面锯开分层进行测定。

（2）测定试件密度

①将钻取的试件在水中用毛刷轻轻刷净黏附的粉尘。如试件边角有浮松颗粒，应仔细清除。

②将试件晾干或用电风扇吹干不少于 24 h，直到恒重。

③按现行《公路工程沥青及沥青混合料试验规程》的沥青混合料试件密度试验方法测定试件密度 ρ_s。通常情况下采用表干法测定试件的毛体积相对密度；对吸水率大于 2% 的试件，宜采用蜡封法测定试件的毛体积相对密度；对吸水率小于 0.5% 特别致密的沥青混合料，在施工质量检验时，允许采用水中重法测定表观相对密度。

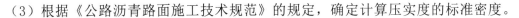

（3）根据《公路沥青路面施工技术规范》的规定，确定计算压实度的标准密度。

4. 计算

（1）当计算压实度的标准密度采用每天试验室实测的马歇尔击实试件密度或者试验路段钻孔取样密度时，沥青面层的压实度按下式计算。

$$K = \frac{\rho_s}{\rho_0} \times 100$$

式中：K —— 沥青面层某一测定部位的压实度；

ρ_s —— 沥青混合料芯样试件的实际密度，g/cm3；

ρ_0 —— 沥青混合料的标准密度，g/cm3。

（2）计算压实度的标准密度采用最大理论密度时，沥青面层的压实度按下式计算。

$$K = \frac{\rho_s}{\rho_t} \times 100$$

式中：ρ_s —— 沥青混合料芯样试件的实际密度，g/cm^3；

ρ_t —— 沥青混合料的最大理论密度，g/cm^3。

（3）按《公路路基路面现场测试规程》的方法，计算一个评定路段检测的压实度的平均值、标准差、变异系数，并且计算代表压实度。

5. 报告

压实度试验报告应记载压实度检查的标准密度及依据，并且列表表示各测点的试验结果。

三、核子与无核密实度仪测定压实度

1. 目的与适用范围

（1）本方法适用于现场用核子湿密度仪以散射法或者直接透射法测定路基或路面材料的密度和含水率，并计算施工压实度。

（2）核子湿密度仪是现场检测压实度较常用的一种方法，仪器按规定方法标定后，其检测结果可作为工程质量评定与验收的依据。本方法可检测土壤、碎石、土石混合物、沥青混合料和非硬化水泥混凝土等材料。

（3）本方法属非破坏性检测，允许对同一个测试位置进行重复测试，并监测密度和压实度的变化，以确定合适的碾压方法，达到所要求的压实度。

2. 干扰因素

（1）核子湿密度仪对靠近表层材料的密度最为敏感，当测试材料的表面与仪器底部之间存在空隙时，测试结果可能存在表面偏差（仅对散射法）。如果采用直接透射法测试，表面偏差不明显。

（2）材料的粒度、级配、均匀度以及组成成分等因素对密度的测试结果影响较小。但是对一些含有结晶水或有机物的材料，如高岭土、云母、石膏、石灰等可能会对水分的测试有明显的影响，检测时需要和其他可靠的方法进行对比，对检测结果进行调整。

（3）对刚铺筑完的热沥青混合料路面标测时，仪器不能长时间放置在路面上，测试完成后仪器应该从路面上移走冷却，避免影响测试结果。

（4）测量进行时，在周围 10 m 之内不能存在其他核子仪和任何其他放射源。

3. 仪器的标定

（1）每 12 个月以内要对核子湿密度仪进行一次标定。标定可以由仪器生产厂家或独立的有资质的服务机构进行。

（2）对新出产的仪器事先已经标定过的，可以不标定。对现存仪器如果经过维修后，可能影响仪器的结构，必须进行新的标定后才能使用。现存仪器如果在标定核实过程中被发现不能满足规定的限值，也必须重新标定。

（3）标定后的仪器密度（或含水率）值应该达到要求，所有标定块上的每一测试深度上的标定响应应该在 ± 16 kg/m^3。

4. 仪器与材料技术要求

本方法需要下列仪具与材料。

（1）核子密湿度仪：符合国家规定的关于健康保护和安全使用标准，密度的测定范围为 $1.2 \sim 2.73$ g/cm^3，测定误差不大于 ± 0.03 g/cm^3；含水率测量范围为 $0 \sim 0.64$ g/cm^3，测定误差不大于 ± 0.015g/cm^3。它主要包括下列部件。

①γ 射线源：双层密封的同位素放射源，如铯 -137、钴 40 或镭 -226 等。

②中子源：如镅（241）- 铍等。

③探测器：γ 射线探测器，如 G-M 计数管；热中子探测器，如氦 -3 管。

④读数显示设备：如液晶显示器、脉冲计数器、数率标或直接读数标。

⑤标准计数块：密度和含氢量都均匀不变的材料块，用在标验仪器运行状况和提供射线计数的参考标准。

⑥钻杆：用于打测试孔以便插入探测杆。

⑦安全防护设备：符合国家规定要求的设备。

⑧刮平板、钻杆、接线等。

（2）细砂：$0.15 \sim 0.3$ mm。

（3）天平或台秤。

（4）其他：毛刷等。

5. 方法与步骤

（1）本方法用于测定沥青混合料面层的压实密度或硬化水泥混凝土等难以打孔材料的密度时宜使用散射法；用于测定土基、基层材料或非硬化水泥混凝土等可以打孔材料的密度及含水率时，应使用直接透射法。

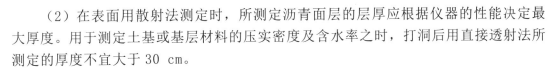

（2）在表面用散射法测定时，所测定沥青面层的层厚应根据仪器的性能决定最大厚度。用于测定土基或基层材料的压实密度及含水率之时，打洞后用直接透射法所测定的厚度不宜大于 30 cm。

（3）准备工作

①每天使用前或者对测试结果有怀疑的时候，按下列步骤用标准计数块测定仪器的标准值：

a. 进行标准值测定时的地点至少不会离开其他放射源 10 m 的距离，地面必须经压实而且平整。

b. 接通电源，按照仪器使用说明书建议的预热时间，预热测定仪。

c. 在测定前，应检查仪器性能是否正常。将仪器在标准计数块上放置平稳，按照仪器使用说明书的要求进行标准化计数并判断仪器标准化计数值必须符合要求。如标准化计数值超过规定的限值时，应确认标准计数的方法和环境是否符合要求，并重复进行标准化计数；若第二次标准化计数仍超出规定的限界时，需视作故障并进行仪器检查。

②在进行沥青混合料压实层密度测定前，应该用核子密湿度仪与钻孔取样的试件进行标定；测定其他材料密度时，宜与挖坑灌砂法的结果进行标定。标定步骤如下：

a. 选择压实的路表面，与试验段测定时的条件一致，对纹理较大的路面必须用细砂填平，然后将仪器放置在测试点上转动几下，或者在测试点上用刮平板平刮几下，以达到测试条件。按要求的测定步骤用核子密湿度仪测定密度，读数。

b. 在测定的同一位置用钻机钻孔法或挖坑灌砂取样，量测厚度，按相关规范规定的标准方法测定材料的密度。

c. 对同一种路面厚度及材料类型，在使用前至少测定 15 处，求取两个不同的方法测定的密度的相关关系，其相关系数 R 应不小于 0.95。

③测试位置的选择。

a. 按照《公路路基路面现场测试规程》的方法确定测试位置，但距路面边缘或其他物体的最小距离不得小于 30 cm。核子密湿度仪距其他放射源的距离不得少于 10 cm。

b. 当用散射法测定时，应按图 6-1 的方法用细砂填平测试位置路表结构凹凸不平的空隙，使路表面平整，能和仪器紧密接触。

c. 当使用直接透射法测定时，应按图 6-2 的方法用导板和钻杆打孔。在拟测试材料的表面打一个垂直的测试孔，测试孔要以插进探测杆后仪器在测点表面上不倾斜为准。孔深必须大于探测杆达到的测试深度。再按图上的方法将探测杆放下插入已打好的测试孔内，前后或左右移动仪器，使之安放稳固。

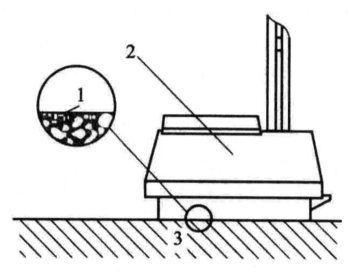

图 6-1　T 0922-1 用细砂填平测试位置的方法

1—细砂；2—核子密湿度仪；3—沥青混凝土

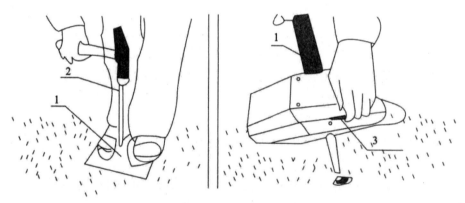

图 6-2　T0922 在路表面上打孔的方法

1—导板；2—钻杆；3—凸起

（4）测试步骤

①如用散射法测定沥青混合料压实层密度之时，应按图6-3的方法将核子仪平稳地置于测试位置上。测点应随机选择，测定温度应和实验段测定时一致，一组不少于13点，取了平均值，检测精度通过实验路段与钻孔试件比较评定。

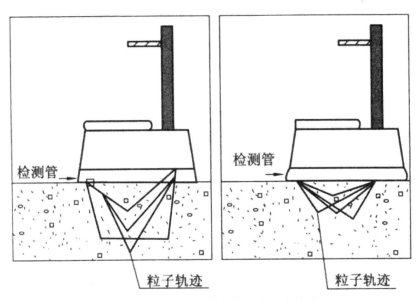

图 6-3　T 0922-3 用散射法测定的方法

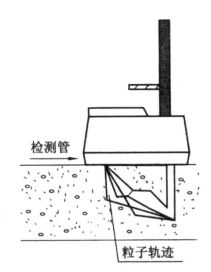

图 6-4　T 0922-4 用直接投射法测定的方法

②如用直接透射法测定时，应该按图 6-4 的方法把放射源棒放下插入已经预先打好的孔内。

③打开仪器，测试员退至距仪器 2 m 以外，按照选定的测定时间进行测量，到达测定时间后，读取显示的各项数值，并迅速关机。

注：有关各种型号的仪器在具体操作步骤上略有不同，可以按照仪器使用说明书进行。

6. 计算

按下式计算施工干密度及压实度。

$$\rho_d = \frac{\rho_w}{1+\omega}$$

$$K = \frac{\rho_d}{\rho_c} \times 100$$

式中：K —— 测试地点的施工压实度，%；

ω —— 含水率，以小数表示；

ρ_w —— 试样的密度，g/cm^3；

ρ_d —— 由核子湿密度仪测定的压实沥青混合料的实际密度，g/cm^3，一组不少于 13 个点，取平均值；

ρ_c —— 沥青混合料的标准密度，g/cm^3，按照《公路沥青路面施工技术规范》的规定选用。

7. 报告

测定路面密度及压实度的同时，应该同时记录温度、材料类型、路面的结构层厚度及测试深度等数据和资料。

8. 使用安全注意事项

（1）仪器工作时，所有人员均应退至距离仪器 2 m 以外的地方。

（2）仪器不使用时，应将手柄置于安全位置，仪器应装入专用的仪器箱内，放置在符合核辐射安全规定的地方。

（3）仪器应由经有关部门审查合格的专人保管，专人使用，从事仪器保管及使用的人员，应符合有关核辐射检测的有关规定。

三、无核密度仪测定压实度试验方法

1. 目的与适用范围

（1）本方法适用于现场无核密度仪快速测定沥青路面各层沥青混合料的密度，并计算施工压实度，但测定结果不宜用于评定验收或者仲裁。

（2）无核密实度仪可用于检测铺筑完工的沥青路面、现场沥青混合料铺筑层密度及快速检查混合料的离析。

（3）应用无核密度仪时，必须严格标定，通过对比试验检验，确认其可靠性。

（4）每 12 个月要将无核密度仪送到授权服务中心进行标定和检查。

2. 仪具与材料技术要求

本方法需要下列仪具与材料。

（1）无核密度仪：内含电子模块及可充电电池。

①探头：无核，无电容，用于野外测量。

②探测深度：> 4.0 cm。

③测量时间：1 s。

④精度：0.003 g/cm^3。

⑤操作环境温度：0 ~ 70℃。

⑥测试材料表面最高温度：150℃。

⑦湿度：98% 且不结露。

（2）标准密度块：供密度标准计数用。

（3）交流充电器或直流充电器。

（4）打印机：用于打印测试数据。

3. 方法与步骤

（1）准备工作

1）所测定沥青面层的层厚应不大于该仪器性能探测的最大深度。在进行沥青混合料压实层密度测定前，应该用无核密度仪与钻孔取样的试件进行标定。

2）第一次使用前需要对软件进行设置。仪器存储了软件的设置后，操作者无须每次开机后都进行软件的设置。

3）按照仪器使用说明书的要求综合标定仪器的测量精度。

4）按照不同的需要选择想要的测量模式。

5）按照仪器使用说明的规定，进行了修正值设置。

（2）测试步骤

1）为了保证测量精度，在正式测量前应正确选择测量场地。

2）把仪器放置平稳，保证仪器不晃动。

3）为了确保精确测量，仪器应和测量面紧密接触。

4）在开始测量前应检查仪器的工作状态，如电池电压、内部温度、选择的测量单位、运行参考读数的日期和时间等。

5）根据需要选择测量模式进行测试。

4. 计算

按下式计算压实度。

$$K = \frac{\rho_d}{\rho_c} \times 100$$

式中：K —— 测试地点的施工压实度，%；

ρ_d —— 由无核密度仪测定的压实沥青混合料的实际密度，g/cm^3，一组不少于13个点取平均值；

ρ_c —— 沥青混合料的标准密度，g/cm^3，按《公路沥青路面施工技术规范》的规定选用。

第七章 路基路面平整度、抗滑性能及强度指标检测

第一节 路基路面的平整度检测

一、认识平整度

平整度是路面施工质量与服务水平的重要指标之一。它是指用规定的标准量规，间断地或连续地量测路表面的凹凸情况，即不平整度的指标。路面的平整度与路面各结构层次的平整状况有着一定的联系，即各层次的平整效果将积累反映到路面表面上，路面面层由于直接与车辆接触，不平整的表面将会增大行车阻力，将使车辆产生附加振动作用。这种振动作用会造成行车颠簸，影响行车的速度和安全及驾驶的平稳和乘客的舒适。同时，振动作用还会对路面施加冲击力，从而加剧路面和汽车机件损坏，轮胎的磨损，并增大油耗。而且不平整的路面会积滞雨水，加速路面的破坏。因此，平整度的检测与评定是公路施工与养护的一个非常重要的环节。

平整度的测试设备分为断面类及反应类两大类。断面类实际上是测定路面表面凹凸情况，如最常用的 3 m 直尺及连续式平整度仪，还可用精确测定高程得到；反应类测定路面凹凸引起车辆振动的颠簸情况。反应类指标是司机与乘客直接感觉到的平整度指标，因此它实际上是舒适性能指标，最常用的测试设备是车载式颠簸积累仪。现已有更新型的自动化测试设备，如断面分析仪、路面平整度数据采集系统测定车等。常见几种平整度测试方法的特点及技术指标比较见表 7-1。国际上通用国际平整度指数 IRI 衡量路面行驶舒适性或路面行驶质量，可以通过标定试验得出 IRI 与标准差

σ 或单向累计值 VRI 之间关系：

表 7-1　平整度测试方法比较

方法	特点	技术指标
3 m 直尺法	设备简单，结果直观，间断测试，工作效率低，反映凹凸程度	最大间隙 /mm
连续式平整度仪法	设备较复杂，连续测试，工作效率高，反映凹凸程度	标准差 σ /mm
颠簸累积仪	设备复杂、工作效率高，连续测试，反映舒适性	单向累计值 VBI/（cm/km）

二、3 m 直尺测定平整度

1. 目的和适用范围

（1）本方法规定用 3 m 直尺测定路表面的平整度，定义 3 m 直尺基准面距离路表面的最大间隙表示路基路面的平整度，用 mm 计。

（2）本方法适用于测定压实成型的路面各层表面的平整度，以评定路面的施工质量，也可用于路基表面成型后的施工平整度检测。

2. 仪具与材料技术要求

本方法需要下列仪具与材料。

（1）3 m 直尺：测量基准面长度为 3 m，基准面应平直，用硬木或铝合金钢等材料制成。

（2）最大间隙测量器具

①楔形塞尺：硬木或金属制的三角形塞尺，有手柄。塞尺的长度与高度之比不小于 10，宽度不大于 15 mm，边部有高度标记，刻度读数分辨率小于或等于 0.2 mm。

②深度尺：金属制的深度测量尺，有手柄，深度尺测量杆端头直径不小于 10 mm，刻度读数分辨率小于或等于 0.2 mm。

③其他：皮尺或钢尺、粉笔等。

3. 方法与步骤

（1）准备工作

1）按有关规范规定选择测试路段。

2）测试路段的测试地点选择：当为沥青路面施工过程当中的质量检测时，测试地点应选在接缝处，以单杆测定评定；除高速公路以外，可用于其他等级公路路基路面工程质量检查验收或进行路况评定，每200 m测2处，每处连续测量10尺（约合3.3米）。除特殊需要外，应以行车道一侧车轮轮迹（距车道线0.8～1.0 m）作为连续测定的标准位置。对旧路已形成车辙的路面，应该取车辙中间位置为测定位置，用粉笔在路面上做好标记。

3）清扫路面测定位置处的污物。

（2）测试步骤

1）施工过程中检测时，根据需要确定的方向，将 3 m 直尺摆在测试地点的路面上。

2）目测 3 m 直尺底面与路面之间的间隙情况，确定最大间隙的位置。

3）用有高度标线的塞尺塞进间隙处，量测其最大间隙的高度（mm）；或者用深度尺在最大间隙位置测量直尺上顶面距地而的深度，这个深度减去尺高即为测试点的最大间隙的高度，精确至 0.2 mm。

4. 计算

单杆检测路面的平整度计算，以 3 m 直尺与路面的最大间隙为测定结果。连续测量 10 尺时，判断每个测定值是否合格，根据要求，计算合格百分率，并计算 10 个最大间隙的平均值。

5. 报告

单杆检测的结果应随时记录测试位置和检测结果。连续测量 10 尺时，应报告平均值、不合格尺数、合格率。

三、连续式平整度仪测定平整度

（一）连续式平整度仪测定平整度试验方法

1. 目的与适用范围

（1）本方法规定用连续式平整度仪量测路面的不平整度的标准差～以表示路面的平整度，以 mm 计。

（2）本方法适用于测定路表面的平整度，评定的路面施工质量和使用质量，但不适用于在已有较多坑槽、破损严重的路面上测定。

2. 仪具与材料技术要求

本方法需要下列仪具与材料。

（1）连续式平整度仪。

①整体结构：连续式平整度仪构造如图 7-1 所示。除了特殊情况外，连续式平整度仪的标准长度为 3 m，其质量应符合仪器标准的要求；中间为一个 3 m 长的机架，机架可缩短或折叠，前后各四个行走轮，前后两组轮的轴间距离为 3 m。

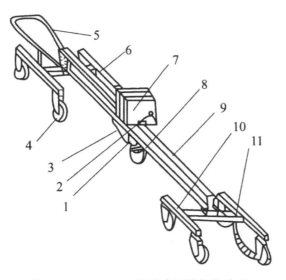

图 7-1　T 0932-1 连续式平整仪构造图

1—测量架；2—离合器；3—拉簧；4—脚轮；5—牵引架；6—前架；
7—记录针；8—测定轮；9—纵梁；10—后架；11—软轴

②标准差测量传感器：安装在机架中间，可是能起落的测定轮，或非接触式位移传感器，如激光或超声位移测量传感器。

③其他辅助机构：蓄电池电源，距离传感器，与数据采集、处理、存储、输出部分配套的采集控制箱及计算机、打印机等。

④测定间距为 10 cm，每一计算区间的长度为 100 m 并输出结果。

⑤可记录测试长度（m）、曲线振幅大于某一定值（如 3 mm、5 mm、8 mm、10 mm 等）的次数、曲线振幅的单向（凸起或凹下）累计值及以 3 m 机架为基准的中点路面偏差曲线图，计算并打印结果。

⑥机架装有一牵引钩及手拉柄，可以用人力或汽车牵引。

（2）牵引车：小面包车或其他小型牵引汽车。

（3）皮尺或测绳。

3. 方法与步骤

（1）准备工作

1）选择测试路段。

2）当为施工过程中质量检测需要时，测试地点根据需要决定；当为路面工程质量检查验收或进行路况评定需要时，通常用行车道一侧车轮轮迹带作为连续测定的标准位置。对旧路已形成车辙的路面，取一侧车辙中间位置为测定位置。按"1. 目的与适用范围"中第（2）条的规定在测试路段路面上确定测试位置，当以内侧轮迹带（1WP）或外侧轮迹带（OWP）作为测定位置时，测定的位置距车道标线 80 ～ 100 m。

3）清扫路面测定位置处的脏物。

4)检查仪器,检测箱各部分应完好、灵敏,并且将各连接线接妥,安装好记录设备。

（2）测试步骤

1）将连续式平整度仪平置于测试路段路面起点上。

2）在牵引汽车的后部,将连续式平整仪与牵引汽车连接好,按照仪器使用手册一次完成各项操作。

3）确定连续式平整仪工作正常。牵引连续式平整仪的速度应保持匀速,速度宜为 5 km/h,最大不得超过 12 km/h。

在测试路段较短时,亦可用人力拖拉平整度仪测定路面的平整度,但拖拉时应保持匀速前进。

4. 计算

（1）连续式平整度仪测定后,可按每 10 cm 间距采集的位移值自动计算得到每 100 cm 计算区间的平整度标准差（mm）,还可记录测试长度（m）。

（2）每一计算区间的路面平整度以该区间测定结果的标准差表示,按照下式计算:

$$\sigma_i = \sqrt{\frac{\sum d_i^2 - \left(\sum d_i\right)^2 / N}{N-1}}$$

式中： σ_i —— 各计算区间的平整度计算值,mm;

d_i —— 以 100 m 为一个计算区间,每隔一定距离（自动采集间距为 10 cm,人工采集间距为 1.5 m）采集的路面凹凸偏差位移值,mm;

N —— 计算区间用于计算标准差的测试数据个数。

（3）按《公路路基路面现场测试规程》的方法计算一个评定路段内各个区间的平整度标准差,各评定路段平整度的平均值、标准差、变异系数以及不合格区间数。

（二）车载式颠簸累积仪与激光平整度仪测定平整度

1. 目的与适用范围

（1）本方法适用于各类颠簸累积仪在新建、改建路面工程质量验收和无严重坑槽、车辙等病害的正常行车条件下连续采集路段平整度数据。

（2）本方法的数据采集、传输、记录和处理分别由专用软件自动进行。

2. 仪具与材料技术要求

（1）测试系统

测试系统由承载车辆、距离测量装置、颠簸累积值测试装置和主控制系统组成。主控制系统对测试装置的操作实施控制,完成数据采集、传输、存储及计算过程。

（2）设备承载车要求

根据设备供应商的要求选择测试系统承载车辆。

（3）测试系统基本技术要求和参数

1）测试速度：30 ～ 80 km/h。

2）最大测试幅度：±20 cm。

3）垂直位移分辨率：1 mm。

4）距离标定误差：＜ 0.5%。

5）系统工作环境温度：0 ～ 60℃。

6）系统软件能够依据相关关系公式自动对颠簸累积值进行换算，间接输出国际平整度指数 IRI。

3. 方法与步骤

（1）准备工作

1）测试车辆具备下列条件之一时，都应该进行仪器测值与国际平整度指数 IRI 的相关性标定，相关系数 R 应不低于 0.99：在正常状态下行驶超过 2000 km；标定的时间间隔超过 1 年；减震器、轮胎等发生更换、维修。

2）检查测试车轮胎气压，应达到车辆轮胎规定的标准气压；车胎应清洁，不得黏附杂物；车上载重、人数以及分部应与仪器相关性标定试验时一致。

3）距离测量系统需要现场安装的，据设备手册说明进行安装，确保紧固装置安装牢固。

4）检查测试系统，各部分应符合测试要求，不应该有明显的可视性破损。

5）打开系统电源，启动控制程序，检查系统各部分的工作状态。

（2）测试步骤

1）测试开始之前应让测试车以测试速度行驶 5 ～ 10 km，按照设备操作手册规定的预热时间对测试系统进行预热。

2）测试车停在测试起点前 300 ～ 500 处，启动平整度测试系统程序，按照设备操作手册的规定和测试路段的现场技术要求设置完毕所需的测试状态。

3）驾驶员在进入测试路段前应保持车速在规定的测试速度范围内，沿正常行车轨迹驶入测试路段。

4）进入测试路段后，测试人员启动系统的采集和记录程序，在测试过程中必须及时精确地将测试路段的起点、终点和其他需要特殊标记的位置输入测试数据记录中。

5）当测试车辆驶出测试路段后，仪器操作人员停止数据采集和记录，并恢复仪器各部分至初始状态。

6）操作人员检查数据文件，文件应完整，数据应正常，否则要重新测试。

7）关闭测试系统电源，结束测试。

4. 计算

颠簸累积仪直接测试输出的颠簸累积值 VBI，要按照相关性标定试验得到相关关系式，并以 100 m 为计算区间换算成 IRI（以 m/km 计）。

5. 颠簸累积仪测值与国际平整度指数 IRI 相关关系对比试验

（1）基本要求

由于颠簸累积仪测值受测试速度等因素影响，因此测试系统的每一种实际采用测试速度都应单独进行标定，建立相关关系公式s标定过程及分析结果应详细记录并存档。

（2）试验条件

1）按照每段IRI值变化幅度不小于1.0的范围选择不少于4段不同平整度水平的路段，且有足够加速或减速长度的路段。据实际测试道路IRI的分布情况，可以增加某些范围内的标定路段。

2）每路段长度不小于300 m。

3）每一段内的平整度应均匀，包括路段前50 m的引道。

4）选择坡度变化较小的直线路段，路段交通量小，便于疏导。

5）标定宜选择在车道的正常行驶轮迹上进行，明确标出标定路段的轮迹、起终点。

（3）试验步骤

1）距离标定

①依据设备供应商建议的长度，选择坡度变化较小的平坦直线路段，标出起终点和行驶轨迹。

②标定开始之前应让测试车以测试速度行驶5～10 km，按设备操作手册规定的预热时间对测试系统进行预热。

③将测试车的前轮对准起点线，启动距离校准程序，然后令车辆沿着路段轨迹直线行驶，避免突然加速或减速，接近终点时，看指挥人员手势减速停车，确保测试车的前轮对准终点线，结束距离校准程序。重复过程，确保了距离传感器脉冲当量的精确性，应在允许误差范围之内。

2）参照"3. 方法与步骤"中的"测试步骤"，令颠簸累积仪按选定的测试速度测试每个标定路段的反应值，重复测试至少5次，取平均值作为该路段的反应值。

3）IRI值的确定

①以精密水准仪作为标准仪具，分别测量标定路段两个轮迹的纵断高程，要求采样间隔为250 mm，高程测试精度为0.5 mm；然后用IRI标准计算程序对每个轮迹的纵断面测量值进行模型计算，得到该轮迹的IRI值。两个轮迹IR1值的平均值即为该路段的1R1值。

②其他符合世界银行一类平整度测试标准纵断面测试仪具也时以作为确定标定路段标准IRI值的仪具。

6. 报告

（1）平整度测试报告应包括颠簸累积值VBI、国际平整度IRI平均值和现场测试速度。

（2）提供颠簸累积值VB1与国际平整度指数IRI在选定测试条件下的相关关系式和相关系数。

（三）车载式激光平整度仪测定平整度试验方法

1. 目的与适用范围

（1）本方法适用于各类车载式激光平整度仪在新建、改建路面工程质量验收和无严重坑槽、车辙等病害及无积水、积雪、泥浆的正常通车条件下连续采集路段平整度数据。

（2）本方法的数据采集、传输、记录及处理分别由专用软件自动进行

2. 仪具与材料技术要求

（1）测试系统

测试系统由承载车辆、距离测量装置、颠簸累积值测试装置和主控制系统组成。主控制系统对测试装置的操作实施控制，完成数据采集、传输、存储与计算过程。

（2）设备承载车要求

根据设备供应商的要求选择测试系统承载车辆。

（3）测试系统基本技术要求和参数

1）测试速度：30～100 km/h。

2）采样间隔：＜500 mm。

3）传感器测试精度：＜0.5 mm。

4）距离标定误差：＜0.1%。

5）系统工作环境温度：0～60℃。

3. 方法与步骤

（1）准备工作

1）设备安装到承载车上以后应按本方法第5点的规定进行相关性试验。

2）根据设备操作手册的要求对测试系统各传感器进行校准。

3）检查测试车轮胎气压，应该达到车辆轮胎规定的标准气压，车胎应清洁，不得黏附杂物。

4）距离测量装置需要现场安装的，根据设备操作手册说明进行安装，确保机械紧固装置安装牢固。

5）检查测试系统各部分应符合测试要求，不应该有明显的可视性破损。

6）打开系统电源，启动控制程序，检查各部分的工作状态。

（2）测试步骤

1）测试开始之前应让测试车以测试速度行驶5～10 km，按照设备使用说明规定的预热时间对测试系统进行预热。

2）测试车停在测试起点前50～100 m处，启动平整度测试系统程序，按照设备操作手册的规定和测试路段的现场技术要求设置完毕所需的测试状态。

3）驾驶员应按照设备操作手册要求的测试速度范围驾驶测试车，宜在50～80 km/h之间，避免急加速和急减速，急弯路段应放慢车速，沿着正常行车轨迹驶入测试路段。

4）进入测试路段后，测试人员启动系统的采集和记录程序，在测试过程中必须及时精确地将测试路段的起终点和其他需要特殊标记的位置输入测试数据记录中。

5）当测试车辆驶出测试路段后，测试人员停止数据采集和记录，并恢复仪器各

部分至初始状态。

6）检查测试数据文件，文件应完整，内容应正常，否则需要重新测试。

7）关闭测试系统电源，结束测试。

4. 计算

激光平整度仪采集的数据是路面相对高程值，应该以 100 m 为计算区间长度用 IRI 的标准计算程序计算 IRI 值，以 m/km 计。

5. 激光平整度仪测值与国际平整度指数 IRI 相关关系对比试验

（1）试验条件

1）按照每段 IRI 值变化幅度不小于 1.0 的范围选择不少于 4 段不同平整度水平的路段，且有足够加速或减速长度的路段。根据实际测试道路 IR1 的分布情况，可以适当增加某些范围内的标定路段。

2）每路段长度不小于 300 m。

3）每一段内的平整度应均匀，包括路段前 50 m 的引道。

4）选择坡度变化较小的直线路段，路段交通量小，便于疏导。

5）有多个激光测头的系统需要分别标定。

6）标定宜选择在车道的正常行驶轮迹上进行，明确地画出轮迹带测线和起终点位置。

（2）试验步骤

1）距离标定

①依据设备供应商建议的长度，选择坡度变化较小的平坦直线路段，标出起终点和行驶轨迹。

②标定开始之前应让测试车以测试速度行驶 5 ～ 10 km，按设备操作手册规定的预热时间对测试系统进行预热、

③将测试车的前轮对准起点线，启动距离校准程序，然后令车辆沿着路段轨迹直线行驶，避免突然加速或减速，接近终点时，看指挥人员手势减速停车，确保测试车的前轮对准终点线，结束距离校准程序。重复此过程，确保距离传感器测试结果的精确性，应在允许误差范围之内。

2）参照"3. 方法与步骤"中"测试步骤"，令所标定的纵断面高程传感器对准测线重复测试 5 次，取其 IRI 计算值的平均值作为该路段的测试值。

3）IRI 值的确定：

①以精密水准仪作为标准仪具，测量标定路段上测线的纵断高程，要求采样间隔为 250 mm，高程测试精度为 0.5 mm；之后用 IRI 标准计算程序对纵断面测量值进行模型计算，得到标定线路的 IRI 值。

②其他符合世界银行一类平整度测试标准的纵断面测试仪具也可以作为确定标定路段 IRI 值的仪具。

（3）试验数据处理

用数理统计的方法将各标定路段的 IRI 值和相应的平整度仪测值进行回归分析，

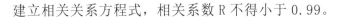

建立相关关系方程式，相关系数 R 不得小于 0.99。

6. 报告

平整度检测报告应包括以下内容：

（1）国际平整度指数 IRI 平均值。

（2）提供激光平整度仪测值与国际平整度指数 IRI 在选定测试条件下的相关关系式及相关系数。

平整度是路面施工质量与服务水平的重要指标之一。平整度的检测和评定是公路施工与养护的一个非常重要的环节。

平整度的测试设备分为断面类及反应类两大类。运用 3 m 直尺测定路面或成型后的路基表面平整度，以评定路面的施工质量。运用连续式平整度仪量测路面的不平整度的标准差，以表示路面的平整度，评定路面的施工质量和适用质量。了解车载式激光平整度仪测定平整度试验方法。能选用正确的测试方法对路面或路基平整度进行测试。

第二节　路基路面抗滑性能检测

一、路面抗滑性能

路面抗滑性能通常是指路面的表面特性，是指和路面直接接触的车辆轮胎受到制动时沿道路表面抵抗滑移产生的力，并用路面与轮胎间的摩阻系数来表示。

道路表面特性包括道路表面微观构造与宏观构造＝影响抗滑性能的因素有路面表面特性、路面潮湿程度和行车速度。

道路表面微观构造是指集料表面的粗糙度，它随车轮的反复磨耗而渐被磨光。通常采用石料磨光值（PSV）表征抗磨光的性能。宏观构造是指一定面积的路表面凹凸不平的开口孔隙的平均深度。道路路面宏观构造功能是使车轮下的路表水迅速排除，以避免形成水膜。宏观构造由构造深度表征。

微观构造在低速（30 ～ 50 km/h 以下）时对于路表抗滑性能起决定作用。而高速时对路表抗滑性能起主要作用的是宏观构造。

路面抗滑性能测试方法有：制动距离法（摩阻系数 f）、摆式仪法（摩阻摆值 BPN）、偏转轮拖车法（横向力系数 SFC）、手工铺砂法、电动铺砂法（构造深度 TD）及激光构造深度仪法（构造深度 TD）等。

二、路面抗滑要求

高速、一级公路的路面应具有良好的抗滑性能，二级和三级公路应根据各路段的具体情况采取必要的技术措施、以提高路面抗滑性能。

1. 沥青路面的抗滑要求

在设计高速、一级公路的沥青表面层时，应选用抗滑、耐磨石料，其石料磨光值应大于 42。高速、一级公路的摩擦系数宜在竣工后第一个夏季用摩擦系数测定车，以（50±1）km/h 的车速测定横向力系数（SFC）；宏观构造深度应在竣工后第一个夏季用铺砂法或激光构造深度仪测定，测定值应该符合规定的竣工验收值的要求，如表 7-2 所示。

表 7-2 沥青路面竣工验收值

公路等级	竣工验收值		
	横向力系数 SFC	摩阻摆值 BPN	构造深度 TD/mm
高速、一级	≥ 54	≥ 45	≥ 0.55

2. 水泥混凝土路面的抗滑要求

高速、一级公路，构造深度 TD 不小于 0.7 mm 并且不大于 1.1 mm；对于其他公路，构造深度 TD 不小于 0.5 mm 且不大于 1.0 mm。

二、路面构造深度检测

（一）手工铺砂法

1. 目的与适用范围

本方法适用于测定沥青路面及水泥混凝土路面表面构造深度，用在评定路面表面的宏观粗糙度、路面表面抗滑性能及路面的排水性能。

2. 仪器与耗材

（1）人工铺砂仪：由圆筒、量砂筒、推平板和刮平尺组成。

①量砂筒，一端是封闭的，容积为（25±0.15）mL，可以通过称量砂筒中水的质量来确定其容积 V，并调整其高度，使其容积符合要求，如图 7-2 所示。

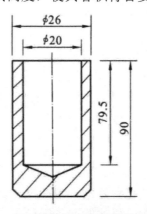

图 7-2 人工铺砂仪（量砂筒构造简图）

②推平板：推平板应为木制或铝制，直径50 mm，底面要粘一层厚1.5 mm的橡胶片，上面有一圆柱把手，如图7-3所示。

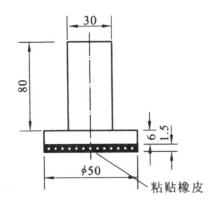

图7-3　人工铺砂仪（推平板构造简图）

③刮平尺：可用30 cm钢尺代替，主要用做将筒口量砂刮平。

（2）量砂：足够数量的干燥洁净的匀质砂，粒径为0.15～0.30 mm。

（3）量尺：采用将直径换算成构造深度作为刻度单位的专用的构造深度尺，也可用钢板尺或

钢卷尺代替。

（4）其他：装砂容器（带小铲）、扫帚或毛刷及挡风板等。

3. 检测方法与步骤

（1）准备工作

1）量砂准备：取粒径为0.15～0.3 mm洁净的细砂晾干、过筛，并置于适当的容器中备用。量砂只能在路面上使用一次，不宜重复使用。回收砂必须经干燥、过筛处理后方可使用。

2）对测试路段按随机取样选点的方法，决定测点所在横断面位置。测点应选在行车道的轮迹带上，距路面边缘不应小于1 m。

（2）检测步骤

1）用扫帚或毛刷子将测点附近的路面清扫干净；面积不小于30 cm×30 cm。

2）用小铲装砂沿筒向圆筒中注满砂，手提圆筒上方，在硬质路面上轻轻地叩打3次，使砂密实，补足砂面用钢尺一次刮平。不可直接用量砂筒装砂，以免影响量砂密度的均匀性。

3）将砂倒在路面上，用底面粘有橡胶片的推平板，由里向外重复做摊铺运动，稍稍用力、细心地将砂尽可能地向外摊开，使砂填入凹凸不平的路表面的空隙中，尽可能将砂摊成圆形，并不得在表面上留有浮动余砂，注意摊铺时不可以用力过大或向外推挤。

4）用钢板尺测量所构成圆的两个垂直方向的直径，取其平均值，精确至5 mm。

5）按以上方法，同一处平行测定不少于3次，3个测点均位于轮迹带上，测点

间距 3 ～ 5 m。该处的测定位置以中间测点的位置表示。

4. 结果计算

（1）计算路面表面构造深度测定结果，可按下式计算

$$TD = \frac{1000V}{\pi D^2 / 4} \approx \frac{31831}{D^2}$$

式中：TD —— 路面表面构造深度，mm；

V —— 砂的体积（25 cm³）；

D —— 摊平砂的平均直径，mm。

（2）每一处均取 3 次路面构造深度的测定结果的平均值是检测结果，精确至 0.1 mm。

（3）计算每一个评定区间路面构造深度的平均值及 3 次测定的平均值、标准差及变异系数。

5. 检测报告

（1）列表逐点报告路面构造深度的测定值及 3 次测定的平均值，当平均值小于 0.2 mm 时，检测结果以 "＜ 0.2 mm" 表示。

（2）检测报告中还应包括每一个评定区间路面构造深度的平均值、标准差和变异系数。

6. 误差分析

一般来说，手动铺砂法误差有装砂方法无标准、摊平板无标准、摊开程度无明确规定等类型。

为了克服手工铺砂掌握不统一、测量不准的缺点，可以采用电动铺砂法或激光构造深度仪法。

（二）电动铺砂法

1. 目的与适用范围

本方法适用于测定沥青路面及水泥混凝土路面表面构造深度，用来评定路面表面的宏观粗糙度及路面表面的排水性能和抗滑性能。

2. 仪器与耗材

（1）电动铺砂仪：利用可充电的直流电源将量砂通过砂漏铺设成宽度为 5 cm、厚度均匀一致的器具，如图 7-4 所示。

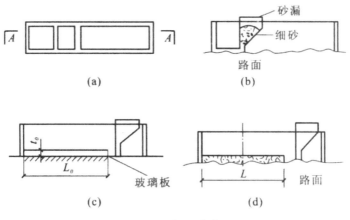

图 7-4　电动铺砂仪

（a）平面图；（b）A—A 断面；（c）标定；（d）测定

（2）量砂：粒径为 0.15～0.3 mm，足够数量干燥洁净的匀质砂。

（3）标准量筒：容积为 50 mL。

（4）玻璃板：面积大于铺砂器，厚为 5 mm。

（5）其他：直尺、扫帚、毛刷等。

3. 检测方法与步骤

（1）准备工作

1）量砂准备：取粒径为 0.15～0.3 mm 洁净的细砂晾干、过筛，并且置于适当的容器中备用。量砂只能在路面上使用一次，不应重复使用。回收砂必须经干燥、过筛处理后方可使用。

2）对测试路段按随机取样选点的方法，决定测点所在横断面位置。测点应选在行车道的轮迹带上，距路面边缘不应小于 1 m。

（2）电动铺砂仪标定

1）将铺砂器平放在玻璃板上，把砂漏移至铺砂器端部。

2）将灌砂漏斗口和量筒口大致齐平。通过漏斗向量筒中缓缓注入准备好的量砂至高出量筒成尖顶状，用直尺沿筒口一次刮平，其容积为 50 mU

3）将漏斗口与铺砂器砂漏上口大致齐平。将砂通过漏斗均匀倒入砂漏，漏斗前后移动，使砂的表面大致齐平。但不得用任何其他工具刮动砂。

4）开动电动马达，使砂漏向另一端缓缓运动，量砂沿砂漏底部铺成宽为 5 cm 带状，待砂全部漏完之后停止马达。

5）根据图 7-5 及下式计算 L_1 及 L_2 的平均值决定量砂的摊铺长度 L_0，精确至 1 mm。

$$L_0 = \frac{L_1 + L_2}{2}$$

式中：L_0 —— 量砂的摊铺长度，mm；

L_1、L_2 —— 见图 7-5。

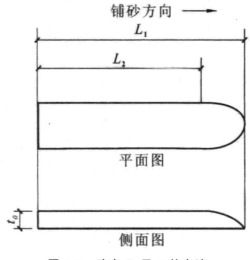

图 7-5　确定 L_0 及 L 的方法

6）重复标定 3 次，取平均值决定 L_0，精确至 1 mm。标定应该在每次测试前进行，用同一种量砂，由同一个检测员承担测试。

（3）检测步骤

1）将测试地点用毛刷刷净，面积大于铺砂仪。

2）将铺砂仪沿道路纵向平稳地放在路面上，将砂漏移到端部。

3）按上述电动铺砂器标定 2）～5）相同的步骤，在测试地点摊铺 50 mL 量砂，按图 7-5 的方法量取摊铺长度。

4）按以上方法，同一处平行测定不少于 3 次，3 个测点均位于轮迹带上，测点间距 3～5 m，这个处的测定位置以中间测点的位置表示。

4. 结果计算

（1）按下式计算铺砂仪在玻璃板上摊铺的量砂厚度 t_0。

$$t_0 = \frac{V}{B \times L_0} \times 1000 = \frac{1000}{L_0}$$

式中：t_0 —— 量砂在玻璃板 h 摊铺的标定厚度，mm；

V —— 砂的体积（50mL）；

B —— 量砂仪摊铺砂的宽度（50 mm）。

L_0 —— 玻璃板上 50 mL 量砂的摊铺长度，mm。

（2）按下式计算路面构造深度 TD。

$$TD = \frac{L_0 - L}{L} \times t_0 = \frac{L_0 - L}{L \times L_0} \times 1000$$

式中：TD —— 路面的构造深度，mm；

L—— 路面上 50 mh 量砂的摊铺长度，mm，其余符号意义同前。

（3）每一处均取 3 次路面构造深度的测定结果的平均值是检测结果，精确至 0.1 mm。

（4）计算每一个评定区间路面构造深度的平均值及 3 次测定的平均值、标准差及变异系数。

5. 检测报告

（1）列表逐点报告路面构造深度的测定值及 3 次测定的平均值，当平均值小于 0.2 mm 时，检测结果以"< 0.2 mm"表示。

（2）检测报告中还应包括每一个评定区间路面构造深度的平均值、标准差和变异系数。

（三）激光构造深度仪

激光构造深度仪是一种小型手推式路面构造深度测定仪，能够快速实时的检测各等级公路的路面平整度、构造深度等技术特性，可以为竣工验收、预防性养护以及路面管理系统提供综合高效的数据支持。激光构造深度仪具有运输方便、操作快捷、费用低廉、可靠性好等优点。近几年构造深度的快速激光检测技术已发展的较为成熟，在应用上已开始普及，大大提高了路面构造深度的检测技术水平。

激光构造深度仪使用进口高精度激光位移传感器，通过检测该传感器与路面不同形状骨料间的深度，并根据人工铺砂原理进行相关数据处理后，在显示器上精确地读出路面的构造深度。该仪器克服了人工铺砂法存在的检测速度慢、人工劳动强度大、检测结果因人而异、并受风力影响等缺点，其操作简单，测量精确、直观，既能检测某一地点的构造深度，又能对某一路段的平均构造深度进行检测，还可自动对检测的数据进行存储和查询。

三、路面摩擦系数检测

（一）路面抗滑值测定

1. 目的与适用范围

本方法适用于以摆式摩擦系数测定仪（摆式仪）测定沥青路面及水泥混凝土路面的抗滑值，用以评定路面在潮湿状态下的抗滑能力。

2. 仪器与耗材

（1）摆式摩擦系数测定仪（摆式仪）：其形状及结构如图 7-6 所示。摆及摆的连接部分总质量为（1500±30）g，摆动中心至摆的重心距离为（410±5）mm，测定时摆在路面上滑动长度为（126±1）mm，摆在橡胶片端部距摆动中心的距离是 508 mm，橡胶片对路面的正向静压力为（22.2±0.5）N。

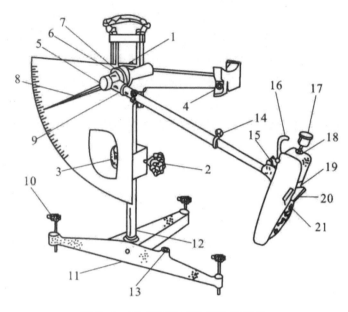

图 7-6　摆式摩擦系数测定仪结构

1.2—紧固把手；3—升降把手；4—释放开关；5—转向节螺盖；6—调节螺母；
7—针簧片或毡垫；8—指针；9—连接螺母；10—调平螺栓；11—底座；
12—垫块；13—水准泡；14—卡环；15—定位螺钉；16—举升柄；17—平衡锤；
18—并紧螺母；19—滑溜块；20—橡胶片；21—止滑螺钉

（2）橡胶片：尺寸为 6.35 mm×25.4 mm×76.2 mm，橡胶质量应符合表 7-3 的要求。当橡胶片使用后，端部在长度方向上磨耗超过 1.6 mm 或者边缘在宽度方向上磨耗超过 3.2 mm，或有油污染时，即应更换新橡胶片。新橡胶片应先在干燥路面上试测 10 次后再用于正式测试，橡胶片的有效的使用期限为 1 年。

（3）标准量尺：长为 126 mm。

（4）洒水壶。

（5）橡胶刮板。

（6）路面温度计：分度不大于 1℃。

（7）其他：皮尺式钢卷尺、扫帚、粉笔等。

表 7-3　橡胶物理性质技术要求

性能指标	温度 /℃				
	0	10	20	30	40
弹性 /（%）	43～49	58～65	66～73	71～77	74～79
硬度	55±5				

3. 检测方法与步骤

（1）准备工作

1）检查摆式仪的调零灵敏情况，并且定期进行仪器的标定。当用于路面工程检查验收时，仪器必须重新标定。

2）对测试路段按随机取样方法，决定测点所在横断面位置。测点应选在行车道的轮迹带上，距路面边缘不应小于 1 m，并用粉笔做出标记。测点位置宜紧靠铺砂法测定构造深度的测点位置，并且与其一一对应。

（2）检测步骤

1）仪器调平

①将仪器置于路面测点上，并使摆的摆动方向与行车方向一致。

②转动底座上的调平螺栓，使水准泡居中。

2）调零，允许误差为 ±1 BPN。

3）校核滑动长度，橡胶片两次同路面接触点的距离应在 126 mm（即滑动长度）左右。

4）用喷壶的水浇洒测试路面，并用橡胶刮板刮除表面泥浆。

5）再次洒水，并按下释放开关，使摆在路面滑过，指针即可指示出路面的摆值。但第 1 次测定，不记录。当摆杆回落时，用左手按住摆，右手提起举长柄使滑溜块升高，将摆向右运动，并使摆杆和指针重新置于水平释放位置。

6）重复步骤5）的操作测定 5 次，读记每次摆值，最大值和最小值的差值不得大于 3 BPN。如差数大于 3 BPN 时，应检查产生的原因，并再次重复上述各项操作，直至符合规定位置。取 5 次测定的平均值作为每个测点路面的抗滑值，取整数，以 BPN 表示。

7）在测点位置上用路表温度计测记潮湿路面的温度，精确至 1℃。

8）按以上方法，同一处平行测定不少于 3 次，3 个测点均位于轮迹带上，测点间距 3～5 m。测定位置以中间测点位置表示。每处均取 3 次平均值作为试验结果，精确至 1 BPN。

（3）抗滑值的温度修正

当路面温度为 T 时测得的值为 F_{BT}，必须按下式换算成标准温度 20℃ 的摆值 F_{B20}。

$$F_{B20} = F_{BT} + \triangle F$$

式中：F_{B20} —— 换算成标准温度 20℃时的摆值，BPN；

F_{BT} —— 路面温度为 T 时测得的摆值，BPN；

T —— 测定的路表潮湿状态下的温度，℃；

$\triangle F$ —— 温度修正值，按表 7-4 取用。

表 7-4 温度修正值

温度 /℃	0	5	10	15	20	25	30	35	40
温度修正值	-6	-4	-3	-1	0	+2	+3	+5	+7

（二）路面横向力系数测定

1. 目的与适用范围

本方法适用于以标准的摩擦系数测定车测定沥青路面或者水泥混凝土路面的横向力系数。路面横向摩擦力系数既表示车辆在路面上制动时的路面抗力，还表征车辆在路面上发生侧滑时的路面抗力，因此它是路面纵横向摩擦系数的综合指标，反映较高速度下路面抗滑能力。测试结果可作为竣工验收或者使用期评定路面抗滑能力的依据。

2. 仪器与耗材

（1）摩擦系数测定车：SCRIM型，主要组成如图 7-7 所示，由车辆底盘、测量机构、供水系统、荷载传感器、仪表及操作记录系统及标定装置等组成。

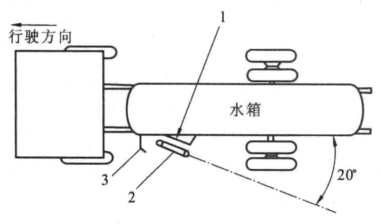

图 7-7 横向力系数检测原理示意图

1—侧向摩阻力；2—测试轮；3—洒水口

测定车应符合下列要求。

①测量机构：可以为单侧或双侧各安装一套，测试轮和车辆行驶方向成 0°角，作用于测试轮上的静态标准荷载为 2 kN。测试轮胎应为 3.0 MPa（0～20 的光面轮胎，其标准气压为 0.35 MPa±0.01 MPa）。当轮胎直径减少达 6 mm 时（每个测试轮约

测 350 ～ 400 km 需更换），需要换新轮胎。

②测定车辆轮胎气压应符合所使用汽车规定的标准气压范围。

③能控制洒水量，使路面水膜厚度不得小于 1 mm。通常测量速度为 50 km/h 时，水阀开启量宜为 50%，测量速度为 70 km/h 时，宜为 70%，用此类推。

（2）备用轮胎等备件。

3. 检测方法与步骤

（1）准备工作

1）按照仪器设备技术手册或使用说明书对测定系统进行标定。仪器设备进行标定、检查时，必须在关闭发动机的情况下进行。标定按 SFC 值 10、20、30、…、100 的不同挡次进行，满量程为 100 时的示数误差不得超过 ±2。

2）检查横向摩擦系数测定车系统的各项参数是否符合要求，检查外部警告标示是否正常。

3）贮存罐灌水。

4）将测试轮安装牢固且保持在升起的位置上。

5）将记录装置处于正常使用状态，安装足够的打印纸。打开记录系统预热不少于 10 min。

6）根据需要确定采用连续测定或断续测定，以及每公里测定的长度。选择并设定"计算区间"，即输出一个测定数据的长度，标准的计算区间为 20 m，根据要求也可选择为 5 m 或 10 m。

7）根据要求设定为单轮测试或双轮测试。

8）输入所需的说明性预设数据，如测试日期、路段编号、里程桩号等。

9）发动车辆驶向测试地段。

（2）检测步骤

1）在测试路段起点前约 500 m 处停住，开机预热不少于 10 min。

2）降下测试轮，打开水阀检查水流情况是否正常及水流是否符合需要，检查仪表各项指数是否正常，然后升起测试轮。

3）将车辆驶向测试路段，提前 100 ～ 200 m 处降下测试轮。测定车的车速可根据公路等级的需要选择。除特殊情况下，标准车速是 50 km/h，测试过程中必须保持匀速。

4）进入测试段后，按开始键，开始测试。在显示器上监视测试运行变化情况，检查速度、距离有无反常波动，当需要标明特征（如桥位、路面变化等）时，操作功能键插入到数据流中，整公里里程桩上也应做相应的记录。

4. 结果计算

测试数据处理测定的摩擦系数数据存储在磁盘或磁带当中，摩擦系数测定车 SCRIM 系统配有专门数据处理程序软件，可计算和打印出每一个计算区间的摩擦系数值、行程距离、行驶速度、统计个数、平均值及标准差，同时还可打印出摩擦系数的变化图。根据要求将摩擦系数在 0 ～ 100 范围内分成若干区间，作出各区间的路段长度占总测试里程百分比的统计表。

5. 检测报告

（1）测试路段名称及桩号、公路等级、测试日期、天气情况、路面在潮湿状态下的路表温度，描述路面结构类型及外观等。

（2）测试过程中交叉口、转弯等特殊路段及里程桩号的记录。

（3）数据处理打印结果，包括各测点路面摩擦系数值、行程距离、行驶速度，每一个评定路段路面摩擦系数值统计个数、平均值、标准差及变异系数。

（4）公路沿线摩擦系数的变化图，不同摩擦系数区间的路段长度占总测试里程百分比的统计表。

第三节　路基路面强度指标检测

一、路基路面回弹弯沉测试

（一）弯沉的基本概念

目前工程上广泛采用回弹弯沉值来表征路基路面的承载能力，回弹弯沉值越大，承载能力则越小，反之越大。通常所说的回弹弯沉值是指标准后轴双轮组轮隙中心处的最大回弹弯沉值。在路表测试的回弹弯沉值可反映路基路面的综合承载能力。

1. 弯沉

弯沉是指在规定的标准轴载作用下，路基或路面表面轮隙位置产生的总垂直变形（总弯沉）或垂直回弹变形值（回弹弯沉），以 0.01 mm 为单位。

2. 设计弯沉值

根据设计年限内一个车道上预测通过的累计当量轴次、公路等级、面层和基层类型而确定的路面弯沉设计值。

3. 竣工验收弯沉值

竣工验收弯沉值是检验路面是否达到设计要求的指标之一。当路面厚度计算以设计弯沉值为控制指标时，则验收弯沉值应小于或等于设计弯沉值；当厚度计算以层底拉应力为控制指标时，应该根据拉应力计算所得的结构厚度，重新计算路面弯沉值，这个弯沉值即为竣工验收弯沉值。

（二）熟悉路基路面回弹弯沉的测试方法

弯沉值的测试方法，参见表 7-5。

弯沉值的测试方法较多，目前用得最多的是贝克曼梁法，在我国已有成熟的经验，但由于其测试速度等因素的限制，各国都对快速连续或动态测定进行了研究。现在用得比较普遍的有法国洛克鲁瓦式自动弯沉仪、丹麦等国家发明并几经改进形成的落锤式弯沉仪（falling weight deflectometer，FWD）、美国的振动弯沉仪等。

表 7-5　弯沉值的测试方法

方法	特点
贝克曼梁法	传统方法，速度慢，静态测试，比较成熟，目前属于标准方法
自动弯沉仪法	利用贝克曼梁原理快速连续，属于静态测试范畴，但测定的是总弯沉，因此使用时应用贝克曼梁进行标定换算
落锤式弯沉仪法	利用重锤自由落下的瞬间产生的冲击荷载测定弯沉，并能反算路面的回弹模量，快速连续，使用时应用贝克曼梁法进行标定换算

使用贝克曼梁弯沉仪，故现着重介绍贝克曼梁弯沉仪的使用方法，从标准车、弯沉仪的选择、温度修正及弯沉计算等方面提出有关要点和注意事项。

（三）试验一：贝克曼梁测定路基路面回弹弯沉试验方法

1. 试验目的

（1）测定各类路基路面的回弹弯沉，用以评定其整体承载能力，供路面结构设计和使用。

（2）沥青路面的弯沉以路表温度 20℃时为准，在其他温度测试时，对厚度大于 5 cm 的沥青路面，弯沉值应该予温度修正。

2. 试验原理

利用杠杆原理制成的杠杆式弯沉仪测定轮隙弯沉。前后臂长度比例为 2：1，前臂接触地面 [3.6 m 贝克曼梁（2.4+1.2）、5.4 m 贝克曼梁（3.6+1.8）] 如图 7-8 所示。

图 7-8　贝克曼梁原理示意图

3. 仪具与材料

（1）标准车：双轴、后轴双侧 4 轮的载重车，其标准轴荷载、轮胎尺寸、轮胎间隙及轮胎气压等主要参数应符合表 7-9 的要求。测试车可以根据需要按公路等级选择，高速公路、一级及二级公路应采用后轴 100 kN 的 BZZ-100 标准车，其他的等级公路可采用后轴 60 kN 的 BZZ—60 标准车。

表 7-9   测定弯沉用得标准车参数

标准轴载等级	BZZ-100	BZZ-60
后轴标准轴载 /kN	100±1	60±1
一侧双轮荷载 /kN	50±0.5	30±0.5
轮胎充气压力 /MPa	0.70±0.05	0.50±0.05
单轮传压面当量圆直径 / cm	21.30±0.5	19.50±0.5
轮隙宽度	应满足能自由插入弯沉仪测头的测试要求	

（2）路面弯沉仪：由贝克曼梁、百分表及表架组成。贝克曼梁由合金铝制成，上有水准泡，其前臂（接触路面）和后臂（装百分表）长度比为 2：1。弯沉仪长度有两种：一种长 3.6 m，前后臂分别为 2.4 m 和 1.2 m；另一种加长的弯沉仪长 5.4 m，前后臂分别为 3.6 m 和 1.8 m。当在半刚性基层沥青路面或水泥混凝土路曲上测定时，宜采用长度为 5.4 m 的贝克曼梁弯沉仪，并采用 BZZ—100 标准车。弯沉采用百分表量得，也可用自动记录装置进行测量。

（3）接触式路表温度计：端部为平头，分度不大于 1℃。

（4）其他：皮尺、口哨、白油漆或粉笔及指挥旗等。

4．试验方法

（1）准备工作

1）检查并保持测定用标准车况及刹车性能良好，轮胎内胎符合规定充气压力。

2）向汽车车槽中装载（铁块或集料），并用地磅秤量后轴总质量，符合要求地轴重规定。汽车行驶及测定过程中，轴载不得变化。

3）测定轮胎接地面积：在平整光滑地硬质路面上用千斤顶将汽车后轴顶起，在轮胎下方铺一张新的复写纸，轻轻落下千斤顶，即在方格纸印上轮胎印痕，用求积仪或数方格的方法测算轮胎接地面积，精确至 0.1 cm2。

4）检查弯沉仪百分表测量灵敏情况。

5）当在沥青路面上测定时，用路表温度计测定试验时气温及路表温度（一天中气温不断变化，应随时测定），并通过气象台了解前 5 d 的平均气温（日最高气温与最低气温的平均值）。

6）记录沥青路面修建或改建时材料、结构、厚度、施工以及养护等情况。

（2）测试步骤

1）在测试路段布置测点，其距离随测试需要而定。测点应在路面行车车道的轮迹带上，并用白油漆或粉笔画上标记。

2）将试验车后轮轮隙对准测点后 3～5 cm 处的位置上。

3）将弯沉仪插入汽车后轮之间的缝隙处，与汽车方向一致，梁臂不得碰到轮胎，弯沉仪测头置于测点上（轮迹中心前方 3～5 cm 处），并安装百分表于弯沉仪的测

定杆上。百分表调零，用手指轻轻叩打弯沉仪，检查百分表是否稳定回零。

5. 报告

报告应包括下列内容：

（1）弯沉测定表、支点变形修正值、测试时的路面温度及温度修正值；

（2）每一个评定路段的各测点弯沉的平均值、标准差以及代表弯沉。

（四）试验二：自动弯沉仪测定路面弯沉试验方法

利用贝克曼梁测定路面回弹弯沉值操作简便，应用广泛，我国路面设计及检测的标准方法和基本参数都是建立在这种试验方法基础之上的，但是，这种试验方法整个测试过程全是人工操作，测试结果受人为因素的影响较大，且测速慢。自动弯沉仪是测定路面弯沉值的高效自动化设备。

可对路面进行高密集点的强度测量，适用路面施工质量控制、验收及路面养护管理。

1. 试验目的

（1）采用自动弯沉仪在标准条件下每隔一定距离连续测试路面的总弯沉，以及测定路段的总弯沉值的平均值。

（2）用于尚无坑洞等严重破坏的道路验收检查及旧路面强度评价，可为路面养护管理系统提供数据，经过与贝克曼梁测定值进行换算后，也可用于路面结构设计。

2. 工作原理

自动弯沉仪的基本工作原理与贝克曼梁弯沉仪的原理是相同的，都是采用简单的杠杆原理。自动弯沉仪测定车在检测路段以一定速度行驶，将安装在测试车前后轴之间底盘下面的弯沉测定梁放到车辆底盘的前端并支于地面保持不动，当后轴双轮隙通过测头时，弯沉通过位移传感器等装置被自动记录下来，这时测定梁被拖动，以两倍的汽车速度拖到下一测点，周而复始地向前连续测定。通过计算机可输出路段弯沉检测统计计算结果。

3. 仪具与材料

自动弯沉仪测定车：洛克鲁瓦型，由测试汽车、测量机构、数据采集处理系统三部分组成。测量机构安装在测试车底盘下面，测臂夹在后轴轮隙中间。汽车运行时测量机构提起并离开路面。

4. 方法与步骤

（1）将自动弯沉仪测定车开到检测路段的测定车道（一般为行车道）上，测点应在路面行车道的轮迹带上。

（2）汽车到达测试地点第一个测点位置后，按下列步骤放下测量机构：

①关闭汽车发动机；

②松开离合器转盘；

③放下测量头，测量头位于测定梁（后轴）前方的一定距离上；

④放下后支点，勾好把手；

⑤放下测量架，销好把手；

⑥放下导向机构；

⑦插上仪器与汽车的连接销杆或开动液压转向同步系统；

⑧检查钢丝绳一定要在离合器的槽内；

⑨启动汽车发动机，在操作键盘上按动离合器开关，竖测量机构于最前端。

（3）开始测试时，汽车以一定速度行进，测量头连续检测汽车后轴左右轮隙下产生的路面瞬间弯沉。通过测定梁支点的位移传感器将位移转换为电信号，并且传送到数据记录器，待汽车后轮通过测量头后，显示器上显示弯沉盆或弯沉峰值，打印机输出弯沉峰值及测定距离。当第一点测定完毕后，车辆前面的牵引装置以两倍于汽车行进速度的速度把测量机构拉到测定轮前方，汽车继续行进，到达下一测点时，开始第二点测定。周而复始地向前测定，汽车在整个测试过程中应保持在规定的速度范围内稳定行驶，标准的行车速度应为 3.0～3.5 km/h，在标准速度下的测试步距不应大于 10 m。

（4）数据采集。

①显示器显示弯沉盆或弯沉峰值。测定过程中按相应的功能键，显示器屏幕即可显示每一测点的总弯沉盆。当测定一段距离后，再按此键，将显示路段总弯沉均匀程度的弯沉峰值柱状图。

②打印机输出。在测定车测定工作时，应打印出测点位置和左右弯沉峰值。

（5）测定结束后，汽车停止前进，按照下列步骤收起测量机构。

①先收起导向机构。

②提起测量架机构。

③提起后支点。

④最后挂起测头。

（6）数据处理。

①测定结构应按计算区间输出计算结果。计算区间长度要根据公路等级和测试要求确定，标准的计算区间为 100 m。

②在测定时，随着打印机输出的同时，应将数据用文件方式同时记录在磁带或硬盘上，长期保存。通过计算机输出计算结果，包括了每一个计算区间的平均总弯沉值、标准差、代表总弯沉值。

③计算一个评定路段的平均总弯沉值、标准差、代表总弯沉值。

（7）自动弯沉仪与贝克曼梁弯沉对比试验步骤。

①针对不同地区选择某种路面结构的代表性路段，进行两种测定方法的对比试验，以便将自动弯沉仪测定的总弯沉换算成贝克曼梁测定的回弹弯沉值。测定路段的长度为 300～500 m，并应使测定的弯沉值有一定的变化幅度。

②对比试验步骤：

a. 采用同一辆自动弯沉仪测定车 2 使测定车型、荷载大小和轮胎作用面积完全相同；

b. 用油漆标记对比路段起点位置；

c. 用自动弯沉仪按前述的方法进行测定，同时仔细用油漆标出每一测点的位置；

d. 在每一标记位置用贝克曼梁定点测定回弹弯沉，测点范围精确至 10 cm2 以内；

e. 逐点对应计算两者的相关关系。

应当注意，自动弯沉仪测定的是总弯沉，因而和贝克曼梁测定的回弹弯沉有所不同。可通过自动弯沉仪总弯沉与贝克曼梁回弹弯沉对比试验，得到两者相关关系式，换算为回弹弯沉，用于路基、路面强度评定。

（五）试验三：落锤式弯沉仪测定路面弯沉试验方法

落锤式弯沉仪具有无破损、测速快、精度高等优点，并很好地模拟了行车荷载作用，检测结果为弯沉盆数据，因此在国际上的应用也日益广泛，其应用范围主要是在路面养护管理方面。

1. 试验目的

用于在落锤式弯沉仪标准质量的重锤落下某高度发生的冲击荷载的作用下，测定路基和路面所产生的瞬时变形，即测定在动态荷载作用下产生的动态弯沉及弯沉盆，并可由此反算路基路面各层材料的动态弹性模量，作为设计参数使用，所测结果也可用于评定道路承载能力，调查水泥混凝土路面的接缝的传力效果，探查路面板下的空洞等。

2. 工作原理

落锤式弯沉仪由拖车（包括加载系统和位移传感器）和微机控制系统（包括控制及数据采集处理部分）组成，见图 7-9。

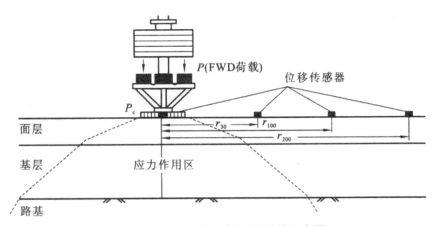

图 7-9　落锤式弯沉仪测量系统示意图

其工作原现足：在计算机控制下，把一定质量的重锤由液压传动装置提升至一定高度后自由落下，冲击力作用于承载板上并传递到路面，进而对路面施加脉冲荷载，导致路面表面产生瞬时变形，分布于距测点不同距离的传感器检测结构层表面的变形，记录系统将信号传输至计算机，即测定在动态荷载作用下产生的动态弯沉及弯沉盆。测试数据可用于反算路面结构层模量，从而科学地评价路面的承载能力。

3. 仪器设备

落锤式弯沉仪由荷载发生装置、巧沉检测装置、运算控制系统与牵引装置等组成。

（1）荷载发生装置：重锤的质量及落高根据使用目的与道路等级选择，荷载由传感器测定，如无特殊需要，重锤的质量为 200 ± 10 kg，可以采用 50 ± 2.5 kg 的冲击荷载。承载板宜为十字对称分开成 4 个部分且底部固定有橡胶片的承载板，承载板的直径为 300 mm。

（2）弯沉检测装置，由一组高精度位移传感器组成，传感器可为差动变压器式位移计（LVDT）。自中心开始，承载板沿道路纵向设置，隔开一定距离布设一组传感器，传感器总数可为 5～7 个，根据需要及设备性能决定。

（3）运算控制装置：能在冲击荷载作用的瞬间内，记录冲击荷载及各个传感器所在位置测点的动态变形。

（4）牵引装置：牵引落锤式弯沉仪并安装有运算和控制装置的车辆。

4. 评定道路承载能力的方法与步骤

（1）准备工作

1）调整重锤的质量及落高，使重锤的质量及产生的冲击荷载符合前述仪器的要求。

2）在测试路段的路基路面各层表面布置测点，其位置或距离随测试需要而定。当在路面表面测定时，测点宜布置在行车车道的轮迹带上。测试时，还可利用距离传感器定位。

3）检查落锤式弯沉仪的车况及使用性能，用手动操作检查，各项指标符合仪器规定要求。

4）将落锤式弯沉仪牵引至测定地点，将仪器打开，进入工作状态。牵引落锤式弯沉仪行驶的速度不应超过 50 km/h。

5）对位移传感器按仪器使用说明书进行标定，使之达到规定的精度要求。

（2）测定方法

1）承载板中心位置对准测点，承载板自动落下，放下弯沉装置的各个传感器。

2）启动落锤装置，落锤瞬即落下，冲击力作用于承载板上，又立即自动提升至原来位置固定。同时，各个传感器检测结构层表面变形，记录系统将位移信号输入计算机，并得到路面弯沉峰值，同时得到弯沉盆。每测点重复测定应该不少于 3 次，除去第一个测定值，取以后几次测定值的平均值为计算依据。

3）提起传感器及承载板，牵引车向前移动至下一个测点，重复上述步骤，进行测定。

5. 落锤式弯沉仪与贝克曼梁弯沉仪对比试验步骤

（1）路段选择

选择结构类型完全相同的路段，针对不同的地区选择某种路面结构的代表性路段，进行两种测定方法的对比试验，以便将落锤式弯沉仪测定的动弯沉换算成贝克曼梁弯沉仪测定的回弹弯沉值。选择的对比路段长度 300～500 m，弯沉值应有一定的变化幅度。

（2）对比试验步骤

1）采用与实际使用相同且符合要求的落锤式弯沉仪以及贝克曼梁弯沉仪测定车。落锤式弯沉仪的冲击荷载应与贝克曼梁弯沉仪测定车的后轴双轮荷载相同。

2）用油漆标记对比路段起点位置。

3）布置测点位置，用贝克曼梁定点测定回弹弯沉，测定车开走后，用粉笔以测点为圆心，在周围画一个半径为 15 cm 的圆，标明测点位置。

4）将落锤式弯沉仪的承载板对准圆圈，位置偏差不超过 30 mm，按前述的方法进行测定。两种仪器对一点弯沉测试的时间间隔不应超过 10 min。

6. 水泥混凝土路面板调查的方法与步骤

（1）在测试路段的水泥混凝土路面板表面布置测点，当为调查水泥混凝土路面接缝的传力效果时，测点布置在接缝的一侧，位移传感器分开在接缝两边布置。当为探查路面板下的空洞时，测点布置位置随测试需要而定，应在不同位置测定。

（2）按前述的方法进行测定。

7. 计算

（1）按桩号记录各测点的弯沉及弯沉盆数据，按照《公路路基路面现场测试规程》中的方法计算一个评定路段的平均值、标准差、变异系数。

（2）当为调查水泥混凝土路面接缝的传力效果时，利用分开在接缝两边布置的位移传感器测定值的差异及弯沉盆的形状，进行判断。

（3）当为探查路面板下的空洞时，利用在不同位置测定的测定值差异及弯沉盆的形状，进行判断。

8. 报告

（1）报告应包括下列内容：

①各测点的最大弯沉及弯沉盆测定数据；

②每一个评定路段全部测点弯沉的平均值、标准差、变异系数及代表弯沉。

（2）如与贝克曼梁弯沉仪进行了对比试验，还应该列出相关关系式、相关系数和换算的回弹弯沉。

二、路基路面回弹模量试验检测方法——承载板法

土基的回弹模量是公路设计中一个必不可少的参数，我国现有规范已经给出了不同的自然区划和土质的回弹模量值的推荐值，具体参见《公路沥青路面设计规范》中"土基回弹模量参考值"表。但由于土基回弹模量的改变将会影响路面设计的厚度，所以建议有条件时最好直接测定，而且随着施工质量的提高，回弹模量值的检验将会作为控制施工质量的一个重要指标。测定回弹模量的方法，目前国内常用的主要有：承载板法、贝克曼梁法和其他间接测试方法（如贯入仪测定法和 CBR 测定法）。

（一）承载板法

1. 目的和适用范围

（1）本方法适用于在现场土基表面，通过承载板对土基逐级加载、卸载的方法，测出每级荷载下相应的土基回弹变形值，经过计算求得土基回弹模量。

（2）本方法测定的土基回弹模量可以作为路面设计参数使用。

2. 仪具与材料

（1）加载设施：载有铁块或集料等重物、后轴重不小于 60 kN 的载重汽车一辆。在汽车大梁的后轴约80 cm处，附设加劲小梁一根作反力架。汽车轮胎充气压力为0.50 MPa。

（2）现场测试装置，由千斤顶、测力计（测力环或压力表）以及球座组成，如图，7-10 所示。

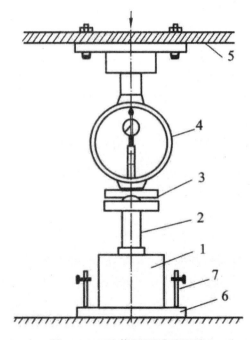

图 7-10　承载板测试装置图

1—加载千斤顶；2—钢圆筒；3—钢板及球座；
4—测力计；5—加劲横梁；6—承载板；7—立柱及支座

（3）刚性承载板一块，板厚20 mm，直径为30 cm，直径两端设有立柱和可调整高度的支座供安放弯沉仪测头，承载板放在土基表面上。

（4）路面弯沉仪两台，由贝克曼梁、百分表以及其支架组成。

（5）液压千斤顶一台，80 ～ 100 kN，装有经过标定的压力表或测力环，其容量不小于土基强度，测定精度不小于测力计量程的1/100。

（6）秒表。

（7）水平尺。

（8）其他：细砂、毛刷、垂球、镐、铁锹、铲等。

3. 试验前准备工作

（1）根据需要选择有代表性的测点，测点应该位于水平的路基上，土质均匀，不含杂物。

（2）仔细平整土基表面，撒干燥洁净的细砂填平土基凹处，砂子不可覆盖全部土基表面避免形成一层。

（3）安置承载板，并用水平尺进行校正，让承载板置于水平状态。

（4）将试验品置于测点上，在加劲小梁中部悬挂垂球测试，使之恰好对准承载板中心，然后收起垂球。

（5）在承载板上安放千斤顶，上面衬垫钢圆筒，并将球座置于顶部与加劲横梁接触。如用测力环时，应将测力环置于千斤顶与横梁中间，千斤顶及衬垫物必须保持垂直，以免加压时千斤顶倾倒发生事故并影响测试数据的精确性。

（6）安放弯沉仪，将两台弯沉仪的测头分别置于承载板立柱的支座上，百分表对零或其他合适的初始位置。

4. 测试步骤

（1）用千斤顶开始加载，注视测力环或者压力表，至预压 0.05 MPa、稳压 1 min，使承载板与土基紧密接触，同时检查百分表的工作情况是否正常，然后放松千斤顶油门卸载，稳压 1 min，将指针对零或记录初始读数。

（2）测定土基的压力－变形曲线。用千斤顶加载，采用逐级加载卸载法，用压力表或测力环控制加载量，荷载小于 0.1 MPa 时，每级增加 0.02 MPa，以后每级增加 0.04 MPa 左右。为了使加载和计算方便，加载数值可以适当调整为整数。每次加载至预定荷载后，稳定 1 min，立即读取两台弯沉仪百分表数值，然后轻轻放开千斤顶油门卸载至零，待卸载稳定 1 min 后，再次读数，每次卸载后百分表不再对零。当两台弯沉仪百分表读数之差小于平均值的 30% 时，取平均值。如超过 30%，则应重测，当回弹变形值超过 1 mm 时，即可停止加载。

（3）各级荷载的回弹变形和总变形，按以下方法计算：

回弹变形 L=（加载后读数平均值－卸载后读数平均值）× 调弯沉仪杠杆比

总变形 L′=（加载后读数平均值－加载初始前读数平均值）× 调弯沉仪杠杆比

（4）测定汽车总影响量 a。最后一次加载卸载循环结束后，取走千斤顶，重新读取百分表初读数，然后将汽车开出 10 m 以外，读取终值数，两只百分表的初、终读数差之平均值乘以弯沉仪杠杆比即为总影响量 a。

（5）在试验点下取样，测定材料含水量。取样数量如下：

最大粒径不大于 5 mm，试样数量约 120 g；

最大粒径不大于 25 mm，试样数量约 250 g；

最大粒径不大于 40 mm，试样数量约 500 g。

（6）在紧靠试验点旁边的适当的位置，用灌砂法、环刀法或者其他方法测定土基的密度。

5. 报告

试验报告应记录以下结果。

（1）试验时所采用的汽车。

（2）近期天气情况。

（3）试验时土基的含水量。

（4）土基密度及压实度。

（5）相应于各级荷载下的土基回弹模量值。

（6）土基回弹模量值。

第八章 排水与防护工程试验检测

第一节 排水与防护工程试验检测项目

一、公路排水及防护工程的分类

1. 公路排水工程的分类

公路排水分为路基地面排水、路基地下排水、路面排水、路面结构内部排水以及其他防水排水等几种类型。

（1）路基地面排水

路基地面排水指公路用地范围内除路面排水外的表面排水，包括坡面排水和相邻地带或交叉道路流入路界内的地表水的排除等。地面排水设施有坡面排水沟渠（边沟、截水沟、排水沟）和特殊排水结构物（跌水、急流槽、倒虹吸、渡水槽、蒸发池等）。通常要求其排水量较大，易于施工《排水沟一般采用由浆砌片石铺砌而成的梯形或矩形截面。

（2）路基地下排水

路基地下排水指拦截、旁引、排除地下水层的水分，降低地下水位或者疏干坡体内的地下水。地下排水设施主要有渗沟、盲洞及平孔，渗沟由浆砌片石铺砌而成，沟内填透水性粒料。

地下水的处理应与地面水的排除统一考虑，因地制宜，设置必要的地下排水设施，充分利用地面排水沟渠，把危及路基的地下渗水、泉水给予排除。

（3）路面排水

路面排水指路面和路肩范围内的表面水的排除。例如设置拦水带、中央分隔带排水等措施。

（4）路面结构内部排水

路面结构内部排水指排除通过裂缝、接缝及面层空隙下渗到路面结构（面层、基层和垫层）内部，或者由地下水或道路两侧滞水浸入路面结构内部的水分。它一般包括两部分，一部分是指沿路面边缘设置由透水性填料集水沟、纵向排水沟、横向出水管和过滤织物（土工布）组成的边缘排水系统；另一部分是指直接在面层下设置透水性排水基层，排水基层由水泥或沥青处治不含或者含少量 4.75 mm 以下细料的开级配碎石集料组成，或由未经结合料处治的开级配碎石组成。

（5）其他防水排水

其他防水排水主要指路面防水，桥面、支挡构造物及通道桥涵等构造物的排水。如挡土墙上设泄水口、排水管等措施。

2. 公路防护工程的分类

路基在水、风、冰冻等自然因素的长期作用下，经常发生变形和破坏，例如边坡的表土剥落，形成冲沟以及滑坍等。为保证边坡的稳定性，除做好排水工程外，还必须采取有效的措施，对黏土、粉砂、细砂及容易风化的岩石路基边坡，进行必要的防护与加固。

防护工程的重点是路堑边坡，尤其是地质不良与水文地质不良地段的路堑，容易受水冲刷的边坡，不稳定的山坡更应该重视。防护工程不但可以稳定路基，而且可以美化路容，提高公路的使用品质，例如植物防护可以消灭施工痕迹，使景观协调，形成良好的视觉效果。

路基防护与加固的方法，一般可分为坡面防护和冲刷防护两类。

（1）坡面防护

坡面防护包括植物防护：种草、铺草皮、植树；灰浆防护：抹面、喷浆、勾缝与灌浆，其中灰浆防护主要建筑材料即为水泥砂浆。

（2）冲刷防护

冲刷防护包括护面墙、挡土墙防护；砌石防护、混凝土预制块、土工织物防护；抛石、石笼防护等等。其中挡土墙防护的类型较多，可根据工程地质、水文地质、荷载作用等因素综合选择。挡土墙多采用片石砌体、片石混凝土或混凝土浇注而成，墙背填料宜采用透水性强的砂性土、砂砾等材料。在公路工程当中，所有砌体工程，都离不开水泥砂浆这一重要建筑材料。

二、试验检测项目

（一）施工准备阶段

施工前必须检查各种材料，包括石材、锚杆、砂、水泥、掺合料、外加剂等原材

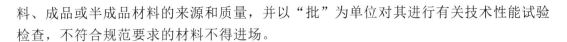

料、成品或半成品材料的来源和质量，并以"批"为单位对其进行有关技术性能试验检查，不符合规范要求的材料不得进场。

（二）施工阶段

在施工过程中，施工单位应按现行施工技术规范对施工现场进行随机取样，在实验室进行水泥混凝土配合比试验、砂浆配合比试验、岩石抗压强度试验等，同时还应现场检查各分项工程的外观和尺寸是否满足要求，评定各个分项及分部工程施工质量是否符合设计要求。

（三）施工验收阶段

根据《公路工程质量检验评定标准》和"交工验收阶段的工程质量检查与验收"规定，交工时按检查项目及频度检查验收公路面层的各项质量指标，包括水泥砂浆强度、水泥混凝土强度、沥青性能、结构位置及尺寸偏差、墙背填土压实度、锚杆拉力等。

第二节　砌体工程水泥砂浆配合比试验检测

砌体工程中水泥砂浆的用途是将砌筑块体材料（砖、石等）粘结成为整体来承担一定的外力，它具有强度高、硬化快、耐久性好的特点，适合于砌筑受力较大或潮湿环境中的砌体。砌体强度不仅取决于砌块，还取决于砂浆的强度。水泥砂浆是由水泥、细集料和水，有时也加某些掺加料或外加剂，按一定的比例配制而成。在进行砂浆配合比设计工作之前，先应对砂浆的原材料进行些必要试验检测。

一、原材料检测

（一）水泥

常用的各种水泥均可作为砂浆的胶结料，但是由于砂浆的等级较低，因此，水泥的标号不宜过高，否则水泥的用量太低，会导致砂浆的保水性不好。通常水泥的强度应为砂浆强度等级的 $4 \sim 5$ 倍为宜。此外还要对水泥标准稠度用水量、凝结时间、安定性进行试验检测，对水泥胶砂强度和水泥细度检测等相关试验，以保证满足设计或规范要求。

（二）掺加料

为提高砂浆的和易性，除水泥外，还可添加各种掺加料（如石灰、黏土和粉煤灰等）作为结合料，配制成混合砂浆，以提高质量，降低成本。

（三）细集料

细集料作为砂浆的骨料，其最大粒径不应超过灰缝的 $1/5 \sim 1/4$。石砌体所用砂浆中的砂最大粒径为 5.0 mm。为保证砂浆质量，还要限制砂中的含泥量，其质量分数不应超过 5%。

（四）水

拌制砂浆用水采用洁净的淡水或者饮用水。

（五）外加剂

为提高砂浆的和易性，节约水泥用量，必要时可以掺加适量外加剂（如减水剂）。在必要情况下，可通过外加剂水泥砂浆工作性试验测定砂浆减水率，以此测定外加剂对水泥的分散效果。

二、砂浆的技术性质

砌体工程对砂浆的质量要求包括：

①砂浆应有足够的强度，以保证砌体的强度要求。

②砂浆应具有较好的流动性，以便于砌筑，保证质量和工效。

③砂浆应具有适当的保水性，使其在存放、运输和砌筑过程中能够保持其水分而不出现明显的泌水现象。

1. 新拌砂浆的和易性

砂浆在硬化前应具有良好的和易性，与易性包括流动性和保水性。

（1）流动性

砂浆的流动性是指砂浆在自重或外力作用下流动的性能。砂浆的流动性与用水量、胶结材料的品种和用量、细集料的级配和表面特征、掺合料及外加剂的特征和用量、拌和时间等因素有关。

砂浆的流动性是用"稠度"来表示。稠度是采用稠度仪测定。测定方法是将砂浆拌和物一次装入稠度仪的容器中，稠度仪上的试锥在规定 10 s 内沉入砂浆的深度（精确至 1 mm）即为砂浆的稠度。

在选用砂浆的稠度时，可根据砌体的类型、气候条件、施工条件等因素决定。

（2）保水性

砂浆的保水性是指砂浆能保持水分的性能。砂浆在运输、静置或砌筑过程中，水分不应从砂浆中离析，并使砂浆保持必要的稠度，以便于操作，同时使砂浆正常水化，保证砌体强度。

砂浆的保水性与胶结料的类型和用量、细集料的级配、用水量以及有无掺合料和外加剂等有关。为提高保水性，可掺加适当的石灰膏、粉煤灰和微沫剂等。

砂浆的保水性采用"分层度"表示。分层度是用分层度仪测定。其方法是将已测定稠度的砂浆，一次装入高 300 mm 的分层度筒内，待装满后静置 30 min 后，去掉上节 200 mm 砂浆，测定剩余砂浆的稠度。前后测得的稠度之差即是该砂浆的分层度（以计）。

良好保水性的砂浆，其分层度应不大于 2 cm。分层度大于 2 cm 的砂浆容易离析，不便施工，但分层度小于 1 cm，硬化后容易产生干缩裂缝。

2. 硬化后砂浆的强度

砂浆硬化后应具有足够的强度。砂浆砌体中砂浆主要传递压力，所以要求砌筑砂浆应具有一定的抗压强度。砂浆抗压强度是确定其强度等级的重要依据。

砂浆的抗压强度等级是以 70.7 mm×70.7 mm×70.7 mm 的正方体试件，在标准温度（20±3）℃和规定湿度的条件下，养护 28 d 龄期平均极限抗压强度而确定。

三、水泥砂浆配合比设计

1. 水泥砂浆配合比计算

（1）水泥砂浆配合比的确定

①计算砂浆适配强度 $f_{m,0}$。

②按规程公式计算出每立方米砂浆中的水泥用量 Qc。

③按水泥用量 2。计算每立方米砂浆掺合料用量 Qd。

④确定每立方米砂浆中砂的用量 Qs。

⑤按砂浆稠度选用每立方米砂浆用水量 Qw。

⑥进行砂浆试配。

⑦确定配合比。

（2）砂浆的试配强度

$$f_{m,0} = f_2 + 0.645\sigma$$

式中：$f_{m,0}$ —— 砂浆的试配强度，精确至 0.1 MPa；

f_2—— 砂浆抗压强度平均值，精确至 0.1 MPa；

σ —— 砂浆现场强度标准差，精确至 0.1 MPa。

（3）砌筑砂浆现场强度标准差确定

①当有统计资料时，按下式计算：

$$\acute{o} = \sqrt{\frac{\sum_{i=1}^{n} f_{m,i}^2 - n\mu_{f_m}^2}{n-1}}$$

式中：$f_{m,i}$ —— 统计周期内同一个品种砂浆第 i 组试件的强度，MPa；

μ_{f_m} —— 统计周期内同一品种砂浆 n 组试件强度的平均值，MPa；

n —— 统计周期内同一品种砂浆试件的总组数，$n > 25$。

②当不具有近期统计资料时，砂浆现场强度标准差 σ 可按表 8-1 选用。

表 8-1　砂浆现场强度标准差 σ 选用值

单位：MPa

施工水平 砂浆强度等级	M2.5	M5	M7.5	M10	M15	M20
优良	0.50	1.00	1.50	2.00	3.00	4.00
一般	0.62	1.25	1.88	2.50	3.75	5.00
较差	0.75	1.50	2.25	3.00	4.50	6.00

（4）水泥用量的计算

每立方米砂浆中的水泥用量，按以下计算：

$$Q_c = \frac{1000\left(f_{m,0} - \beta\right)}{\alpha f_{ce}}$$

式中：Q_c —— 每立方米砂浆的水泥用量，精确至 1 kg；

$f_{m,0}$ —— 砂浆的试配强度，精确至 0.1 MPa；

f_{ce} —— 水泥的实测强度，精确至 0.1 MPa；

α、β —— 砂浆的特征系数，其中 α=3.03，β=-15.09。

注：各地区也可用本地区试验资料确定 α、β 值，统计用的试验组数不应少于 30 组。

（5）水泥混合砂浆的掺加料用量

$$Q_d = Q_a - Q_c$$

式中：Q_d—— 每立方米砂浆的掺加料用量，精确到 1 kg；石灰膏、黏土膏使用时的稠度为（120±5）mm；

Q_c—— 每立方米砂浆的水泥用量，精确至 1 kg；

Q_a—— 每立方米砂浆中水泥和掺加料的总量，宜在 300～350 kg，精确至 1 kg。

（6）每立方米砂浆中砂的用量

应按干燥状态（含水率小于 0.5%）堆积密度值作为计算值。

（7）每立方米砂浆中的用水量

根据砂浆稠度等要求可选用 240～310 kg。

①混合砂浆中的用水量，不包括石灰膏或黏土膏中的水。

②当采用细砂或粗砂时，用水量分别取上限或者下限。

③稠度小于 70 mm 时，用水量小于下限。

④施工现场气候炎热或干燥季节，可酌量增加用水量。

2. 水泥砂浆配合比的选用

公路工程常用水泥砂浆配合比见表8-2，试配时可以作为参考依据。

表 8-2 每立方米水泥砂浆材料用量

强度等级	水泥用量 /kg	砂子用量 /kg	用水量 /kg
M2.5～M5	200～230	1 m³ 砂子的堆积密度值	270～330
M7.5～M10	220～280		
M15	280～340		
M20	340～400		

注：①此表水泥强度等级为 32.5 级，大于 32.5 级水泥用量取下限；

②根据施工水平合理选择水泥用量；

③当采用细砂或粗砂时，用水量分别取上限或下限；

④稠度小于 70 mm 时，用水量小于下限；

⑤施工现场气候炎热或干燥季节，可酌量增加用水量；

3. 配合比试配、调整与选定

①试配时应采用工程中实际使用的材料，搅拌应符合《砂浆配合比设计规程》规定。

②按计算或查表所配得配合比进行试拌时，应该测定其拌合物的稠度和分层度，当不能满足要求时，应调整材料用量，直至符合要求，然后确定试配时的砂浆基准配合比。

③试配时至少采用 3 个不同的配合比，其中一个为砂浆基准配合比，其他配合比应按基准配合比分别增加或减少 10%。在保证稠度、分层度合格的条件下，可以将用水量或掺加料用量做相应调整。

④对 3 个不同配合比进行调整后，应按《建筑砂浆基本性能试验方法》的规定成型试件，测定砂浆强度，并选定符合试配强度要求且水泥用量最低的配合比作为砂浆配合比。

四、砂浆拌和物的取样及试样制备

①建筑砂浆试验用料应根据不同要求，从同一盘搅拌机或者同一车运送的砂浆中取出；在试验室取样时，可从机械或人工拌合的砂浆中取出。

②施工中取样进行砂浆试验时，其取样方法与原则按相应的施工验收规范执行。试样应在使用地点的砂浆槽、砂浆运送车或搅拌机出料口处至少从 3 个不同部位集取。所取试样的数量应多于试验用料的 1～2 倍。

③试验室拌制砂浆进行试验时，拌合用的材料要求提前运入室内，拌合时试验室的温度应保持在（20±5）℃。若需要模拟施工条件所用的砂浆时，试验室的温度宜

保持与施工现场一致。

④试验用水泥和其他原材料应与现场使用材料一致。水泥若有结块应充分混合均匀，以 0.9 mm 筛过筛。砂应以 5 mm 筛过筛。

⑤试验室拌制砂浆时，材料应称重计量。称量的精确度：水泥、外加剂等为 ±0.5%；砂、石灰膏、黏土膏、粉煤灰和磨细生石灰粉为 ±1%。

⑥试验室用搅拌机搅拌砂浆时，搅拌量不应少于搅拌机容量的 20%，搅拌时间不宜少于 2 min。

⑦砂浆拌合物取样后，应尽快进行试验。现场取来的试样，在试验前应经人工再翻拌，以保证其质量均匀。

五、砂浆稠度试验

1. 概述

砂浆稠度表示水泥砂浆在自重或外力作用下的流动性能，以砂浆稠度仪测得的锥体沉入深度为指标，单位以 cm 计。用砂浆稠度仪测定砂浆的稠度值就是利用在规定时间内，一定质量的试锥在重力作用下沉入砂浆的深度，用试锥的沉入度来表征砂浆的流动性。

2. 目的和适用范围

本试验适用于确定配合比或施工过程中控制砂浆的稠度，来达到控制用水量为目的。

3. 主要仪器

①砂浆稠度仪：由试锥、容器和支座 3 部分组成（如图 8-1 所示）。试锥由钢材或铜材制成，试锥高度为 145 mm，直径为 75 mm，试锥连同滑杆的重量为 300 g；盛砂浆容器由钢板制成，筒高 180 mm；容器底内径为 150 mm；支座分底座、支架以及稠度显示三部分，由铸铁、钢及其他金属制成。

②钢制捣棒：直径 10 mm、长 350 mm，端部磨圆。

③秒表等。

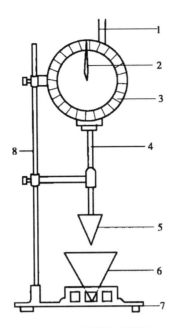

图 8-1　砂浆稠度测定仪

1—齿条测杆；2—指针；3—刻度盘；4—滑杆；
5—圆锥体；6—圆锥筒；7—底座；8—支架

4. 试验步骤

①盛浆容器和试锥表面用湿布擦干净，并且用少量润滑油轻擦滑杆后将滑杆上多余的油用吸油纸擦净，使滑杆能自由滑动。

②将砂浆拌合物一次装入容器，使砂浆表面低于容器口 10 mm 左右，用捣棒自容器中心向边缘插捣 25 次，然后轻轻将容器摇动或者敲击 5～6 下，使砂浆表面平整，随后将容器置于稠度仪的底座上。

③拧开试锥滑杆的制动螺丝，向下移动滑杆，当试锥尖端与砂浆表面刚接触时，拧紧制动螺丝，使齿条侧杆下端刚好接触滑杆上端，并将指针对准零点。

④拧开制动螺丝，同时计时，待 10 s 立即固定螺丝，将齿条测杆下端接触滑杆上端，从刻度盘上读出试锥下沉深度（精确至 1 mm）就为砂浆的稠度值。

⑤圆锥形容器内的砂浆，只允许测定一次稠度，重新测定时，应该重新取样测定之。

5. 结果处理

①取两次试验结果的算术平均值，计算精确至 1 mm。

②两次试验结果之差如大于 20 mm，则应另取砂浆搅拌后重新测定。

六、分层度试验

1. 概述

如前所述，砂浆的工作性除了要求有良好的流动性，其保水性也非常重要。保水性是指砂浆保存水分的性能。若砂浆保水性不好，在运输、静置、砌筑过程中就容易泌水、分层、离析、失水而降低流动性。同时，在砌筑时水分易被块材迅速吸收，影响胶凝材料的正常硬化，从而降低砂浆的强度。砂浆的保水性是用分层度表示。分层度的测定方法是将砂浆装入规定的容器中，测出沉入度，静置 30 min 后，再取容器下部 1/3 部分的砂浆，测其沉入度。前后两次沉入度之差即为分层度，用分层度越大，表明砂浆保水性越差。

2. 目的和适用范围

本试验适用于测定砂浆拌合物在运输以及停放时内部组分的稳定性。

3. 主要仪器

①砂浆分层度筒：内径 150 mm，上节高度 200 mm，下节带底净高为 100 mm，用金属板制成，上、下层连接处需加宽到 3～5 mm，并设有橡胶垫圈，如图8-2 所示。

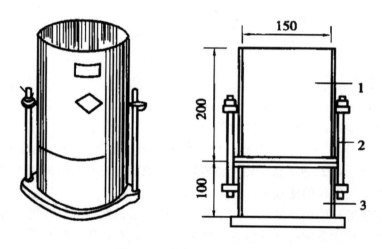

图 8-2　砂浆分层度测定仪

1—无底圆筒；2—连接螺拴；3—有底圆筒

②水泥胶砂振动台：振幅（0.85±0.05）mm，频率（50±3）Hz。
③稠度仪、木锤等。

4. 操作步骤（标准法）

①首先按前面介绍的稠度试验方法测定砂浆拌合物的稠度。
②将砂浆拌合物一次装入分层度筒内，待装满之后，用木锤在容器周围距离大致相等的 4 个不同地方轻轻敲击 1～2 下，如砂浆沉落到低于筒口，那么应随时添加，

然后刮去多余的砂浆并用抹刀抹平。

③静置 30 min 后，去掉上节 200 mm 砂浆，剩余的 100 mm 砂浆倒出放在拌合锅内中拌 2 min，再按稠度试验方法测定其稠度，前后测得的稠度之差即是该砂浆的分层度。

5. 结果处理

①取两次试验结果的算术平均值作为该砂浆的分层度值。

②两次分层度试验结果之差如大于 20 mm，则应重新测定。

七、立方体抗压强度试验

1. 目的和适用范围

本试验适于测定砂浆的立方体抗压强度。

2. 主要设备仪器

①砂浆试模：试模为 70.7 mm×70.7 mm×70.7 mm 的立方体，由铸铁或钢制成，应具有足够的刚度并拆装方便。试模的内表面应机械加工，其不平度应为每 100 mm 不超过 0.05 mm。组装后各相邻面的不垂直度不应超过 ±0.5°。

②捣棒：直径 10 mm、长 350 mm 的钢棒，端部应磨圆。

③压力试验机：采用精度（示值的相对误差）不大于 ±2% 的试验机，其量程应能使试件的预期破坏荷载值不小于全量程的 20%，也不大于全量程的 80%。

④垫板：试验机上、下压板及试件之间可垫钢垫板，垫板的尺寸应大于试件的承压面，其不平度为每 100 mm 不超过 0.025 mm。

3. 试件的制作及养护

①制作砌筑砂浆试件时，将无底试模放在预先铺有吸水性较好的纸的普通黏土砖上（砖的吸水率不小于10%，含水率不大于20%），试模内壁事先涂刷薄层机油或脱模剂。

②放于砖上的湿纸，应为湿的新闻纸（或其他未粘过胶凝材料的纸），纸的大小要以能盖过砖的四边为准，砖的使用面要求平整，凡砖的四个垂直面粘过水泥或其他胶结料后，不允许再使用。

③向试模内一次注满砂浆，用捣棒均匀由外向内按螺旋方向插捣 25 次，为了防止低稠度砂浆插捣后留下孔洞，允许用油灰刀沿模壁捅数次，让砂浆高出试模顶面 6 ～ 8 mm。

④当砂浆表面开始出现麻斑状态时（15 ～ 30 min），将高出部分的砂浆沿试模顶面削去抹平。

⑤试件制作后应在（20±5）℃温度环境下停置一昼夜（24±2）h，当气温较低时，可适当延长时间，但不应超过两昼夜，然后对试件进行编号并拆模。试件拆模后，应在标准养护条件下，继续养护至 28 d，然后进行试压。

⑥标准养护的条件：

a. 水泥混合砂浆应为（20±3）℃，相对湿度60% ～ 80%；

b. 水泥砂浆和微沫砂浆应为温度（20±3）℃，相对湿度 90% 以上；

c. 养护期间，试件彼此间隔不少于 10 mm。

4. 试验步骤

①试件从养护地点取出后，应尽快进行试验，来避免试件内部的温湿度发生显著变化。试验前先将试件擦拭干净，测量尺寸，并检查其外观。试件尺寸测量精确至 1 mm，并据此计算试件的承压面积。如实测尺寸与公称尺寸之差不超过 1 mm，可按公称尺寸进行计算。

②将试件安放在试验机的下压板上（或下垫板上），试件的承压面应与成型时的顶面垂直，试件中心应与试验机下压板（或下垫板）的中心对准。开动试验机，当上压板与试件（或上垫板）接触时，调整球座，使接触面均匀受压。承压试验应连续而均匀地加载，加载速度为每秒钟 0.5 ～ 1.5 kN（砂浆强度 5 MPa 及其以下时，取下限为宜；砂浆强度 5 MPa 以上时，取上限为宜），当试件接近破坏但开始迅速变形时，停止调整试验机油门，直至试件破坏，之后记录破坏荷载。

5. 结果处理

砂浆立方体抗压强度按下式计算：

$$f_{m,cu} = \frac{N_u}{A}$$

式中：$f_{m,cu}$ —— 砂浆立方体抗压强度，MPa；

N_u —— 砂浆立方体破坏压力，N；

A—— 试件地承压面机，mm^2。

砂浆立方体抗压强度计算应精确至 0.1 MPa。

以 6 个试件测值的算术平均值作为该组试件的抗压强度值，平均值计算精确至 0.1 MPa。当 6 个试件的最大值或最小值与平均值之差超过 20% 时，用中间 4 个试件的平均值作为该组试件的抗压强度值。

第三节　砌体石料质量要求与试验检测

一、石料的分类与分级

石料按其造岩矿物的成分、含量以及组织结构来确定岩石名称，然后划分其所属岩类。公路工程按照石料技术要求的不同，分为岩浆岩类、石灰岩类、砂岩和片岩类、砾石岩 4 大类。每一类岩石按照技术性质分为 4 个等级，不同矿物组成的岩石技术性质有所不同。

在实际中，要确定石料的技术等级，首先通过分析岩石的矿物成分、含量以及组织结构，确定岩石的名称，从而确定岩石的类别；其次是进行极限抗压强度和磨耗率试验，根据强度和磨耗率指标就可确定石料的技术等级。

二、石料的技术标准

石材主要来源于重质岩石和轻质岩石。花岗岩、石灰石、砂石属于重质岩石，其表观密度大于 1.8 kg/cm3。这类岩石抗压强度高，抗冻性、抗水性、抗气性较好，通常用于建筑物的基础、挡土墙等。凝灰岩、贝壳灰岩属于轻质岩石，其表现密度小于 1.8 kg/cm3，抗压强度低，耐久性差，但是易开采和加工，导热系数小，因此用于墙体较为适宜。

石料的技术标准主要包括极限抗压强度和磨耗率。用这两项指标就可以确定石料的技术等级和适用性。

石料的极限抗压强度试验用于测定试件处于饱水状态下的极限抗压强度；磨耗率应以洛杉矶磨耗机测定结果为准，在无该机时，方可用狄法儿磨耗机来测定。石料抵抗摩擦、撞击和边缘剪切等联合作用的性能叫做石料的抗磨耗性。而磨耗率可以通过磨耗试验来测定。磨耗试验是采用规定粗度和数量的碎石在标准的磨耗机中，经旋转一定次数后，以其损失的百分率表示。

三、石料质量要求

排水和防护工程中使用的石料主要用于砌体工程，如管道基础、检查井砌筑、浆砌排水沟和挡土墙以及护坡等。

石料应符合设计规定的类别和强度等级，石质应均匀、不易风化、无裂缝并具有良好的抗冻性。

1. 石料制品的规格和几何尺寸

（1）片石

一般为爆破法开采的石块，其厚度不应小于 15 cm（卵形和薄片者不得使用）；用于镶面的片石，表面应比较平整，尺寸较大者应该稍作凿整。

（2）块石

形状大致方正，上下面大致平整，厚度在 20～30 cm，宽度一般为厚度的 1～1.5 倍，长度为厚度的 1.5～3.0 倍。

（3）粗料石

形状大致成六面体，厚度在 20～30 cm，宽度一般为厚度的 1～1.5 倍，长度为厚度的 2.5～4.0 倍，其表面凹陷深度不大于 2 cm。

2. 石料的物理性质

（1）含水率

由于岩石的特殊情况，除软岩以外，岩石的含水率一般都不是很大，且不同的含水率对其力学特性影响也不是很大而对于软岩，由于岩石中含有的矿物成分中大部分都是黏土矿物，因此，含水率对其力学特性有很大影响。

（2）岩石密度

岩石的密度（颗粒密度）是选择建筑材料、研究岩石风化、评价地基基础工程的岩体稳定性及确定围岩压力等必须的指标。

（3）毛体积密度

岩石的物理常数（颗粒密度、毛体积密度和孔隙率）不但反映岩石的内部组成结构状态，而且能间接地反映岩石的力学性质（例如相同矿物组成的岩石，孔隙率越低，其强度越高）。在公路系统中，岩石毛体积（块体）密度试验，绝大多数单位采用水中称量法，少数用量积法，而蜡封法只在特殊情况下采用。

（4）吸水性

岩石的吸水性用吸水率和饱和吸水率表示。岩石的吸水率和饱和吸水率能有效地反映岩石微裂隙的发育程度，可用来判断岩石的抗冻和抗风化等性能。岩石吸水率采用自由吸水法测定，饱和吸水率采用煮沸法或者真空抽气法测定。

（5）膨胀性

对具有黏土矿物的岩层，必须了解岩石的膨胀特性，以便控制开挖过程中地下水对岩层、岩体的影响。岩石膨胀性试验包括岩石自由膨胀率试验、岩石侧向约束膨胀率试验和岩石膨胀压力试验。

（6）耐崩解性

耐崩解性试验的目的是确定岩石试样在一定条件下的崩解量、崩解指数、崩解时间和崩解状况。崩解指数主要是用于岩石分类。该试验主要适用于质地疏松岩石、风化岩石、黏土岩类岩石等。

3. 石料的力学性质

（1）单轴抗压强度

岩石的抗压强度是反映岩石力学性质的主要指标之一，它在岩体工程分类、建筑材料选择及工程岩体稳定性评价中都是必不可少的指标。试验研究表明，岩石的抗压强度受一系列因素的影响与控制。这些因素包括两个方面：一方面是岩石本身方面的因素，如矿物组成、结构构造及含水状态等；另一方面是试验条件，试件形状、大小、高径比及加工精度和加荷速率等。

（2）弹性模量和泊松比

岩石单轴压缩变形试验是为了测定试件在单轴压缩应力条件下的纵向应变值及横向应变值，据此计算岩石的弹性模量和泊松比。岩石由单轴压缩变形试验求得的弹性模量和泊松比是岩石变形特性的最基本参数，尤其是在采用各种数值计算方法评价岩体的稳定性和分析岩体内的应力分布时，显得更为重要。

（3）劈裂强度

在工程实践中，石料中通常不允许出现拉应力，但拉断破坏仍是工程岩体主要的破坏方式之一，而且岩石抵抗拉应力的能力最低。测定岩石抗拉强度的方法，有直接拉伸法和间接拉伸法两种。由于直接法的试件制备困难和试验技术的复杂性，目前多采用间接法（即劈裂法），所得到的强度称为劈裂强度。

（4）抗剪强度（直剪试验）

岩石受剪力作用时抵抗剪切破坏的最大剪应力，称作剪切强度。岩石的剪切强度与土一样，也是由凝聚力和内摩擦阻力两部分组成的，只是它们都比土大些，这与岩石具有牢固的联结有关。

（5）抗折强度

抗折强度是评价石板、条石等建筑材料的主要力学指标。

4. 石料的耐久性

（1）抗冻性

岩石的抗冻性是用来评估岩石在饱和状态下经受规定次数的冻融循环后抵抗破坏的能力，岩石抗冻性对于不同的工程环境气候有不同的要求。

岩石抗冻性试验是试件在浸水条件下，经过多次冻结与融化交替作用后测定试件的质量损失率以及单轴饱水抗压强度的变化。岩石的抗冻性用两个直接指标表示，一个为冻融系数，另一个为质量损失率。冻融系数是冻融试验后的试件饱水抗压强度与冻融试验前的试件饱水抗压强度的比值，质量损失率是冻融试验前后的干试件质量差与冻融试验前干试件质量的比值，二者都用百分数表示。岩石的抗冻性主要取决于岩石中大开口孔隙的发育情况、亲水性及可溶性矿物的含量及矿物颗粒间的连接力。

（2）坚固性

坚固性试验是确定岩石试样经饱和硫酸钠溶液多次浸泡与烘干循环后而不发生显著破坏或强度降低的性能，是测定岩石抗冻性的一种简易方法。该试验一般适用于质地坚硬的岩石。有条件者则均应采用直接冻融法进行岩石的抗冻性试验。

下面将详细介绍砌体石料的一些常规检测方法。

四、毛体积密度试验（水中称量法）

1. 概述

岩石的毛体积密度（块体密度）是一个间接反映岩石致密程度、孔隙发育程度的参数，也是评价工程岩体稳定性及确定围岩压力等必须的指标。根据岩石含水状态，毛体积密度可分为干密度、饱和密度和天然密度。

岩石毛体积密度试验可以分为量积法、水中称量法和蜡封法。量积法适用于能制备成规则试件的各类岩石；水中称量法适用于除遇水崩解、溶解和干缩湿胀外的其他各类岩石；蜡封法适用于不能用量积法或直接在水中称量进行试验的岩石。这里仅介绍常用的水中称量法。

2. 目的和适用范围

水中称量法是测定遇水不崩解、不易溶解和无干缩湿胀性的坚硬岩石在规定条件下，石料单位体积（含开口和闭口孔隙）的质量，并为计算石料孔隙率提供依据。

3. 仪器设备

①切石机、钻石机及磨石机等岩石试件加工设备
②天平：感量 0.01 g，称量大于 500 g。
③烘箱：能使温度控制在 105 ～ 110 ℃。
④水中称量装置。

4. 试件制备

①水中称量法试件应符合下列规定：试件可采用规则或不规则形状，试件尺寸应大于组成岩石最大颗粒粒径的 10 倍，每个试件质量不宜小于 150 g。
②试件数量：同一含水状态，每个组不得少于 3 个。

5. 水中称量法试验步骤

①测天然密度时，应取有代表性的岩石制备试件并称量；测干密度时，将试件放入烘箱，在 105 ～ 110 ℃下烘至恒量，烘干时间通常为 12 ～ 24 h。取出试件置于干燥器内冷却至室温后，称干试件质量。
②将干试件浸入水中进行饱和，饱和方法可依岩石性质选用煮沸法或真空抽气法。试件的饱和过程和称量，应符合《公路工程岩石试验规程》的规定。
③取出饱和浸水试件，用湿纱布擦去试件表面水分，立即称其质量。
④将试样放在水中称量装置的丝网上，称取试样在水中的质量（丝网在水中质量可事先用砝码平衡）。在称量过程中，称量装置的液面应始终保持同一高度，并记下水温。
⑤本试验称量精确至 0.01 g。

五、单轴抗压强度试验

1. 概述

本试验测定饱和状态下的岩石立方体（或圆柱体）试件的抗压强度，用以评定岩石强度（包括碎石或卵石的原始岩石强度）。

石材的大小和规格不一，鉴于圆形试件具有轴对称特性，应力分布均匀，而且试件可直接取自钻孔岩芯，在室内加工程序简单，因此规定：作为地基基础的岩石试验，岩石的单轴抗压强度推荐以直径为（50±2）mm，高度与直径之比值为 2∶1 圆柱体试件作为标准试件；作为砌体工程及桥梁工程的石料试验，岩石的单轴抗压强度推荐边长为（70±2）mm 的立方体试件作为标准试件；作为路面工程的石料试验，岩石的单轴抗压强度推荐边长为（50±2）mm 的立方体试件或者直径和高均为（50±2）mm 的圆柱体试件作为标准试件。

2. 目的和适用范围

单轴抗压强度试验是测定规则形状岩石试件单轴抗压强度的方法，主要用于岩石的强度分级和岩性描述。

在某些情况下，试件含水态可根据需要选择天然状态、烘干状态或者冻融循环后状态。试件的含水状态要在试验报告中注明。

3. 仪器设备

①压力试验机或万能试验机。

②钻石机、切石机、磨石机等岩石试件加工设备

③烘箱、干燥器、游标卡尺、角尺及水池等。

4. 试件制备

①建筑地基的岩石试验，采用圆柱体作为标准试件，直径为（50±2）mm、高径比为2：1。每组试件共6个。

②桥梁工程用的石料试验，采用立方体试件，边长为（70±2）mm。每组试件共6个。

③路面工程用的石料试验，采用圆柱体或者立方体试件，其直径或边长和高均为（50±2）mm。每组试件共6个。

有显著层理的岩石，分别沿平行和垂直层理方向各取试件6个。试件上、下端面应平行并磨平，试件端面的平面度公差应小于0.05 mm，端面对于试件轴线垂直度偏差不应超过0.25%

5. 试验步骤

①用游标卡尺量取试件尺寸（精确至0.1 mm）。对于立方体试件在顶面和底面上各量取其边长，以各个面上相互平行的两个边长的算术平均值计算其承压面积；对于圆柱体试件在顶面和底面分别测量两个相互正交的直径，并以其各自的算术平均值分别计算底面和顶面的面积，取其顶面和底面面积的算术平均值作为计算抗压强度所用的截面积。

②对试件进行饱水处理。饱水处理方法为：将试件置于盛水容器内，先注水至试件高度的1/4处，以后每隔2 h分别注水至试件高度的1/2和3/4处，6 h后将水加至试件顶面20 mm以上，以利试件内空气逸出。试件全部被水淹没后再自由吸水48 h。

③试件自由浸水48 h后取出，擦干表面。按岩石强度性质，选定合适的压力机。将试件置于压力机的承压板中央，对正上、下承压板，不得偏心。

④以0.5～1.0 MPa/s的速率进行加荷直至破坏，记录破坏荷载以及加载过程中出现的现象。抗压试件试验的最大荷载以N为单位，精度1%。

6. 岩石抗压强度计算

岩石抗压强度以下式计算：

$$R = \frac{P}{A}$$

式中：R—— 岩石的抗压强度，MPa；

P —— 试件破坏时的荷载，N；

A —— 试件的截面积，mm^2。

单轴抗压强度试验结果应同时列出每个试件的试验值及同组岩石单轴抗压强度的平均值；有显著层理的岩石，分别报告垂直与平行层理方向的试件强度的平均值。计算值精确至 0.1 MPa，3 个试件平行测定，取算术平均值；3 个值中最大值与最小值之差不应超过平均值的 20%，否则，应另取第 4 个试件，并在 4 个试件中取最接近的 3 个值的平均值作为试验结果，同时在报告当中将 4 个值全部写出。

六、单轴压缩变形试验

1. 概述

弹性模量是轴向应力与轴向应变之比，泊松比是在弹性模量相对应条件下的径向应变与轴向应变之比。岩石的弹性模量和泊松比由单抽压缩变形试验求得。但是，单轴压缩变形试验并不像岩石单轴抗压强度对某些因素那么敏感，且并不具有很明显的规律性。所以在实际的工程中，岩石的平均弹性模量和岩石的割线模量（亦称变形模量，是应力应变曲线原点与岩石单轴抗压强度值的 50% 时的点连线的斜率）以及与其各自相对应的泊松比应用最多。本试验就是为测得岩石的割线模量和其各自相对应的泊松比。

2. 目的和适用范围

岩石单轴压缩变形试验用于测定岩石试件在单轴压缩应力条件下的轴向及径向应变值，据此算出岩石的弹性模量和泊松比。

本试验可分为电阻应变仪法和千分表法，适用于能制成规则试件的各类岩石。坚硬和较坚硬的岩石应采用电阻应变仪法，较软岩石应采用千分表法。

3. 仪器设备

①钻石机、锯石机、磨石机等岩石试件加工设备。

②惠斯顿电桥、万用表、兆欧表、千分表。

③电阻应变仪。

④电阻应变片（丝栅长度大于 15 mm）及粘贴电阻应变片用的各种工具及黏结剂等。

⑤压力试验机或万能试验机。

⑥其他设备：金属屏蔽线、恒温烘箱以及其他试件加工设备。

4. 试件制备

①从岩石试样中制取直径为（50±2）mm、高径比为 2∶1 的圆柱体试件。

②试件含水状态可根据需要选择天然含水状态、烘干状态和饱和状态。试件烘干和饱和状态应符合相关规程的规定。

③同一含水状态下每组试件数量不应少于 6 个。

④试件上、下端面应平行并磨平。试件端面的平面度公差应该小于 0.05 mm，端

面对于试件轴线垂直度偏差不应超过 0.25°。

5. 试验步骤（电阻应变仪法）

①选择电阻应变片：应变片栅长应大于岩石矿物最大颗粒粒径的 10 倍，小于试件半径。同一组试件的工作片与温度补偿片的规格及灵敏度系数应相同，电阻值允许偏差为 ±0.1Ω。

②贴电阻应变片：试件以相对面为一组，分别贴纵向和横向应变片（如只求弹性模量而不求泊松比，则仅需贴纵向的一对即可），数量均不应少于两片，且贴片位置应尽量避开裂隙或斑晶。贴片前先将试件的贴片部位用 0 号砂纸斜向擦毛，用丙酮擦洗，均匀地涂一层防潮胶液，厚度不应大于 0.1 mm，面积约为 20 mm×30 mm，再使应变片牢固地贴在试件上。

③焊接导线：将各应变片的线头分别焊接导线，并且用白胶布贴在导线上，标明编号。焊接时注意：焊接宜用液态松香和金属屏蔽线，以免产生磁场互相干扰；电阻应变仪应与压力试验机靠近些，减少导线长度；导线焊好后要固定，以免拉脱。系统绝缘电阻值应大于 200 MΩ。

④按所用的电阻应变仪的使用说明书进行操作，接电源并检查电压，调整灵敏系数；将试件测量导线接好，放在压力试验机球座上；接温度补偿电阻应变片，贴温度补偿电阻应变片的试件应是试验试件的同组试件，并放在试验试件的附近；粘贴温度补偿应变片的操作程序要求尽量与工作应变片相同。

⑤将试件反复预压 2～3 次，加荷压力约为岩石极限强度的 15%。

⑥按规定的加载方式和载荷分级，加荷速度应为 0.5～1.0 MPa/s，逐级测读载荷与应变值，直至试件破坏。测值读数不应少于 10 组。

⑦记录加载过程及破坏时出现的现象，对于破坏后的试件进行描述。

七、抗冻性能试验

1. 概述

岩石的抗冻性试验是指试件在浸水条件下，经多次冻结与融化交替作用后测定试件的质量损失率以及单轴饱水抗压强度的变化的试验。岩石的抗冻性用两个直接指标表示，一个为冻融系数，另一个为质量损失率。冻融系数是冻融试验后的试件饱水抗压强度与冻融试验前的试件饱水抗压强度的比值，质量损失率是冻融试验前后的干试件质量差与冻融试验前干试件质量的比值，二者都用百分数表示。

2. 目的和适用范围

岩石的抗冻性是用来评估岩石在饱和状态下经受规定次数的冻融循环之后抵抗破坏的能力，岩石抗冻性对于不同的工程环境气候有不同的要求。冻融次数：严寒地区（最冷月的月平均气温低于 -15 ℃）为 25 次；寒冷地区（最冷月的月平均气温低于 -15～-5 ℃）为 25 次。凡寒冷地区的工程，均应进行岩石的抗冻性试验。

3. 仪器设备

①切石机、钻石机及磨石机等岩石试件加工设备。

②冰箱：温度能控制在 -15 ~ -20℃。

③天平：感量 0.01 g，称量大于 500 g。

④放大镜。

⑤烘箱：能使温度控制在 105 ~ 110℃。

4. 试件制备

①将石料试样制成直径和高均为 50 mm 的圆柱体或者边长为 50 mm 的正方体试件，石质均匀。

②每组试件不应少于 3 个，此外再制备同样试件 3 个，用于做冻融系数试验。

5. 试验步骤

①将试件编号，用放大镜详细检查，并作外观描述。然后量出每个试件的尺寸，计算受压面积。将试件放入烘箱，在 105 ~ 110℃下烘至恒量，烘干时间一般为 12 ~ 24 h，待在干燥器内冷却至室温后取出，立即称其质量，精确至 0.01 g（以下皆同此）。

②按饱水率试验方法，让试件自由吸水饱和，然后取出擦去表面水分，放在铁盘中，试件与试件之间应留有一定间距。

③待冰箱温度下降到 -15℃以下时，将铁盘连同试件一起放入冰箱，并立即开始记时。

冻结 4 h 后取出试件，放入（20±5）℃的水中融解 4 h，如此反复冻融至规定次数为止。

④每隔一定的冻融循环次数（如 10 次、15 次、25 次等），详细地检查各试件有无剥落、裂缝、分层及掉角等现象，并记录检查情况。

⑤称量冻融试验后的试件饱水质量并将其烘干至恒量，再称其质量。按抗压强度试验方法测定冻融试验之后的试件饱水抗压强度，另外取 3 个未经冻融试验的试件测定其饱水抗压强度。

6. 质量损失计算

计算岩石冻融后的质量损失率，其结果精确至 0.1%：

$$L = \frac{m_s - m_f}{m_k} \times 100$$

式中：L—— 冻融后的质量损失率，%；

m_s —— 试验前烘干试件的质量，g；

m_f —— 试验后烘干试件的质量，g。

冻融后的质量损失率取 3 个试件计算结果的算术平均值。

7. 冻融系数计算

试件经冻融试验后的抗压强度与冻融试验前的抗压强度的比值称作冻融系数，冻融系数按下式计算：

$$K_f = \frac{R_f}{R_s}$$

式中：K_f —— 冻融系数（精确至 0.01）；

R_f —— 经若干次冻融试验后的试件饱水抗压强度，MPa；

R_s —— 未经冻融试验的试件饱水抗压强度，MPa。

8. 评定指标

判断岩石抗冻性能好坏有 3 个指标，即冻融后强度变化、质量损失和外形变化。一般认为，冻融系数大于 75%，质量损失率小于 2% 时，为抗冻性好的岩石。吸水率小于 0.5%，软化系数大于 0.75 以及饱水系数小于 0.8 的岩石，具有足够的抗冻能力。

八、吸水性试验

1. 目的和适用范围

岩石吸水率采用自由吸水法测定，饱和吸水率采用煮沸法或真空抽气法测定。本试验适用于遇水不崩解、不溶解或者不干缩湿胀的岩石。

2. 仪器设备

①切石机、钻石机、磨石机等岩石试件加工设备。

②天平：感量 0.01 g，称量大于 500 g。

③烘箱：能使温度控制在 105 ～ 110℃。

④抽气设备：抽气机、水银压力计、真空干燥器、净气瓶。

⑤煮沸水槽。

3. 试件制备

①规则试样：试件尺寸应符合规程规定。

②不规则试件宜采用边长或直径为 40 ～ 500 mm 的浑圆形岩块。

③每组试件至少 3 个；岩石组织不均匀者，每组试件不应少于 5 个。

4. 试验步骤

①将试件放入温度为 105-110℃的烘箱内烘至恒量，烘干时间通常为 12 ～ 24 h，取出置于干燥器内冷却至室温（20±2）℃，称其质量，精确至 0.01 g（后同）。

②将称量后的试件置于盛水容器内，先注水至试件高度的 1/4 处，以后每隔 2 h 分别注水至试件高度的 1/2 和 3/4 处，6 h 后将水加至高出试件顶面 20 mm，以利试件内空气逸出。试件全部被水淹没后再自由吸水 48 h。

③取出浸水试件，用湿纱布擦去试件表面水分，立即称其质量。

④试件强制饱和，任选如下一种方法：

a. 用煮沸法饱和试件：将称量后的试件放入水槽，注水至试件高度的一半，静置 2 h。再加水使试件浸没，煮沸 6 h 以上，并保持水的深度不变。煮沸停止后静置水槽，待其冷却，取出试件，用湿纱布擦去表面水分，立即称作其质量。

b. 用真空抽气法饱和试件：将称量后的试件置于真空干燥器中，注入洁净水，水面高出试

件顶面 20 mm，开动抽气机，抽气时真空压力需达 100 kPa，保持此真空状态直至无气泡发生时为止（不少于 4 h）。经真空抽气的试件应放置在原容器中，在大气压力下静置 4 h，取出试件，用湿纱布擦去表面水分，立即称作其质量。

第四节　排水与防护砌体工程质量评定

一、排水工程质量评定

1．一般规定

①排水工程应按设计要求及施工规范的规定施工，依照实际地形，选择合适的位置，将地面水和地下水排出路基以外。

②这里中土沟和浆砌排水沟均包括边沟、截水沟、排水沟等。

③跌水、急流槽、水簸箕等其他排水工程可按照浆砌排水沟的标准进行评定。

④路面拦水带纳入路缘石分项工程，排水基层可按照路面工程的标准进行评定。

⑤沟槽回填土应符合设计要求及施工规范的规定。

⑥排水泵站明开挖基础可按照砌体或混凝土浇筑的标准进行评定。

⑦钢筋混凝土构件包含钢筋加工及安装分项工程，预应力混凝土构件包括预应力钢筋的加工和张拉分项工程。

2．工程质量评分方法

工程质量检验评分以分项工程为单元，采用 100 分制进行。在分项工程评分的基础上，逐级计算各相应分部工程、单位工程、合同段及建设项目评分值。

（1）分项工程质量评分

分项工程质量检验内容包括基本要求、实测项目、外观鉴定和质量保证资料 4 个部分。只有在其使用的原材料、半成品、成品及施工工艺符合基本规定，且无严重外观缺陷和质量保证资料真实并基本齐全时，才能对分项工程质量进行检验评定。

涉及结构安全和使用功能的重要实测项目为关键项目（在文中以"△"标识），其合格率不得低于 90%（属于工厂加工制造的交通工程安全设施及桥梁金属构件不低于 95%，机电工程为 100%），且检测值不得超过规定极值，否则须进行返工处理。

实测项目的规定极值是指任一单个检测值都不能突破的极限值，不符合要求时该

实测项目为不合格。

分项工程的评分值满分为 100 分，按实测项目采用加权平均法计算。存在外观缺陷或资料不全时，应予减分。

3. 工程质量等级评定

（1）分项工程质量等级评定

分项工程评分值不小于 75 分者为合格，小于 75 分者为不合格；机电工程、属于工厂加工制造的桥梁金属构件不小于 90 分者为合格，小于 90 分者为不合格。

评定为不合格的分项工程，经加固、补强或返工、调测，满足设计要求后，可以重新评定其质量等级，但是计算分部工程评分值时按其复评分值的 90% 计算。

（2）分部工程质量等级评定

所属各分项工程全部合格，则该分部工程评为合格；所属任一分项工程不合格，则该分部工程为不合格。

（3）单位工程质量等级评定

所属各分部工程全部合格，则该单位工程评为合格；所属任一分部工程不合格，则该单位工程为不合格。

（4）合同段和建设项目质量等级评定

合同段和建设项目所含单位工程全部合格，他的工程质量等级为合格；所属任一单位工程不合格，则合同段和建设项目为不合格。

具体分项工程和分部工程质量评定内容请详见《公路工程质量检验评定标准》。

二、挡土墙、防护坡及其他砌筑工程质量评定一般规定

①对砌体挡土墙，当平均墙高小于 6 m 或墙身面积小于 1 200 m² 时，每处可作为分项工程进行评定；当平均墙高达到或超过 6 m 并且墙身面积不小于 1 200 m² 时，为大型挡土墙，每处应作为分部工程进行评定。

②悬臂式和扶臂式挡土墙，桩板式、锚杆、锚碇板和加筋土挡土墙应作为分部工程进行评定。

③丁坝、护岸可参照挡土墙的标准进行评定。

④这里砌石工程的标准可用于桥梁工程及这里未列出名称的其他砌石构造物的评定。

⑤钢筋混凝土结构或构件，均应包含钢筋加工以及安装分项工程，其评定见桥梁工程中的相关标准。

第九章　路面基层工程施工

第一节　水泥稳定土基层施工

一、概述

在粉碎的或原来松散的土中掺入足量的水泥和水，经拌和、压实以及养生后得到的混合料，当其抗压强度符合规定的要求时，称为"水泥稳定土"。它既包括用水泥稳定各种细粒土，也包括用水泥稳定各种中粒土和粗粒土。其中细粒土是指颗粒的最大粒径小于 9.5 mm，且其中小于 2.36 mm 的颗粒含量不少于 90%；中粒土是指颗粒的最大粒径小于 26.5 mm，且其中小于 19 mm 的颗粒含量不少于 90%；粗粒土是指颗粒的最大粒径小于 37.5 mm，且其中小于 31.5 mm 的颗粒含量不少于 90%。

水泥稳定土有良好的力学性能和板体性。它的水稳性和抗冻性都较石灰稳定土好，水泥稳定土的初期强度高，并且其强度随龄期而增长。它的力学强度可视需要进行调整，但在干缩、冷缩等因素下易产生裂缝。水泥稳定土可适用于各种交通类型道路的基层和底基层，特别在重交通道路和高速道路上，更加显示其优越性。

二、水泥稳定土的材料要求

1. 土

（1）凡能被粉碎的土都可用水泥稳定。应作为水泥稳定类基层的材料有级配碎石、未筛分碎石、沙砾、碎石土、沙砾土、煤矸石和各种粒状矿渣。碎石包括岩石碎石、矿渣碎石、破碎砾石等。碎石或砾石的压碎值对高速公路和一级公路应不大于 30%，对于二级和二级以下公路应不大于 35%。

（2）对于二级和二级以下公路，当用水泥稳定土做底基层时，单个颗粒的最大粒径不应超过 53 mm（方孔筛），土的颗粒组成应符合表 9-1 的规定；用水泥稳定土做基层时，单个颗粒的最大粒径不应超过 37.5 mm（方孔筛），土的颗粒组成应符合表 9-2 的规定。对于高速公路与一级公路，用水泥稳定土做底基层时，单个颗粒的最大粒径不应超过 37.5 mm，水泥稳定土的颗粒组成应在表 9-3 中所列 1 号级配范围内；用水泥稳定土做基层时，单个颗粒的最大粒径不应超过 31.5 mm，水泥稳定土的颗粒组成应在表 9-3 中所列 3 号级配范围内；对中粒土、粗粒土，采用表 9-3 中 2 号级配。土的均匀系数（土的均匀系数为通过量 60% 的筛孔尺寸和通过量 10% 的筛孔尺寸的比值）应大于 5，实际工作中，宜选用均匀系数大于 10，塑性指数小于 12 的土。

表 9-1　用水泥稳定土做底基层时的颗粒组成范围

筛孔尺寸（mm）	53	4.75	0.6	0.075	0.002
通过质量百分率（%）	100	50 ～ 100	17 ～ 100	0 ～ 50	0 ～ 30

表 9-2　用水泥稳定土做基层时的颗粒组成范围

筛孔尺寸（mm）	通过质量百分率（%）	筛孔尺寸（mm）	通过质量百分率（%）
37.5	90 ～ 100	2.36	20 ～ 70
26.5	66 ～ 100	1.18	14 ～ 57
19	54 ～ 100	0.6	8 ～ 47
9.5	39 ～ 100	0.075	0 ～ 30
4.75	28 ～ 84	—	—

表 9-3 水泥稳定土的颗粒组成范围

项目 通过质量（%） 编号		1	2	3
筛孔尺寸 （mm）	37.5	100	100	–
	31.5	–	90～100	100
	26.5	–	–	90～100
	19	–	67～90	72～89
	9.5	–	45～68	47～67
	4.75	50～100	29～50	29～49
	2.36	–	18～38	17～35
	0.6	17～100	8～22	8～22
	0.075	0～30	0～7	0～7
液限（%）		–	–	＜28
塑性指数		–	–	＜9

2. 水泥

普通硅酸盐水泥、矿渣硅酸盐水泥和火山灰质硅酸盐水泥都可用于稳定土，但应选用初凝时间在 3 h 以上和终凝时间较长的水泥，不应该使用快硬水泥、早强水泥以及已受潮变质的水泥。

3. 水

凡饮用水均可以用于水泥稳定土的施工。

三、混合料的组成设计

1. 强度和压实标准

水泥稳定土的 7 天无侧限抗压强度与压实度应根据公路等级和所在路面结构中的层位确定，应该符合表 9-4 的规定。

表 9-4 水泥混合料的抗压强度和压实标准

使用层次	高速公路和一级公路		二级和二级以下公路	
	抗压强度（MPa）	压实度（%）	抗压强度（MPa）	压实度（%）
基层	3～5	98	2.5～3	中、粗粒 ±97，细粒 ±93
底基层	1.5～2.5	中、粗粒 ±97，细粒 ±95	1.5～2.0	中、粗粒 ±95，细粒 ±93

2. 设计步骤

（1）制备同一种土样、不同水泥剂量的混合料，通常按下列水泥剂量配制。

1）做基层用

中粒土和粗粒土：3%，4%，5%，6%，7%（若要求用做基层的混合料有较高强度时，水泥剂量可用 4%，5%，6%，7%，8%）；

塑性指数小于 12 的细粒土：5%，7%，8%，9%，11%；

其他细粒土：8%，10%，12%，14%，16%。

2）做底基层用

中粒土和粗粒土：3%，4%，5%，6%，7%；

塑性指数小于 12 的细粒土：4%，5%，6%，7%，9%；

其他细粒土：6%，8%，9%，10%，12%。

（2）确定混合料的最佳含水量和最大干（压实）密度。至少应做三个不同水泥剂量混合料的压实试验，即最小剂量、中间剂量和最大剂量。其他两个剂量混合料的最佳含水量和最大干密度用内插法确定。

（3）按规定压实度分别计算不同水泥剂量的试件应该有的干密度。

（4）按最佳含水量和计算所得的干密度制备试件。进行强度试验时试件数量不应少于表 9-5 的规定。

表 9-5　最少试件数量

项目 试件数量 偏差 系数	< 10%	10% ～ 15%	15% ～ 20%
细粒土	6	9	—
中粒土	6	9	13
粗粒土	—	9	13

（5）试件在规定温度下保湿养生 6 d，浸水 24 h 之后，按《公路工程无机结合料稳定材料试验规程》进行无侧限抗压强度试验。

（6）计算试验结果的平均值和偏差系数。

（7）工地实际采用的水泥剂量应比室内试验确定的剂量多 0.5% ～ 1.0%。采用集中厂拌法施工时，可只增加 0.5%；采用了路拌法施工时，宜增加 1%。

四、施工工艺

水泥稳定土施工时，必须采用流水作业，使各工序紧密衔接，特别是要尽量缩短从拌和到完成碾压之间的延迟时间。所以在施工时应做延迟时间对强度影响的试验，以确定合适的延迟时间，并使此时水泥稳定土的强度仍能满足设计要求。

水泥稳定土基层的施工方法主要有路拌法和中心站集中拌和（厂拌）法两种。

1. 路拌法施工

水泥稳定土路拌法施工工艺流程如下：

（1）准备下承层

当用水泥稳定土做基层时，要准备底基层；当用水泥稳定土做底基层时，要准备土基。无论是底基层还是土基，都必须按规范进行验收，一般验收不合格的路段，必须采取措施，使其达到标准后，方可铺筑水泥稳定土层。

如底基层或土基已遭破坏，则必须作如下处理：

1）对土基必须用 12～15 t 三轮压路机或等效的碾压机械进行碾压检验（压 3～4 遍）。在碾压过程中，如发现土过干、表层松散，应适当洒水；如土过湿，发生"弹簧"现象，应采取挖开晾晒、换土、掺石灰或者粒料等措施进行处理。

2）对于底基层，根据压实度检查和弯沉测定的结果，凡不符合设计要求的路段，必须根据具体情况，分别采用补充碾压、加厚底基层、换填好的材料、挖开晾晒等措施，使其达到标准。

3）底基层上的低洼和坑洞，应仔细填补及压实达到平整。底基层上的搓板和车辙应刮除；松散处，应耙松洒水并重新碾压。

4）逐一断面检查土基或底基层标高是否符合设计要求，平整度、压实度、路拱是否符合规定，且应没有任何松散的材料和软弱点。应注意在槽式断面的路段，两侧路肩上每隔一定距离（5～10 m）应交错开挖泄水沟或做盲沟，以使积水排出路基。

（2）测量

首先是在底基层或土基上恢复中线。直线段每 15～20 m 设一桩，平曲线段每 10～15 m 设一桩，并在对应断面路肩外侧设指示桩，其次是进行水平测量，在两侧指示桩上用红漆标出水泥稳定土层边缘的设计高。

（3）确定合理的作业长度

确定路拌法施工每一作业段的合理长度时，应考虑如下因素：水泥的终凝时间和延迟时间对混合料密实度和抗压强度的影响；施工机械和运输车辆的效率和数量；操作的熟练程度；尽量减少接缝；施工季节的气候条件。

一般宽 7～8 m 的稳定层，每一流水作业段以 200 m 为宜。但每天的第一个作业段宜稍短些，可为 150 m。如稳定层较宽，则作业段应该进一步缩短。

（4）备料

在采备集料前，应先将料场的树木、草皮和杂土清除干净。采集集料时，应在预定采料深度范围内自上而下进行，不应分层采集，不应将不合格的集料采集一起。在集料中超尺寸颗粒应予筛除。对于黏性土，可视土质与机械性能确定土是否需要过筛。

（5）计算材料用量

1）根据摊铺路段水泥稳定土层的宽度、厚度及预定的干密度计算需要的土的数量。

2）根据料场土的含水量和所用运土车辆的吨位计算每车料的堆放距离。

3）根据水泥稳定土层的厚度、预定的干密度、水泥剂量计算每平方米水泥稳定

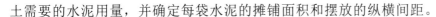

土需要的水泥用量，并确定每袋水泥的摊铺面积和摆放的纵横间距。

（6）集料运输与摊铺

1）事先根据试验确定土的松铺系数（见表9-6），并且计算土的松铺厚度。

2）将土均匀地摊铺在预定长度和宽度的路段上，摊铺过程中将土块及其他杂物拣出，随时检查松铺厚度，土层表面应平整并且有规定的路拱。

表9-6　土的松铺系数参考表

材料名称	松铺系数
水泥稳定沙砾	1.30～1.35
水泥稳定土	1.53～1.58

（7）洒水闷料

如果已摊铺好的土层含水量过小，则应在土层上均匀洒水闷料。细粒土闷料的时间一般为一昼夜，中、粗粒土可适当缩短闷料时间。

（8）整平和轻压

对已摊铺好的土层，整形成规定的路拱和坡度，并用 6～8 t 压路机碾压 1～2 遍，使表面平整且具有一定的密实度。

（9）摆放和摊铺水泥

根据计算的每袋水泥摆放的纵横间距，画出摊铺水泥的边线。用刮板将水泥均匀摊开，应使表面既无空白也无水泥集中现象。有条件时也可用散装水泥撒布车摊铺水泥。

（10）干拌

1）采用稳定土拌和机拌和时，通常拌和两遍以上，拌和深度应达到拌和层底部，并随时检查拌和深度，避免在拌和层底部留有素土夹层。

2）采用旋转耕作机（缺口圆盘耙）与多铧犁（平地机）相配合进行拌和时，至少翻拌四遍。先用多铧犁（平地机）将铺好水泥的土翻拌两遍：第一遍由路中心开犁，将混合料向中间翻；第二遍从两边开犁，将混合料向外侧翻。接着用旋转耕作机（缺口圆盘耙）拌和两遍。再用多铧犁（平地机）犁翻两遍，接着再用旋转耕作机（缺口圆盘耙）拌和两遍。犁翻过程中随时检查拌与深度，调整犁翻深度，避免稳定土层与下承层之间留有素土夹层。

（11）加水并湿拌

干拌结束后，若混合料的含水量不足，用洒水车补充洒水，洒水过程中，洒水车不应在正进行拌和的路段上调头或停留。拌和机械紧跟在洒水车后再次进行拌和，拌和至混合料色泽均匀一致，无灰条、灰团和花面，且水分合适和均匀。洒水及拌和过程中，应及时检查混合料的拌和深度和含水量，一般比最佳含水量略大

（12）整形

1）用平地机整形

①混合料拌和均匀后，立即用平地机初步整形即初平，直线段由两侧向路中心刮

平；曲线段由内侧向外侧刮平，且基本符合规定的路拱和坡度。然后用拖拉机、平地机或轮胎压路机在初平的路段上快速碾压一遍。

②检查初平后路段的平整性。低洼处用齿耙把表面 5 cm 耙松，必要之时用新拌的混合料找平。

③再次用平地机整形，高出的料直接刮出路外，避免形成薄层贴补现象。整形后应符合规定的路拱和坡度，且接缝顺适平整。

2）人工整形

用锹和耙将混合料摊平，用路拱板初步整形。然后用拖拉机碾压 1～2 遍，根据松铺系数确定纵断面标高，并设标记和挂线。用锹和耙按挂线整形，再用路拱板校正成型。

（13）碾压

1）整形后当含水量处于最佳含水量 1%～2% 的范围时，立即用轻型压路机并配合 12 t 以上压路机进行碾压，一般碾压 6～8 遍，直至无明显轮迹，达到规定压实度。

2）碾压时应重叠 1/2 轮宽，先慢后快，后轮压完路面全宽时为一遍。不设超高的路段碾压时先两侧后中间；设超高的路段时由内侧向外侧碾压；用 12～15 t 压路机碾压时，每层压实厚度不超过 15 cm；用 18～20 t 压路机碾压时，每层压实厚度不超过 20 cm；当需要分层碾压时，每层最小厚度为 10 cm。当采用人工整形和摊铺时，先用拖拉机或 6～8 t 压路机碾压 1～2 遍，之后再用重型压路机碾压。水泥稳定层应在水泥初凝前和试验确定的延迟时间内完成碾压。

3）碾压过程中，如有"弹簧"、松散、起皮等现象，应该及时翻开重新拌和（加适量的水泥）或用其他方法处理，使其达到质量要求。

4）碾压结束之前，用平地机再终平一次，使其纵坡、路拱和超高符合设计要求。终平时，将局部高出部分刮除并扫出路外；对于局部低洼之处不再进行找补，以免形成薄层贴补现象。

（14）接缝和调头处的处理

1）同日施工的两个工作段的接缝处应采用错接。即前一段拌和整形后，留 5～8 cm 不进行碾压，后一段施工时，再将前段留下的未压部分加部分水泥重新拌和，并且与后一段一起碾压。

2）工作缝处理方法

①在已碾压完成的水泥稳定土层末端，沿稳定土挖一条横贯铺筑层全宽的宽约 30 cm 的槽，一直挖到下承层顶面。此槽应与路的中心线垂直，靠稳定土的一面应切成垂直面，并放两根与压实厚度等厚、长为全宽一半的方木紧贴其垂直面（见图 9-1）。

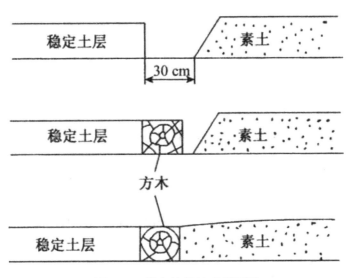

图 9-1　横向接缝处理示意图

②用原来挖出的素土回填槽内其余部分。

③第二天，邻接作业段拌和后，除去方木，用混合料回填。靠近方木未能拌和的一小段应人工进行补充拌和。整平时，接缝处的水泥稳定土应比已经完成断面高出约 5 cm，以便形成一个平顺的接缝。

3）调头处的处理方法

①一般可在准备用于调头的约 8 ～ 10 m 长的稳定土层上先覆盖一张厚塑料布或油毡纸，然后铺上约 10 cm 厚的土、砂或沙砾。

②整平后，用平地机将塑料布上大部分土除去（注意勿刮破塑料布），然后人工除去余下的土，并收起塑料布。

4）在新混合料碾压过程中，应该将接缝修整平顺。

5）纵向接缝的处理

水泥稳定土层的施工应避免纵向接缝，在必须分两幅施工时，纵向接缝必须垂直相接，不应斜接。纵向接缝的处理方法如下：

①前一幅施工时，在靠中央一侧用方木或钢模板做支撑，方木或者钢模板的高度与稳定土压实厚度相同。

②混合料拌和结束后，靠近支撑木（钢模板）的部分应人工进行补充拌和，然后进行整形和碾压。

③养生结束后，在铺筑另一幅之前拆除支撑木（钢模板）。

④第二幅混合料拌和结束后，靠近第一幅的部分应人工进行补充拌和，然后进行整形和碾压。

（15）养生

1）水泥稳定土类基层碾压成型后，应湿养生 7 d。

2）可用洒水车经常洒水进行养生，每天洒水的次数应该视气候而定；也可以用帆布、粗麻袋、稻草、麦秸或塑料膜覆盖湿润养生。整个养生期间应始终保持稳定土层表面潮湿。

3）当用湿砂进行养生时，砂层厚宜为 7～10 cm。砂铺匀之后应立即洒水，并在整个养生期间保持砂的潮湿状态。不得用湿黏性土覆盖。

2. 中心站集中厂拌法施工

水泥稳定土可以在中心站用厂拌设备进行集中拌和，然后运输到施工现场，进行摊铺、碾压等工序的施工。

（1）拌和设备

水泥稳定土集中厂拌设备主要有稳定土拌和机、强制式水泥混凝土拌和机和沥青混凝土拌和机。

（2）集中厂拌的拌和要求

1）土块应粉碎，最大尺寸不得大于 15 mm。

2）配料准确，拌和均匀。

3）含水量宜略大于最佳含水量，使混合料运到现场摊铺后碾压时的含水量不小于最佳含水量。

4）不同粒级的碎石或砾石以及细集料（如石屑和砂）应该隔离，分别堆放，以保证集料的级配符合要求。

（3）混合料的运输

拌和后，应尽快将拌成的混合料运送到铺筑现场。必要时在运送过程中应覆盖车上的混合料，以减少其水分损失。

（4）混合料的摊铺

1）沥青混凝土摊铺机或稳定土摊铺机摊铺混合料

①当下承层是稳定细粒土时，先将下承层顶面拉毛，再摊铺混合料。

②在摊铺机后面应设专人消除粗细集料离析现象，特别是应该铲除局部粗集料"窝"，用新拌混合料填补，并检查摊铺厚度。

2）摊铺箱、自动平地机或人工摊铺混合料

①根据铺筑层的厚度和要求达到的压实干密度，计算每车混合料的摊铺面积

②将混合料均匀地卸在路幅中央，路幅宽时，也可将混合料卸成两行。

③用平地机将混合料按松铺厚度摊铺均匀并检查摊铺厚度。

④设专人携带一辆装有新拌混合料的小车跟在平地机后面，及时铲除粗集料"窝"和粗集料"带"，补以新拌的均匀混合料，或者补撒拌和均匀的细混合料，并与粗集料拌和均匀。

（5）整形

整形用平地机摊铺混合料后的整形与路拌法相同。

（6）碾压

用摊铺机将混合料摊铺均匀后，先用轻型两轮压路机跟在摊铺机后及时进行碾

压，然后用重型振动压路机、三轮压路机或轮胎压路机继续碾压密实，直至无明显轮迹，达到规定压实度。

（7）横向接缝的处理

用摊铺机摊铺混合料时不宜中断，因故中断时间超过了 2 h 的应设置横向接缝，具体处理方法如下：

1）将末端混合料弄整齐，紧靠混合料放两根方木，方木的高度应与混合料的压实厚度相同，应整平紧靠方木的混合料。

2）方木的另一侧用沙砾或碎石回填约 3 m 长，其高度应高出方木几厘米。

3）将混合料碾压密实。

4）在重新开始摊铺混合料之前，将沙砾或碎石和方木除去，并将下承层顶面清扫干净。

5）摊铺机返回到已压实层的末端，重新开始摊铺混合料。

6）如摊铺中断后未按上述方法处理横向接缝，而中断时间已超过 2 h，应将摊铺机附近及其下面未经压实的混合料铲除，并将已碾压密实且高程和平整度符合要求的末端挖成与路中心线垂直并垂直向下的断面，之后再摊铺新的混合料。

（8）纵向接缝的处理

尽量避免纵向接缝。高速公路和一级公路的基层应分两幅摊铺，采用两台摊铺机一前一后相隔约 5～10 m 同步向前摊铺混合料，并一起进行碾压。在不能避免纵向接缝的情况下，纵缝必须垂直相接，严禁斜接，并且按下述方法处理：

1）前一幅摊铺时，在靠中央的一侧用方木或钢模板做支撑，方木或钢模板的高度应与稳定土层的压实厚度相同。

2）养生结束后，在摊铺另一幅之前拆除支撑木（或钢模板）。

（9）养生

养生方法与路拌法相同。

第二节 石灰稳定土基层施工

以石灰作为黏结材料的无机结合料稳定材料做基层时，称为"石灰稳定类基层"。用石灰稳定细粒土时的混合料简称"石灰土"，相应成型后的基层称为"石灰土基层"（底基层）。

一、石灰稳定土强度形成原理

在土中掺入适量的石灰，并在最佳含水量下拌匀压实，使石灰与土发生一系列的物理、化学作用，从而使土的性质发生根本的变化，提高其板体性、强度和稳定性。在初期，主要表现为土的结团、塑性降低、最佳含水量增加和最大密实度减小等；在后期，主要表现为结晶结构的形成。这些相互作用包括：

1. 离子交换作用

土的微小颗粒具有一定的胶体性质，它们一般都带有负电荷，表面吸附着一定数量的钠、氢、钾等低价阳离子。石灰是一种强电解质，在土中加入石灰与水后，石灰在溶液中电离出来的钙离子与土中的钠、氢、钾离子产生离子交换作用，使原来的钠（钾）土变成钙上，土颗粒表面所吸附的离子由1价变成了2价，减少了土颗粒表面吸附水膜的厚度，使土粒相互之间更为接近，分子引力随之增加，许多单个土粒聚成小团粒，组成一个稳定结构。

2. 结晶作用

在石灰土中只有一部分熟石灰 $Ca(OH)_2$ 进行离子交换作用，绝大部分饱和 $Ca(OH)_2$ 自行结晶。熟石灰与水作用生成熟石灰结晶网格，他的化学反应式为：

$$Ca(OH)_2 + n\ H_2O \rightarrow Ca(OH)_2 \cdot n\ H_2O$$

3. 火山灰作用

熟石灰的游离钙离子与土中的活性氧化硅和氧化铝作用生成含水的硅酸钙和铝酸钙的化学反应就是火山灰作用，其反应式为：

$$x\ Ca(OH)_2 + SiO_2 + n\ H_2O \rightarrow x\ CaO \cdot SiO_2\ (n+1)\ H_2O$$

$$x\ Ca(OH)_2 + Al_2O_3 + n\ H_2O \rightarrow x\ CaO \cdot Al_2O_3\ (n+1)\ H_2O$$

上述所形成的熟石灰结晶网格和含水的硅酸钙和铝酸钙结晶都是胶凝物质，它具有水硬性并能在固体和水两相环境下发生硬化。这些胶凝物质在土微粒团外围形成一层稳定保护膜，填充颗粒空隙，使颗粒间产生结合料，减少了颗粒间的空隙与透水性，同时提高了密实度，这是石灰土获得强度和水稳定性的基本原因，但是这种作用比较缓慢。

4. 碳酸化作用

在土中的 $Ca(OH)_2$ 与空气中的二氧化碳作用，其化学反应式为：

$$Ca(OH)_2 + CO_2 \rightarrow CaCO_3 + H_2O$$

$CaCO_3$ 是坚硬的结晶体，它和其生成的复杂盐类把土粒胶结起来，从而大大提高了土的强度和整体性。

二、影响强度的因素

1. 土质

各种成因的土都可以用石灰来稳定，但生产实践证明：黏性土较好，其稳定的效果显著，强度也高。当采用高液限黏性土时施工不易粉碎；采用粉性土的石灰土早期强度较低，但后期强度也可满足行车要求；采用低液限土质时易拌和，但难以碾压成型，稳定的效果不显著。一般采用塑性指数为 12 ～ 18 的黏性土为好。塑性指数偏大的黏性土，要加强粉碎，粉碎后，15 ～ 25 mm 的土块不宜超过 5%。实践证明，塑性指数小于 12 的土不宜用石灰稳定。硫酸盐类含量超过 0.8% 或腐殖质含量超过 10% 时，对石灰土强度有显著影响，不应直接采用。

2. 灰质

石灰应采用消石灰粉或生石灰粉，对高速公路或一级公路宜用磨细生石灰粉。要尽量缩短石灰的存放时间。在同等石灰剂量下，质量好的石灰，稳定效果好。如采用质量差的石灰，为了满足石灰土的技术要求，要适当增加石灰剂量。

3. 石灰剂量

石灰剂量对石灰土强度影响显著，石灰剂量较低（小于 3% ～ 4%）时，石灰主要起稳定作用，土的塑性、膨胀性、吸水量减小使土的密实度、强度得到改善。随着剂量的增加，强度和稳定性均提高，但剂量超过一定范围时，强度反而降低。工程当中常用最佳剂量范围，黏性土及粉性土为 8% ～ 14%；砂性土为 9% ～ 16%。

4. 含水量

不同土质的石灰土有不同的最佳含水量，需通过标准击实试验确定，并用以控制施工中的实际加水量。所用水应是干净可供饮用的水。

5. 密实度

石灰土的强度随密实度的增加而增长。实践证明，石灰土的密实度每增减 1%，强度约增减 4%。而密实的石灰土，其抗冻性、水稳定性也好，缩裂现象也少。

6. 龄期

石灰土的强度具有随龄期增长的特点。通常石灰土初期强度低，前期（1 ～ 2 个月）增长速率比后期快。石灰土强度与龄期关系可表示为：

$$R_t = R_l t^{\beta}$$

式中：R_l —— 个月龄期抗压强度，MPa；

R_t —— t 个月龄期抗压强度，MPa；

β —— 系数，约为 0.1 ～ 0.5。

7. 养生条件

养生条件主要指温度与湿度。养生条件不同，石灰土的强度也有差异。当温度高时，强度增长快；反之，强度增长慢，在负温条件下甚至不增长。因此，要求施工期的最低温度应在 5 ℃以上，并要求施工在第一次重冰冻(-3 ～ -5 ℃)到来之前 1 ～ 1.5 个月完成。

施工经验证明，保证施工时的温度，不仅灰土强度高，质量也可以保证，且在使用中很少损坏。此外，养生的湿度条件对石灰土的强度也有很大影响。实践证明，在一定潮湿条件下养生的石灰土的强度比在一般空气中养生的要好。

三、石灰土基层的应用

石灰稳定土不但具有较高的抗压强度，而且也具有一定的抗弯强度，且强度随龄期逐渐增加。因此，石灰稳定土可以用于大多数路面的基层或底基层。但石灰稳定土因其水稳定性较差不宜做高速公路或一级公路的基层，必要时可以用作底基层。在冰冻地区的潮湿路段以及其他地区的过分潮湿路段，也不应采用石灰土做基层。

四、石灰稳定土基层缩裂的防治

防治石灰稳定土基层缩裂的措施有：

1. 控制压实含水量

石灰稳定土含水量过多时易产生显著的干缩裂缝，因而压实时含水量一定不要大于最佳含水量，应按略小于最佳含水量控制。

2. 严格控制压实标准

实践证明，压实度小时产生的干缩要比压实度大时严重，因此，应尽可能使石灰稳定土达到最大压实度。

3. 控制温缩

当材料处于最佳含水量附近，且温度在 0 ~ 10 ℃时，石灰稳定土易产生温缩。因此施工要在当地气温进入 0℃前 1 个月结束，以防在不利季节产生严重温缩。

4. 控制干缩

干缩的最不利情况是石灰稳定土成型初期，所以，要重视初期养护，保证石灰土表面处于潮湿状况，谨防干晒。

5. 及早铺筑面层

石灰稳定土施工结束后要及早铺筑面层，使石灰土基层含水量不发生大变化，可减轻干缩裂隙。

6. 掺加集料

在石灰稳定土中掺加集料（沙砾、碎石等），使其集料含量为 60% ~ 70%，使混合料满足最佳组成要求，不但可提高强度和稳定性，且可使其具有较好的抗裂性。

7. 防止基层裂缝的反射

基层的缩裂会反射到面层，为了防止基层裂缝的反射，国内外常采取以下措施。

（1）设置联结层

设置沥青碎石或沥青贯入式联结层，是防止反射裂缝的有效措施。

（2）铺筑碎石隔离过渡层

在石灰土与沥青面层间铺筑厚 10 ~ 20 cm 的碎石层或玻璃纤维格栅，可减轻反射裂缝出现。

五、石灰稳定土混合料的组成设计

石灰稳定土是有土、石灰和水组成的。石灰稳定土混合料的组成设计包括：根据强度标准，通过试验选取合适的土，确定必要的或者最佳的石灰剂量和混合料的最佳含水量。

1. 强度标准

石灰稳定土的强度标准根据相应的公路等级和它在路面结构中的层次而定。

2. 设计步骤

（1）制备同一种土样、不同石灰剂量的石灰稳定土混合料。根据不同的层位，可以参照下列石灰剂量进行配制：

1）做基层用

沙砾土和碎石土：5%，6%，7%，8%，9%；

塑性指数小于 12 的黏性土：10%，12%，13%，14%，16%；

塑性指数大于 12 的黏性土：5%，7%，9%，11%，13%；

2）做底基层用

塑性指数小于 12 的黏性土：8%，10%，11%，12%，14%。

塑性指数大于 12 的黏性土：5%，7%，8%，9%，11%。

（2）确定混合料的最佳含水量和最大干密度（用重型击实标准试验）。至少做三个不同石灰剂量混合料的击实试验，即最小剂量、中间剂量和最大剂量。

（3）按最佳含水量与工地预期达到的压实密度制备试件，进行强度试验时，做平行试验的试件数量应符合规定。

（4）试件在规定温度和湿度（（20±2）℃，相对湿度 95% 以上）下养生 6 d，浸水 1 d，进行无侧限抗压强度试验。

六、碎（砾）石灰土底基层

用石灰稳定碎（砾）石土，简称"碎（砾）石灰土"。将拌和均匀的碎（砾）石灰土经摊铺、整形碾压、养生后成型的底基层，称"碎（砾）石灰土底基层"。

混合料的最佳组成应是碎（砾）石掺入量占混合料总重的 60% ～ 70%，而且要求碎（砾）石有一定级配（级配标准可参照级配碎（砾）石基层）。按重型击实试验确定材料的最佳含水量和最大干密度所制成的试件在规定的温度下，经 6 d 保湿养生，1 d 浸水的无侧限抗压强度应满足规范规定强度标准要求。

碎（砾）石灰土基层的施工方法和程序，可参照石灰土施工方法进行。但应把碎（砾）石摊铺在路槽内，然后把先拌匀的石灰土均匀地铺在碎（砾）石层上再与碎（砾）石拌均匀（控制含水量为最佳含水量），经整形、碾压、养生而成型。在具备机械拌和的条件下，也宜用中心站集中拌和法施工。

第三节　碎、砾石基层施工

一、级配碎石基层

1. 级配碎石

级配碎石是指粗、中、小碎石集料和石屑各占一定比例的混合料，他的颗粒组成符合规定的密实级配要求。

2. 材料要求

（1）碎石

1）级配碎石或级配碎砾石所用材料的压碎值应满足下列要求：

①做基层用

高速公路和一级公路：不大于 26%；

二级公路：不大于 30%；

二级以下公路：不大于 35%。

②做底基层用

高速公路和一级公路：不大于 30%；

二级公路：不大于 35%；

二级以下公路：不大于 40%。

2）当用级配碎石做二级和二级以下公路的基层时，其最大粒径不应超过 37.5 m；当用级配碎石做高速公路和一级公路的基层以及半刚性路面的中间层时，其最大粒径不应超过 31.5 mm。

3）用级配碎石或级配碎砾石做二级和二级以下公路的基层时，其颗粒组成和塑性指数应符合表 9-7 中 1 号级配的规定。用级配碎石做中间层及高速公路或一级公路的基层时，其颗粒组成和塑性指数应符合表 9-7 中 2 号级配的规定。

表9-7　级配碎石或级配碎砾石的颗粒组成范围

项目 通过质量（%） 编号		1	2
筛孔尺寸（nim）	37.5	100	
	31.5	90～100	100
	19	73～88	85～100
	9.5	49～69	52～74
	4.75	29～54	29～54
	2.36	17～37	17～37
	0.6	8～20	8～20
	0.075	0～7	0～7
液限（%）		＜28	＜28
塑性指数		＜6（或9）	＜6（或9）

4）未筛分碎石用做二级和二级以下公路的底基层时，其颗粒组成和塑性指数应符合表9-7中1号级配的规定；用做高速公路及一级公路的底基层时，其颗粒组成和塑性指数应符合表9-7中2号级配的规定。

（2）石屑

可以采用一般碎石场的细筛余料或者专门的细碎石集料，也可用天然沙砾或粗砂代替。

二、级配碎石基层的路拌法施工

1. 工艺流程

级配碎石路拌法施工的工艺流程如图9-2所示。

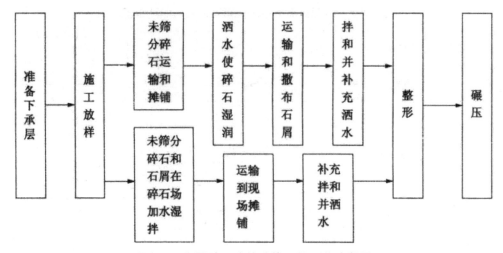

图 9-2　级配碎石路拌法施工的工艺流程图

2．施工要点

（1）准备下承层

1）下承层不应做成槽式断面。

2）准备下承层的方法与水泥稳定土基层施工相同。

（2）施工放样

同水泥稳定土基层施工。

（3）备料

1）计算材料用量

①采用未筛分碎石和石屑组成级配碎石时，按照表 9-7 的要求计算未筛分碎石和石屑的配合比。

②采用不同粒级的单一尺寸碎石和石屑组成级配碎石时，按表 9-7 的要求计算不同粒级碎石和石屑的配合比。

③根据各施工路段基层或底基层的宽度、厚度及规定的压实干密度并按确定的配合比分别计算各段需要的未筛分碎石和石屑的数量或不同粒级碎石和石屑的数量，并计算每车料的堆放距离。

2）未筛分碎石的含水量较最佳含水量大 1% 左右为佳。

3）未筛分碎石和石屑可按预定比例在料场混合，同时洒水加湿，使混合料的含水量超过最佳含水量约 1%。

（4）运输和摊铺集料

1）碎石和石屑分别运送时，先运送碎石。

2）运送集料较摊铺集料工序只提前数天。

3）通过试验确定集料的松铺系数并确定松铺厚度。人工摊铺混合料时，松铺系数约为 1.40～1.50；平地机摊铺混合料时，松铺系数约为 1.25～1.35。

4）用平地机或者其他合适的机具将料均匀地摊铺在预定宽度、长度的施工路段上，表面应平整，并具有规定的路拱。

5）检查摊铺材料层的松铺厚度，根据情况进行减料或者补料工作。

6）未筛分碎石摊铺平整后，在较潮湿的情况下，将石屑按计算的距离卸在未筛分碎石摊铺层上。用平地机与人工配合，将石屑均匀摊铺在碎石层上。

7）采用不同粒径级的碎石和石屑时，将大粒径级碎石铺在下层，中粒径级碎石铺在中层，小粒径级碎石铺在上层。洒水使碎石湿润后，再摊铺石屑。

（5）拌和及整形

可采用专用稳定土拌和机拌和级配碎石，也可以采用平地机或多铧犁与缺口圆盘耙相配合进行拌和。

1）用专用稳定土拌和机拌和级配碎石时，应拌和两遍以上，使拌和深度直至级配碎石层底。在进行最后一遍拌和之前，必要时先用多铧犁紧贴底面翻拌一遍。

2）用平地机进行拌和时，应翻拌5～6遍，使石屑均匀分布于碎石料中。平地机拌和的作业长度每段约为300～500 m。平地机刀片的安装角度要符合相关要求。

3）拌和结束时，混合料的含水量应均匀，且较最佳含水量大1%左右，没有粗细颗粒离析现象。

4）用缺口圆盘耙与多铧犁相配合拌和级配碎石时，用多铧犁在前面翻拌，圆盘耙紧跟在后面拌和，即采用边翻边耙的方法，共翻耙4～6遍。翻耙过程中应随时检查、调整翻耙的深度。用多铧犁翻拌时，第一遍由路中心开始，将混合料向中间翻，同时机器应慢速前进。第二遍从两边开始，将混合料向外翻。拌和过程中应保持足够的水分，拌和结束时混合料的含水量应均匀，且较最佳含水量大1%左右，没有粗细颗粒离析现象。

5）用平地机将拌和均匀的混合料按规定的路拱进行整平和整形，在整形过程中消除粗细集料离析现象。

6）用拖拉机、平地机或轮胎压路机在已初平的路段上快速碾压一遍，来暴露潜在的不平整。

7）用平地机进行整平和整形。

（6）碾压

1）整形后，混合料的含水量等于或略大于最佳含水量时，立即用12 t以上三轮压路机、振动压路机或轮胎压路机进行碾压£直线和不设超高的平曲线段，由两侧路肩开始向路中心碾压；在设超高的平曲线段，由内侧路肩向外侧路肩进行碾压。碾压时，后轮应重叠1/2轮宽；后轮必须超过两段的接缝处。后轮压完路面全宽时，即为一遍。碾压至表面无明显轮迹、达到要求的密实度为止，一般碾压6～8遍，路面的两侧应多压2～3遍。

2）应使用12 t以上三轮压路机碾压，每层的压实厚度为15～18 cm。用重型振动压路机和轮胎压路机碾压时，每层的压实厚度可达20 cm。

（7）横向接缝的处理

两作业段的衔接处应搭接拌和。第一段拌和后，留5～8 m不进行碾压，第二段施工时，前段留下的未压部分与第二段一起拌及整平后进行碾压。

（8）纵向接缝的处理

应避免纵向接缝。在必须分两幅铺筑时，纵向接缝应搭接拌和。前一幅按全宽碾压密实，在后一幅拌和时，将相邻的前幅边部约30 cm搭接拌和，整平后一起碾压密实。

三、级配碎石基层的中心站集中厂拌法施工

1. 拌和

（1）级配碎石混合料可以在中心站用多种机械进行集中拌和，如强制式拌和机、卧式双转轴浆叶式拌和机、普通水泥混凝土拌和机等。

（2）不同粒级的碎石和石屑等细集料应隔离，并分别堆放。

（3）在正式拌制级配碎石混合料之前，必须先调试所用的厂拌设备，使混合料的颗粒组成和含水量都能达到规定的要求。

（4）在采用未筛分碎石和石屑时，若未筛分碎石或者石屑的颗粒组成发生明显变化，应重新调试设备。

2. 混合料的摊铺

（1）沥青混凝土摊铺机或碎石摊铺机摊铺混合料

级配碎石用于高速公路和一级公路时，用沥青混凝土摊铺机或其他碎石摊铺机摊铺碎石混合料。摊铺机后面应设专人消除粗细集料离析现象。

（2）自动平地机（或摊铺箱）摊铺混合料

1）根据摊铺层的厚度和要求达到的压实干密度计算每车混合料的摊铺面积。

2）将混合料均匀地卸在路幅中央，路幅宽时也可以将混合料卸成两行。

3）用平地机将混合料按松铺厚度摊铺均匀。

4）设一个专人跟在平地机后面，及时消除粗细集料离析现象。对于粗集料"窝"和粗集料"带"，应添加细集料并拌和均匀；对于细集料"窝"，应添加粗集料并拌和均匀。

3. 整形和碾压

用平地机摊铺混合料后的整形和碾压均和路拌法施工相同。

4. 横向接缝的处理

（1）用摊铺机摊铺混合料时，靠近摊铺机当天未压实的混合料，可与第二天摊铺的混合料一起碾压，但应注意此部分混合料的含水量。必要时可人工补充洒水，使其含水量达到规定的要求。

（2）用平地机摊铺混合料时，每天的工作缝与路拌法施工相同。

5. 纵向接缝的处理

避免纵向接缝。如果摊铺机的摊铺宽度不够，必须分两幅摊铺时，采用两台摊铺机一前一后相隔约5～8 m同步向前摊铺混合料。在不能避免纵向接缝的情况下，纵缝必须垂直相接，并按下述方法处理：

（1）前一幅摊铺时，在靠后一幅的一侧应用方木或钢模板做支撑，方木或钢模板的高度应与级配碎石层的压实厚度相同。

（2）在摊铺后一幅之前将方木或钢模板除去。

（3）如果在摊铺前一幅时未用方木或钢模板支撑，则靠边缘 30 cm 左右的范围内难于压实，而且形成一个斜坡。在摊铺后一幅时，应先将未完全压实部分和不符合路拱要求部分挖松并补充洒水，待后一幅混合料摊铺之后一起进行整平和碾压。

四、级配砾石基层

1. 级配砾石

粗、中、小砾石和砂各占一定比例的混合料，当其颗粒组成符合规定的密实级配要求且塑性指数和承载比均符合规定要求时，称为"级配砾石"。级配砾石可适用于轻交通的二级和二级以下公路的基层及各级公路的底基层。

2. 材料要求

（1）用级配砾石做基层时，砾石最大粒径不应超过 37.5 mm，做底基层时，碎石的最大粒径不应超过 53 mm。

（2）砾石颗粒中细长及扁平颗粒的含量不应该超过 20%。

（3）级配砾石基层的颗粒组成和塑性指数应满足表 9-8 的规定。

表 9-8　级配砾石基层的颗粒组成范围

项目 通过质量 编号		1	2	3
筛孔尺寸（mm）	53	100	–	–
	37.5	90～100	100	–
	31.5	81～94	90～100	100
	19	63～81	73～88	85～100
	9.5	45～66	49～69	52～74
	4.75	27～51	29～54	29～54
	2.36	16～35	17～37	17～37
	0.6	8～20	8～20	8～20
	0.075	0～7	0～7	0～7
液限（%）		＜28	–	＜28
塑性指数		＜6（或9）	＜6（或9）	＜6（或9）

（4）当用于基层的在最佳含水量下制各的级配砾石试件的干密度与工地规定达到的压实干密度相同时，浸水 4 d 的承载比值应不小于 160%。

（5）做底基层的沙砾、沙砾土或其他粒状材料的级配，应该在表 9-9 所规定的范围内，液限应小于 28%，塑性指数应小于 9。

表 9-9 沙砾底基层的级配范围

筛孔尺寸（mm）	53	37.5	9.5	4.75	0.6	0.075
通过质量百分率（%）	100	80～100	40～100	25～85	8～45	0-15

（6）当用于底基层在最佳含水量下制成的级配砾石试件的干密度与工地规定达到的压实干密度相同时，浸水 4 d 的承载比值在轻交通道路上应不小于 40%，在中等交通道路上应该不小于 60%。

（7）级配砾石用做基层时，石料的集料压碎值应满足以下规定：

1）做基层用

二级公路：不大于 30%；

三级和四级公路：不大于 35%。

2）做底基层用

高速公路和一级公路：不大于 30%；

二级公路：不大于 35%；

二级以下公路：不大于 40%。

五、级配砾石基层的路拌法施工

1. 工艺流程

级配砾石基层路拌法施工工艺流程如图 9-3 所示。

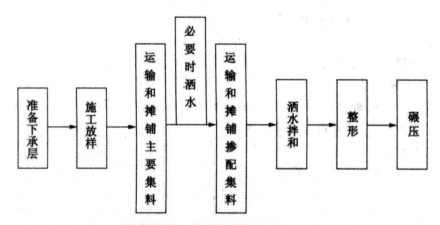

图 9-3 级配砾石基层路拌法施工的工艺流程图

2. 施工要点

（1）准备下承层

同路拌法水泥稳定土施工。

（2）施工放样

同路拌法水泥稳定土施工。

（3）计算材料用量

根据各路段基层或底基层的宽度、厚度以及预定的干密度，计算各段需要的集料数量。如果级配砾石系用两种集料合成时，分别计算两种集料的数量，根据料场集料的含水量以及所用运料车辆的吨位，计算每车材料的堆放距离。

（4）运输和摊铺集料

1）采用两种集料时，先将主要集料运到路上，待主要集料摊铺后，再运另一种集料并摊铺。如果粗细两种集料的最大粒径相差很多，应在粗集料处于潮湿状态下摊铺细集料。

2）运送集料较摊铺集料工序只提前数天。

3）通过试验确定集料的松铺系数，并确定松铺厚度。人工摊铺混合料时，松铺系数约为 $1.40 \sim 1.50$；平地机摊铺混合料时，松铺系数约为 $1.25 \sim 1.35$。

4）用平地机或其他合适的机具将料均匀地摊铺在预定的宽度上，表面应平整，且应具有规定的路拱。

5）检查松铺材料层的厚度是否符合预计要求，必要时应该进行减料或补料工作。

（5）拌和及整形

1）用平地机拌和时，每一作业段的长度约为 $300 \sim 500$ m。

①拌和时，平地机刀片的安装角度宜符合相应要求。一般需拌和 $5 \sim 6$ 遍。拌和过程中，用洒水车洒足所需的水分。拌和结束时，混合料的含水量应均匀，并较最佳含水量大 1% 左右，且无粗细颗粒离析现象。

②使用符合级配要求的天然沙砾时，如果摊铺后混合料有粗细颗粒离析现象，应用平地机进行补充拌和。

③用平地机将拌和均匀的混合料按规定的路拱进行整平和整形。

④用拖拉机、平地机或轮胎压路机在已经初平的路段上快速碾压一遍以暴露潜在的不平整。

⑤用平地机进行整平和整形。

2）用拖拉机牵引四铧犁或五铧犁进行拌和时，每一作业段的长度宜为 $100 \sim 150$ m。

①第一遍由路中心开始，将混合料向中间翻，同时机械应慢速前进。第二遍则应从两边开始，将混合料向外翻。拌和过程当中，用洒水车洒足所需的水分。拌和遍数为双数，一般拌和六遍。

②拌和结束时，混合料含水量应均匀，并较最佳含水量大 1% 左右，且无离析现象。

③用平地机或其他机具按规定的路拱进行整平和整形。在整形过程中，严禁任何

车辆通行。

（6）碾压

1）级配砾石用 12 t 以上三轮压路机碾压时，每层的压实厚度不应超过 15 ～ 18 cm；用重型振动压路机和轮胎压路机碾压时，每层的压实厚度不应超过 20 cm。

2）在最佳含水量时进行碾压，直到达到按重型击实试验法确定的要求压实度：基层为 98%；底基层为 96%。

3）其他同路拌法级配碎石。

（7）横向接缝的处理同路拌法级配碎石。

（8）纵向接缝的处理同路拌法级配碎石。

第四节　工业废渣稳定基层

一、概述

随着工业的发展，工业废渣逐渐增多，怎样综合利用工业废渣引起了国内外重视。近年来，我国利用工业废渣铺筑路面基层，取得显著成效，不但提高了路面使用品质，而且降低了工程造价，"变废为宝"，具有了很大的经济意义。

公路上常用的工业废渣有火力发电厂的粉煤灰和煤渣、钢铁厂的高炉渣和钢渣、化肥厂的电石渣，以及煤矿的煤矸石等。粉煤灰和煤渣中含有很多的二氧化硅、氧化钙或氧化铝等活性物质。用石灰稳定工业废渣时，石灰在水的作用下形成饱和的 $Ca(OH)_2$ 溶液，废渣的活性氧化硅和氧化铝在 $Ca(OH)_2$ 溶液中产生火山灰反应，生成水化硅酸钙和铝酸钙凝胶，把颗粒胶凝在一起。随水化物不断产生，工业废渣凝结硬化，具有水硬性，且温度较高时，强度增长快，因此石灰稳定工业废渣最好在热季施工，并加强保湿养生。

石灰废渣材料主要用石灰与之综合稳定，即石灰工业废渣材料，主要有石灰粉煤灰简称"二灰"类及石灰其他废渣类。

石灰稳定工业废渣基层具有水硬性、缓凝性、强度高、稳定性好，成板体且强度随龄期不断增加，抗水、抗冻、抗裂而且收缩性小，适应各种气候环境和水文地质条件等特点。所以，近几年来，修筑高等级公路，常常选用石灰稳定工业废渣做高级或次高级路面的基层或底基层。

二、工业废渣稳定基层的材料要求

1. 石灰

工业废渣基层所用的结合料是石灰或石灰下脚料。石灰的质量宜符合 ni 级以上技术指标。

2.废渣材料

粉煤灰是火力发电厂燃烧粉煤产生的粉状废渣，主要成分是二氧化硅（SiO2）和三氧化二铝（Al2O3），其总含量一般要求超过 70%，粉煤灰的烧失量一般要求少于 20%，如达不到上述要求，应通过试验后，才能采用。干粉煤灰和湿粉煤灰都可以应用。干粉煤灰堆放时应洒水以防飞扬。湿粉煤灰堆放时，含水量不应超过 35%。

3.粒料（砾料）

高速公路和一级公路粒料的压碎值应不大于 30%，二级公路和二级以下公路集料的压碎值应大于 35%。高速公路和一级公路粒料的最大粒径不大于 31.5 mm（方孔筛），二级公路和二级以下公路粒料的最大粒径不大于 40 mm（圆孔筛）。

三、石灰煤渣类基层

石灰煤渣（简称"二渣"）基层是用石灰和煤渣按一定配合比，加水拌和、摊铺、碾压、养生而成型的基层。二渣中如掺入一定量的粗骨料便称"三渣"；掺入一定量的土，便称为"石灰煤渣土"。混合料的配合比，应满足规范规定的强度标准。各地可根据当地气候、水文地质条件，公路等级及实践经验参照如下配比选用：

（1）采用石灰煤渣做基层或底基层时，石灰与煤渣的比可以是 20：80 ～ 15：85。

（2）采用石灰煤渣土做基层或底基层时（土为细粒土），石灰和煤渣的比可用 1：2 ～ 1：3，但混合料的石灰不应小于 10%。

（3）采用石灰煤渣粒料做基层或底基层时，石灰：煤渣：粒料可以是（7 ～ 9）：（26 ～ 33）：（67 ～ 58）。

为了提高石灰煤渣和石灰煤渣土的早期强度，可外加 1% ～ 2% 的水泥。

石灰煤渣、石灰煤渣土和三渣皆具有水硬性，物理化学性质基本上与石灰土的相似，但其强度与水稳定性都比石灰土好。石灰煤渣的 28 d 强度可达 1.5 ～ 3.0 MPa，并随龄期而增长。石灰煤渣的初期强度增长慢，且有一定的塑性，但达到一定龄期后，将处于弹性工作状态，成板体，具有刚性，当冷缩和干缩时，容易产生裂缝。研究表明，当采用石灰煤渣粒料时，路面的抗缩裂能力有所改善。

石灰煤渣类基层的施工程序和方法基本上与石灰土基层相同。但要加强养生，重视提高初期强度，防止早期重交通量下出现破坏现象。

四、石灰粉煤灰类基层

1.基本概念

石灰粉煤灰基层是用石灰和粉煤灰按一定配比，加入水拌和、摊铺、碾压及养生而成型的基层。在二灰中掺入一定量的土，经加水拌和、摊铺、碾压及养生成型的基层简称"二灰土基层"。混合料的配比组成应满足规范规定的强度标准。各地可根据当地的实践经验可参照下面配比选用：

（1）采用石灰粉煤灰土做基层或底基层时，石灰与粉煤灰的比为1：2～1：4（对于粉土，以1：2为合适）。石灰粉煤灰与细粒土的比为30：70～50：50。

（2）采用石灰粉煤灰与级配的中粒土和粗粒土时，石灰和粉煤灰的比为1：2～1：4，石灰粉煤灰与粒料的比常采用20：80～15：85。

近期研究提出，为了防止裂缝，采用石灰与粉煤灰的配比为1：3～1：4，集料含量为80%～85%，既可抗干缩又可抗温缩。不少地区在修筑高级或次高级路面时选用这种基层和底基层，既减少了因基层反射裂缝而引起的面层开裂问题，又减轻了沥青路面的车辙。

石灰粉煤灰类的基层施工，同石灰稳定土基层的施工。施工之时，应尽量安排在温暖高温季节，以利于形成早期强度而成型。

2. 施工

（1）材料

1）石灰

石灰应符合规定。

2）粉煤灰

要求粉煤灰的 $SiO_2+Al_2O_3$ 含量大于70%，CaO含量为2%～6%，烧失量不大于20%，粒径变化为0.001～0.3 mm，比表面积为2000～3500 cm2/g。

干粉煤灰的堆放宜加水，以防飞扬；湿粉煤灰的含水量不宜超过35%。

粉煤灰不应含有团块、腐殖质及有害杂质。使用之时应将凝固的粉煤灰块打碎或过筛。

3）集料

不同规格的集料应分别堆放，严禁混堆。

集料的均匀系数应大于10（通过量为60%的筛孔尺寸和通过量为10%的筛孔尺寸的比值）。

集料的级配组成及二灰的掺量应满足要求。

4）混合料的设计

应按指定的配比（包括最佳含水量和最大干密度），在二灰碎石层施工前10～15天进行现场试配，按照规定进行试验，养生湿度为95%，温度为（20±2）℃，养生6天后，第7天饱水，试件为15 cm×15 cm（高×直径）的圆柱体。

经现场试验结果表明，提供的配比剂量和试验强度达不到规定要求（指第7天饱水后的无侧限抗压强度不小于0.8 MPa）或施工工艺上有难度时，需经批准后方可予以调整，但二灰的掺量应大于20%。

（2）工艺流程

1）准备底基层

2）施工要求

二灰碎石混合料应用拌和机械集中拌和，不得采用路拌；用摊铺机铺筑，防止水分蒸发和产生离析；碾压和整形的全部操作应在当天完成。

材料的拌和可用带旋转刀片的分批出料的拌和设备或是用转动鼓拌和机或连续拌和式设备。二灰和集料可按质量比，也可按体积比控制。

向各拌和设备内加水的比例可以按质量，也可按体积计量，要随时对每批材料或按连续式拌和的材料流速进行用水量检查，所加的水量必须考虑二灰以及集料的原有含水量。

注意拌和机内是否有死角存在，如发现应及时纠正。

混合料应在拌和以后尽快摊铺。

各种成分的配比偏差应在下列范围之内：

集料：±2%（质量比）；

粉煤灰：±1.5%（质量比）；

石灰：±1.0%（质量比）；

水：±2%（按最佳含水量）。

摊铺：当二灰碎石层的铺筑厚度超过碾压有效厚度时，应该分两层铺筑，在第一铺筑层经压实并压实度达到规定标准时，应立即铺筑第二层。

压实：最好用振动压路机碾压。压实度应达到规定的要求。

通过在 $100 \sim 200$ m 间隔内随机钻孔来检查铺筑层的厚度，全部试验中至少有50% 等于或超过要求的厚度，且不允许有两个相邻孔相差10%。

二灰碎石层表面的平整度容许偏差不超过 10 mm；标高的容许偏差为 $0 \sim 10$ mm；厚度的容许偏差为 $0 \sim \pm 10$ mm。

3）养生与浇洒沥青透层

二灰碎石碾压完成后的第 2 天或第 3 天开始养生，并及时洒水，应该始终保持表面湿润。养生期一般为 7 天。

养生期结束，应立即浇洒透层油。

第十章 公路几何线形检测

第一节 公路线形组成及检测内容

一、概述

公路几何线形检测技术融检测基本理论、测量工程学以及公路几何设计原理于一体，作为公路检测工作者，必须掌握并熟悉公路的几何组成以及在需要的时候能正确计算和运用坐标值和尺寸。

公路是一个三维空间的实体。它是由路基、路面、桥梁、涵洞、隧道与沿线设施所组成的线形构造物。一般所说的路线，是指公路中线的空间位置。中线在水平面上的投影称作路线的平面；沿中线竖直剖切再行展开则是路线的纵断面；中线上任一点法向切面是公路在该点的横断面。路线的平面和各个横断面是公路的几何组成。路线设计是指确定路线空间位置和各部分几何尺寸的工作。设计出一条公路，对于平、纵、横三个方面，既要综合考虑，又需分别处理。

公路线形是指公路平面、纵面和横面所组成的立体形状。线形设计的要求与内容应随公路等级和设计速度的不同而不同。对于高速公路、一级公路及设计速度＞60 km/h 的公路，应注重立体线形设计，尽量做到线形连续、指标均衡、视觉良好、景观协调、安全舒适。设计速度愈高，线形设计所考虑的因素应愈周全。对于设计速度＜40 km/h 的公路，首先应在保证行车安全的前提之下，正确地运用线形要素规定值（包括最大、最小值），在条件允许的情况下力求做到各种线形要素的合理组合，并尽量避免和减轻不利的组合，以期充分发挥投资效益。

公路线形的协调，即平、纵、横配合，主要靠设计者对平、纵线形组成的立体线形的想象判断；其次，借助于驾驶员透视图或者公路路线动态仿真系统进行检验与评价。

二、路线平面

平面线形的优劣一般以行车轨迹来检验。最理想的公路平面线形是公路的行车道边缘与汽车前外轮和后内轮的轮迹线完全符合或相似。但车行道的平面设计不涉及轮迹问题，而是分成中线设计和沿中线的宽度两个问题分别处理。对中线设计，以符合或接近汽车重心和轨迹为准。公路中线应满足的几何条件是：线形连续圆滑；线形曲率连续（中线上任一点不出现两个曲率值）；线形曲率变化率连续（中线上任一点不出现两个曲率变化率值）。

考虑上述几何条件，顾及计算与敷设方便，现代公路平面线形要素由直线、圆曲线和缓和曲线构成，称之为平面线形三要素。其中缓和曲线（指在直线与圆曲线或圆曲线与圆曲线之间设置的一种曲率连续变化的曲线）常采用回旋线（指曲率随着曲线长度成正比例增大的曲线），公路平面线形设计就是从线形的角度去研究三个要素的选用和相互间的组合等问题。

（一）平面线形设计一般原则

（1）平面线形应短捷、顺直、连续、均衡，并且与地形、地物相适应，与周围环境相协调。

（2）各级公路不论转角大小均应敷设曲线，并且尽量选用较大的圆曲线半径。公路转角过小时，应设法调整平面线形，当不得已而设置小偏角（小于7°）时，则必须设置足够长的曲线。单曲线或复曲线或运用回旋线组成卵形、凸型、复合型等曲线。

（3）两反向曲线间夹有短直线，应调整线形或运用回旋组合成S形曲线。

（4）曲线线形应特别注意技术指标的均衡与连续性。应避免连续急弯的线形，可以在曲线间插入足够长的直线或回旋线。

（二）直线

1. 直线的规定

（1）选用直线线形时，应根据路线所处的地形、地貌、地物，并参考驾驶员的视觉、心理状态等合理布设。

（2）直线最大长度应有所限制，尽量避免长直线。当地形条件及其他特殊情况限制而采用长直线时，为弥补长直线路段景观单调的缺陷，应结合沿线具体情况采取相应的技术措施。

（3）直线不宜过短，曲线间设置直线时，其最小长度规定如下：当设计速度＞60 km/h 时，同向曲线间最小直线长度（以 m 计）以不小于设计速度（以 km/h 计）

的 6 倍为宜；当地形条件及其他特殊情况限制时，最小直线长度不得小于设计速度的 3 倍。反向线间最小直线长度以不小于设计速度的 2 倍为宜。当设计速度 < 40 km/h 时，可参照上述规定执行。

对于直线的最大长度，我国未作具体的规定。实际上我国地域辽阔，地形变化万千，对直线最大长度也很难作出统一的规定，在实际工作中，设计人员可根据地形、地物、自然景观以及经验等来判断与决定直线的最大长度。

2. 直线的运用

两点之间以直线连接最为短捷、顺直，汽车在直线上行驶也受力简单，方向明确，驾驶操作简易。因而，直线在公路线形设计中被广泛使用。但在地形起伏较大的地区，直线线形大多难与地形相协调，易产生高填深挖路基，破坏自然景观，若长度运用不当，不仅破坏了线形的连续性，也不便达到线形设计自身的协调。过长的直线还易使驾驶人员感到单调、疲倦，难以目测车辆间距，很容易导致交通事故的发生。所以在运用直线线形并决定其长度时，必须持谨慎态度，不宜采用过长的直线。必须强调，无论是高速公路还是低速路在任何情况下都要避免追求长直线的错误倾向。

（1）适宜采用直线段的情况：

①路线完全不受地形、地物限制的平原区或两山之间的开阔地带，且周围景物有变化的情况下，一般可采用直线线形；

②市镇或其近郊规划方正的农耕区等以直线条为主体的地区，为协调景观、节约用地，宜采用直线线形；

③长度较大的桥梁、隧道等构造物路段，为了缩短构造物长度、便于施工，宜采用直线线形；

④路线交叉点前后，为争取较好的通视条件，以采用直线线形为宜；

⑤单幅双车道公路，直线路段能提供较好的超车条件，故在一定间隔内应设置一定长度的直线。

（2）当采用直线长度大于 1 km 时应注意以下事项：

①长直线的纵坡不应过大，一般应小于 3%；

②长直线与大半径凹形竖曲线组合，可减轻呆板之感；

③长直线两侧过于空旷时，宜采取栽植不同树种或设置一定建筑物等技术措施予以改善；

④长直线尽头，特别是长下坡方向的尽头，应对曲线半径、超高、视距等进行检验，必要时采取设置标志、增大路面抗滑能力等安全措施，来确保行车安全。

（三）平面设计成果

1. 直线、曲线、转角一览表

直线、曲线及转角表是路线平面设计的重要成果之一。它集中反映了公路平面线形设计的成果和数据，是路线平面施工放线、复测及检测的主要依据。表中应列出交点号、交点里程、交点坐标、转角、曲线各要素值、曲线主点桩号、直线长、计算方位角、断链等。

2. 路线平面图

路线平面设计图是公路设计文件的主要内容之一，它综合反映路线的平面位置、线形和几何尺寸，还反映出沿线人工构造物和重要工程设施的布置及公路与周边环境地形、地物和行政区划的关系等。

路线平面图中应示出：沿线的地形、地物、路线位置及里程桩号、断链、平曲线主要桩位与其他交通路线的关系以及县以上境地界等；标注水准点、导线点及坐标网格或指北图式；示出特大桥、大中桥、隧道、路线交叉位置等；列出平曲线要素和交点坐标表等。比例尺一般为 1：2 000～1：5 000。

高速公路、一级公路设计文件中，除要绘制上述路线平面图外，还应增绘公路平面总体设计图。公路平面总体设计图，除应绘制路线平面图的内容外，还应给出路基边线、坡脚或坡顶线、路线交叉的方式及平面形式，示出服务区、停车场、收费站等。

三、路线纵断面

（一）概述

由于自然因素的影响以及经济性要求，路线纵断面总是一条有起伏的空间线。

在纵断面图上有两条主要的线：一条是地面线，它是根据中线上各桩点的高程而点绘的一条不规则的折线，反映了沿中线地面的起伏变化情况；另一条是设计线，它是经过技术上、经济上以及美学上等多方面比较后设计人员定出的一条具有规则形状的几何线，反映了公路路线的起伏变化情况。

纵断面设计线是由直线和竖曲线组成的。直线（即均匀坡度线）有上坡及下坡，是用坡度和水平长度表示的。直线的坡度和长度影响着汽车的行驶速度和运输的经济以及行业的安全，它们的一些临界值的确定和必要的限制，是以通行的汽车类型及行驶性能来决定的。

在直线的坡度转折处为平顺过渡设置竖曲线，按照坡度转折形式的不同，竖曲线有凹有凸，其大小用半径和水平长度表示。

路线纵断面图上的设计标高，即路基设计标高规定如下：

1. 新建公路的路基设计标高

高速公路和一级公路采用中央分隔带的外侧边缘标高；二、三、四级公路采用路工边缘标高，在设置超高、加宽地段为设超高、加宽前该处边缘标高。

2. 改建公路的路基设计标高

改建公路的路基设计标高一般按新建公路的规定办理，也可视具体情况而采用行车道中线处的标高。

对于城市道路，设计标高指建成后的行车道中线路面标高或中央分隔带中线标高。由城市道路与公路的设计标高位置不同，在城市进出口两者的连接处，应注意两者之间标高的平顺衔接。

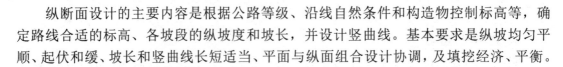

纵断面设计的主要内容是根据公路等级、沿线自然条件和构造物控制标高等，确定路线合适的标高、各坡段的纵坡度和坡长，并设计竖曲线。基本要求是纵坡均匀平顺、起伏和缓、坡长和竖曲线长短适当、平面与纵面组合设计协调，及填挖经济、平衡。

（二）纵坡设计

纵断面线形布置关键在于设计标高的控制。设计标高的控制关系到路基稳定性、线形顺性、交通方便等，最终反映在工程造价上。设计标高的控制点主要有路线起、终点，越岭垭口，重要桥涵，地质不良地段的最小填土高度和最大挖深，沿溪线和洪水位，隧道进、出口，平面交叉和立体交叉点，人行和农用车通道、铁路道口，城镇规划控制标高以及受其他因素限制路线必须通过的标高控制点等。山区公路还有根据路基填挖平衡关系控制道路中心填挖值的"经济点"。

在平原区，地形平坦、河沟纵横交错、地表水多、地下水位高、地方交通多等。因此，对于一般公路路线设计标高主要有保证路基稳定性的最小填土高度所控制；而对高等级公路路线的设计标高除考虑最小路基填土外，主要应考虑与地方交通的关系，可采用分离式或互通式立体交叉，则标高主要以跨线桥、通道等构造物净空控制。

在丘陵区，地面有一定高差，但不大，路线在纵断面上克服高差不困难。因此，设计标高的选定，主要由土石方平衡、降低工程造价所控制。但对高等级公路，应优先考虑线形要求，则工程量会增大，难保证土石方填挖平衡问题。

在山岭区，地形复杂，地面自然坡度大，设计标高由纵坡度和坡长所控制，应力求从土石方填挖平衡和路基附属工程合理等方面综合考虑，并进行经济比较以降低工程造价。

变坡点位置：变坡点是两条相邻纵坡设计线的交点，两变坡点之间的水平距离为坡长，但应力求从土石方填挖平衡和路基附属工程合理等方面综合考虑，并且进行经济比较，比降低工程造价。

（三）纵断面设计成果

纵断面设计的最后成果，主要反映在纵断面图与路基设计表上。

1. 纵断面设计图的绘制

纵断面设计图是公路设计主要文件之一，它反映中线地面起伏情况与设计标高之间的关系。把它与平面线形结合起来，就能反映出公路路线所在空间的位置。

纵断面图采用直角坐标，以横坐标表示里程，纵坐标表示高程。一般横坐标比例尺采用 1:2 000，纵坐标比例尺采用 1:200。路线纵断面图可以看成由两部分组成：一是图的上半部，二是图的下半部。上半部主要用来绘制地面线和纵坡设计线；下半部主要用来填写有关数据。自下而上分别有：①超高；②直线及平曲线；③里程及桩号；④坡度／坡长；⑤地面标高；⑥设计标高；⑦填挖高度值；⑧地质概况等内容。

此外，在纵断面图上应将下列内容在适当的位置绘制出来：①竖曲线位置及其要素；②沿线桥涵及人工构造物的位置、结构类型及孔径；③与公路、铁路交叉的桩号及路名；④沿线跨越的河流名称、位置、现有水平及最高洪水位；⑤水准点位置、编号和高程；⑥断链桩位置、桩号及长短链关系等。

2. 路基设计表

路基设计表是公路设计文件的组成内容之一，它是平、纵、横主要测设资料的综合，表中所列的桩号、地面高程、设计高程、填挖高度、路基宽度（包括加宽）、超高等有关资料，为路基横断面设计的基本数据，也是施工依据之一。

四、公路横断面

公路横断面是指中线上各点的法向切面，它由横断设计线和地面线组成。其中横断面设计线包括行车道、路肩、中央分隔带、边沟、边坡、截水沟、护坡道以及取土坑、弃土堆、环境保护设施等。两侧路肩外缘之间的部分称作路幅。

高速公路、一级公路的路基横断面分为整体式和分离式两类。整体式断面路幅范围内主要包括车道、中间带（中央分隔带及左侧路缘带）及路肩（硬路肩及土路肩）；分离式断面路幅范围内主要包括车道和两侧路肩（硬路肩及土路肩）。高速公路、一级公路在需要的路段还包括紧急停车带、爬坡车道、加（减）速车道、避险车道等附加车道。

二、三、四级公路的路基标准横断面包括车道、路肩等。二级公路位于中、小城市城乡结合部、混合交通量大的连接经路段，实行快、慢车道分开行驶时，可根据当地经验设置慢车道或加宽右侧硬路肩；二级公路位于山区时，根据需要也可以设置爬坡车道、避险车道等附加车道。

（一）路幅几何要素

路幅的几何要素包括路幅范围内各组成部分的宽度及横向坡度。在直线、圆曲线及缓和曲线路段，路幅几何形状和尺寸不尽相同。

1. 直线路段

在直线路段，二、三、四级公路的路幅宽度由行车道宽度和路肩宽度组成。高速公路和一级公路整体式路基断面的路幅宽度还应包括中间带度，分离式路基断面则在左侧设路肩。高速公路、一级公路及二级公路的路肩由硬路肩和土路肩构成，其中高速公路、一级公路的硬路肩包含路缘的宽度。

2. 圆曲线段

根据汽车弯道上行驶的特点和要求，通常圆曲线段的路幅要设加宽和超高。

当变道需要加宽时，行车道的宽度应包含弯道加宽值。圆曲线段的路肩宽度与直线段等线内、外侧硬路肩横坡度的方向及其横坡度应与相邻车道相同。位于曲线较低一侧的土路肩横坡，应比行车道及硬路肩横坡度大1%或2%，位于曲线较高一侧的土路肩横坡，应该采用3%或4%的反向横坡度。

3. 缓和曲线段

如果圆曲线段有加宽和超高，则缓和曲线段上的路面宽度和横坡均在变化，具体内容见"平曲线加宽"和"平曲线超高"。

对于单幅双车道公路，全加宽值应设在曲线内侧，路肩宽度不变化。对单幅多车道或双幅公路，应在曲线内、外侧分别加宽，加宽值应分别计算。

（二）加宽过渡段

加宽过渡段指从直线段的正常断面过渡到圆曲线段的全加宽断面（或相反）所必需的过渡段。其长度取为回旋线或超高过渡段长，当不设回旋线或超高时，取断变率为 1：15 且长度不小于 10 m。

（三）平曲线超高

当圆曲线半径小于规定的不设超高的最小半径时，应该在曲线上设置超高。

不同圆曲线的超高横坡度，可按公路等级、设计速度、自然条件及车辆组成等因素确定。

1. 无中间带公路的超高过渡

若超高横坡度等于路拱坡度，路面由直线上双向倾斜路拱形式过渡到曲线上具有超高的单向倾斜形式，只需行车道外侧绕中线逐渐抬高，直至与内侧横坡相等为止。

当超高坡度大于路拱坡度时，可分别采用以下三种过渡方式：

（1）绕内边线旋转。

（2）先将外侧车道绕路中线旋转，待达到内侧车道构成单向横坡后，整个断面再绕未加宽前的内侧车道边线旋转，直至超高横坡值。

（3）绕外边缘旋转。

先将外侧道绕外边缘旋转，与此同时，内侧车道随中线的降低而相应降低，待达到单向横坡后，整个断面仍绕外侧车道边缘旋转，直至超高横坡度。

先将外侧车道绕外边缘旋转，与此同时，内侧车道随中线的降低而相应降低，待达到单向横坡后，整个断面仍绕外侧道边缘旋转，直到超高横坡。

上述各种方法，绕边线旋转由于行车道内侧不降低，有利于路基纵向排水，一般新建工程多用此法。绕中线旋转可保持中线标高不变，且在超高坡度一定的情况下，外侧边缘的抬高值较小，多用于旧路改建工程。但绕外侧边线旋转是一种比较特殊的设计，仅用于某些改善路段的地点。

2. 有中间带公路的超高过渡

（1）绕中间带的中心线旋转。先将外侧行车道绕中央分隔带边缘旋转，待达到与内侧行车道构成单向横坡后，整个断面一同绕中心线旋转，直到超高横坡度值。此时中央分隔带呈倾斜状。

（2）绕中央分隔带边缘旋转。将两侧行车道分别绕中央分隔带边缘旋转，使之各自为独立的单向超高断面，此时中央分隔带维持原有水平状态。

（3）绕各自行车道中线旋转。将两侧行车道分别绕各自的中心线旋转，使之各自成为独立的单向超高断面，此时中央分隔带两边缘分别升高与降低而成为倾斜断面。

三种方式的优缺点与无中间带的公路相似。中间带宽度较窄时（＜4.5 m）可采用（1）法；各种宽度的中间带都可以用（2）法；对于大于四车道的公路可采用（3）法。

3. 超高过渡段长度

为了行车的舒适、路容的美观和排水的通畅，须设置一定长度的超高过渡段，超高过渡段在回旋线全长范围内进行。

（四）路基边坡、地面排水设备及路基附属设施

横断面范围内除了路幅部分还包括边坡与边沟、截水沟等地面排水设备以及护坡道、碎落台、取土坑、弃土堆等路基附属设施。

1. 路基边坡

公路路基的边坡坡度，可用边坡高度与边坡宽度之比值表示，并取高度 =1，路基边坡坡度的大小，取决于边坡的土质、岩石的性质及水文地质条件等自然因素和边坡的高度。在陡坡或填挖较大的路段，边坡稳定不但影响到土石方工程量和施工的难易，而且是路基整体稳定性的关键。因此确定边坡坡度对于路基的稳定性和工程的经济合理性至关重要。一般路基的边坡坡度可据多年工程实践经验和设计规范推荐的数值采用。

（1）路堤边坡

一般路堤边坡坡度应根据填料种类、边坡高度和基底工程地质条件等确定。

路堤边坡高时，可在边坡中部每隔 8 ～ 10 m 设边坡平台一道，平台宽度为 1 ～ 3 m，用浆砌片石或水泥混凝土预制块防护。边坡度为 2% ～ 5% 向外侧倾斜的缓坡。

沿河水路堤的边坡坡度，在设计水位以下部分视填料情况可采用 1：1.75 ～ 1：2.0，在常水位以下可采用 1：2.0 ～ 1：3.0。

当公路沿线有大量天然石料或路堑开挖的废石方时，也可用以填筑路堤。填石路堤应采用不易风化的较大的（大于 25 cm）石块砌筑，边坡坡度一般可用 1：1。

（2）路堑边坡

路堑是从天然地层中开挖出来的路基结构物。影响路堑边坡稳定的因素较为复杂，除了路堑深度和坡体土石的性质之外，地质构造特征、岩石的风化和破碎程度、土层的成因类型、地面水和地下水的影响、坡面的朝向以及当地的气候条件等都会影响路堑边坡的稳定性，在确定路堑边坡时必须综合考虑。

土质（包括粗粒土）路堑边坡，应根据边坡高度、土的湿度和密实程度、地下水和地面水的情况、土的成因及生成时代等因素，岩石路堑边坡，一般根据地质构造与岩石特征，对照相似工程的成功经验选定边坡坡率。岩石的种类、风化程度以及边坡的高度是决定坡率的主要因素。

2. 地面排水设施

常用的路基地面排水设施，包括包沟、截水沟、排水沟、跌水与急流槽等，必要时还有渡槽、倒虹吸及蒸发池等。这里主要介绍边沟、截水沟的形式和尺寸。

（1）边沟

边沟的作用是排除边坡及路面汇集的地表水，以确保路基与边坡的稳定。在公路

挖方路段以及高度小于边沟深度的低填方路段应设置边沟，边沟的作用是排除边坡及路面汇集的地表水，以确保路基与边坡的稳定。在公路挖方路段以及高度小于边沟深度的低填方路段应设置边沟。

边沟的横断面形式有梯形、矩形及三角形。边沟横断面通常采用梯形，梯形边沟内侧边坡为 1：1～1：3，外侧边坡坡度与挖方边坡坡度相同。三角形边坡的水流条件较差，流量较大时沟深宜适当加大。

高速公路、一级公路边沟的深度及底宽不应小于 0.6 m，其他等级公路不应小于 0.4 m。设置超高路段的边沟应加深，以保持边沟排水畅通。

边沟纵坡宜与路线纵坡一致，一般不小于 0.5%，特殊情况允许采用 0.3%。当边沟纵坡较大时，应对边沟进行加固。边沟长度，一般不宜超过 500 m，多雨地区不超过 300 m，三角形边沟不宜超过 200 m。

（2）截水沟

为汇集并排除路基边坡上侧的地表径流，应该设置截水沟。

（3）排水沟

将边沟、截水沟、取土坑、边坡和路基附近积水，引排至桥涵或路以外时，应采用排水沟。

排水沟的长度不宜超过 500 m，与各种水沟的连接应顺畅。

高速公路、一级公路和通过耕地、居民区的填方路基宜设坡脚排水沟。路堤边坡设急流槽地段，排水沟距路基坡脚距离不宜小于 2 m。

边坡平台设排水沟时，平台应做成 2%～5% 向内侧倾斜的排水沟。排水沟可用三角形或梯形横断面，当水量大时，宜设置 30 cm×30 cm 的矩形、三角形或者 U 形排水沟，排水沟可用水泥混凝土预制构件拼装，沟壁厚度 5～10 cm。

3. 路基附属设施

与路基工程有关的附属设施有取土坑、弃土堆、护坡道、碎落台等。

（1）路侧取土坑与路旁弃土堆

当路基土石方数量经过合理调配后，仍有借方和弃方时，就要设置取土坑或弃土堆。横断面范围内可能出现的是路侧取土坑或路旁弃土堆。

路侧取土坑的设置应有统一规则，使之具有规则的形状及平整的底部。平原地区的高速公路及一级公路不宜设路侧取土坑。取土坑底应设纵、横向坡度，以利排水。坑底纵坡坡度不宜小于 0.3%，横坡坡度宜为 2%～3%，并向外侧倾斜。取土坑出水口应与路基排水系统衔接。取土坑的边坡坡度，视土质情况而定，不应陡于 1：1.0，靠路基一侧不宜陡于 1：1.5。

当地面横坡陡于 1：1.0 时，路侧取土坑应设在路基上方一侧。

填方路基设置路侧取土坑时，路基边缘与取土坑之高差大于 2 m 时，对于一般公路应设置护坡道，护坡道的宽度为 1～2 m；对于高速公路、一级公路护坡道宽度不少于 3 m。

桥头引道两侧不宜设置取土坑，特殊情况下可在下游一侧设置取土坑，但应留宽度不小于 4 m 的护坡道。农业或养路需要利用取土坑做蓄水池时，取土坑的设置不得影响路基稳定。

路基弃土堆设置应与当地农田建设和自然环境相结合，并宜利用弃土改地造田。路侧弃土堆一般可设在附近低地或路堑处原地面下坡的一侧，当地面横坡缓于1∶5时，可设在路堑两侧。弃土堆内侧坡脚路堑顶之间的距离应随土质条件和路堑边坡高度而定，一般不小于 5 m；路堑边坡较高，土质条件较差时应大于 5 m。

弃土堆一般可堆成梯形横断面，边坡不应陡于1∶1.5，并且应与周围环境相协调。

（2）护坡道与碎落台

护坡道是保证路基边坡稳定性的措施之一，设置的目的是加宽边坡横向距离，减小边坡平坡坡度。护坡道愈宽，愈有利于边坡稳定，但宽度越大，工程数量亦随之增加。因而，护坡道的设置，要兼顾边坡稳定性与经济合理性。护坡道一般设在挖方坡脚处，边坡较高时亦可设在边坡上方及挖方边坡的变坡处。浸水路基的护坡道，可设在浸水线以上的边坡上。

碎落台设于土质或石质土的挖方边坡坡脚处，主要供零星土石碎块下落时临时堆积，以保护边沟不致阻塞，亦有护坡道的作用。碎落台宽度通常为 1.0 ～ 1.5 m，当其兼有护坡作用时可适当放宽。

五、桥梁、隧道轴线

（一）桥头引道与桥上线形的配合

各级公路上的桥涵等人工构造物同路基段的衔接应符合路线布设的有关规定。

桥梁及其引道的位置对线形设计有较大影响，应该综合考虑与路线的配合，使之视野开阔，视线诱导良好。

一般公路跨河桥或跨线桥，其桥位线（包括桥头接线）宜与被跨的河流和铁路、公路正交。当必须斜交时，其交叉角宜大于45°。

高速公路、一级公路上的桥梁线形应与路线整体线形相一致，应使桥梁线与路线线形连续、协调、流畅。

（二）隧道洞口连接与隧道线形的配合

各级公路隧道与公路的衔接应符合路线布设有关规定。

隧道宜采用直线线形，也可采用曲线线形。当采用曲线线形时宜采用不设超高的圆曲线半径，或超高为2% ～ 3%的圆曲线半径。

洞口内侧不小于 3 s 设计速度行程长度与洞口外侧不小于 3 s 设计速度行程长度范围内的平、纵线形应一致。

洞口外与之相连接的路段应设置距洞口不小于 3 s 设计速度行程长度，且不小于 50 m 的过渡段，以保持横断面过渡的顺适。

高速公路、一级公路一般设计为上、下行分离的两座独立隧道。

第二节　几何线形检测内容

由前面所述，公路线形是路基路面工程、桥梁工程、隧道工程等平面、纵断面和横断面的统称。各种结构物的几何尺寸一般是指它的长、宽、高、坡度以及顶面和底面标高，下面分别介绍。

一、平面

公路平面是由公路中线反映的，而中线又由直线，圆线又由直线、圆曲线和缓曲线组成。

1. 直线

从理论上讲，直线由两点间连线构成。但从公路工程实际出发，要控制直线，是通过直线上一系列点，即直线段中桩桩位控制的。由于测量误差及施工条件限制，公路直线段有时并非直线，而是一条折线。要满足直线行车条件，这条折线不可偏位较大，而应近似于直线，即应控制每个桩位的偏差值。

2. 圆曲线

公路上的圆曲线是一条圆弧段，只要给定圆心及半径，就可确定该圆弧。公路上确定圆弧的方法是确定圆弧上一系列点，由于这一系列点的偏位，圆不是严格意义上的圆弧，而是一条任意曲线。要满足圆弧上行车条件，就应控制每一点偏差值。

3. 缓和曲线

公路上的缓和曲线是数学上的回旋线。公路上确定缓和曲线时也是用一系列桩位表示的，其精度一是由计算方法决定；二是由放样方法决定。通过上面两个步骤来控制偏差值，以满足高速行车舒适及驾驶人视觉平顺的缓和曲线要求。

二、纵断面

公路纵断面是由纵断面设计线反映的，设计线由直坡段和竖曲线段组成；平曲线的超高过渡段内，外侧边缘也可看做为一般纵断面设计线（直线或与竖曲线的叠加）；另外，附属工程的顶面或底面线纵坡，也可以看做一段直坡段。

1. 直坡段

直坡段是纵断面设计线上的直线，理论上同平面直线段一样，由两点确定。实际上是由设计线上一系列桩位的标高确定，因为偏差影响，好像由一系列未设竖曲线的变坡点组成，这样会影响平顺行车，故应加以控制以满足行车平顺舒适要求。对附属工程，会影响外观平顺及底面排水。

2. 竖曲线

竖曲线形式是二次抛物线或圆曲线，由竖曲线上一系列桩位的标高确定。由于高程偏差的影响，竖曲线在纵断面上成为锯齿形的二次抛物线或圆曲线，影响平顺行车，所以应控制每一点的高程偏差。

三、横断面

公路横断面是由横断面设计线反映的，构成设计线元素的宽度和横坡。横坡度反映路拱线形和横断面方向高程变化，横坡度和宽度有一定的函数关系。

1. 宽度

一般包括行车道和路肩，另外还有中央分隔带、爬坡车道、加减速车道等。宽度可以是独立的，即不受公路中线位置的影响；也可以不独立，即由中线偏位，使中线两侧的宽度不同，但断面总宽却满足要求。

2. 坡度

坡度包括路拱横坡、超高横坡及边坡坡度。坡度是通过测定任意两点之间的高差和水平距离的比值来反映的。坡度和宽度有关联，不是独立存在的。

四、其他

（一）排水工程

排水工程的检测内容主要是各构造物尺寸及坡面坡度。

1. 管道基础及管节安装

为保证结构受力安全及排水要求，应满足：

（1）管轴线偏位要求；

（2）管内底高程，即保证排水畅通；

（3）基础及抹带尺寸。

2. 检查（雨水）井砌筑

为保证与地下管道连接及泄水要求，应满足：

（1）轴线偏位要求；

（2）井孔尺寸，长、宽或直径、高等。

3. 土沟

土沟一般指边沟、排水沟、截水沟等，它一要外观平顺，二要满足排水要求，所以应满足：

（1）沟底纵坡的设计要求，也可根据实际土质情况，满足调整后的沟底纵坡；

（2）断面尺寸，即宽度（顶宽、底宽）和深度。

（3）边坡坡度。

4. 浆砌水沟

当考虑冲刷条件时，土沟可采用浆砌排水沟，它应该满足：

（1）轴线偏位要求；

（2）沟底高程，即沟底纵坡设计要求；

（3）断面尺寸，即满足泄水断面；

（4）砌石及基础垫层尺寸（即厚度），满足冲刷等要求。

5. 盲沟

盲沟除泄水条件外，还有一定的受力条件，故应满足：

（1）沟底纵坡或高度，保证排水条件；

（2）断面尺寸，保证满足汇水条件和受力要求。

（二）挡土墙、防护及其他砌石工程

1. 砌石、混凝土挡土墙

要保证结构物设计位置、外观、受力条件，因此应满足：

（1）平面位置，要注意与路线横断面对应关系，同时注意在横断面上的位置。当地面横坡与设计出入较大时，尤其应注意。

（2）顶面高程、底面高程，应保证设计高与基础的埋深条件。

（3）断面尺寸，得保证受力条件。

2. 加筋挡土墙

要保证结构的受力条件，应满足：

（1）平面位置、板面轴线等；

（2）顶面高度；

（3）墙面坡度等。

（三）路面工程

除前面所述的路线平、纵、横检测外，主要是路面各结构层厚度检测，另外根据各结构层特点，还包括其他一些几何尺寸检测。

1. 水泥混凝土面层

（1）板厚；

（2）相邻板高差；

（3）纵、横缝顺直度；

（4）接缝位置、规格、尺寸和传力杆、拉杆位置及间距等；

（5）面层与其他构造物衔接平顺，检查井盖顶标高、雨水口标高。

2. 沥青混凝土面层和沥青碎（砾）石面层。

（1）厚度，分总厚和分层厚，要处理好满足总厚与分层厚的关系；

（2）宽度，注意有、无侧石的划分标准。

注意纵面高程对面层厚度的影响，一般是"宁低勿高"。

（四）桥梁工程

桥梁工程涉及范围较大，同时涉及参照其他检测内容与标准。如砌体工程参照路基工程检测内容；施工过程应用的设施参照施工技术规范内容；斜拉桥的支架现场浇筑参照悬臂浇筑的标准内容等。

桥梁总体检测除按路线平、纵、横检测外，还包括桥长、引道中心与桥梁中心线的衔接、桥头高程衔接等。

上部构造，即桥跨结构，它包括承重结构、桥面铺装与人行道三大部分，主要检测内容为断面几何尺寸，长、宽、高等；支座中心偏位、标高、间距等；板、梁、拱等轴线偏位。

下部工程，即墩台工程。主要检测几何尺寸；墩台顶高、间距；盖梁顶高等。

基础工程，它包括天然基础、桩基础和沉井基础。桩基础几何检测包括桩位、钢筋管骨架或桩尖标高；沉井基础包括沉井平面尺寸、井壁厚、沉井刃脚高程、中心偏位等。

钢筋加工及安装几何检测包括间距、变起位置、骨架尺寸、保护层厚度等。

（五）涵洞工程

1. 管涵

（1）轴线偏位；

（2）涵底流水面标高；

（3）涵管长度；

（4）管座宽度；

（5）相邻管节底面错口等。

2. 盖板涵和箱涵

（1）轴线偏位；

（2）涵底流水面高程及顶面高程；

（3）长度、孔径等。

3. 拱涵

（1）轴线偏位；

（2）拱圈厚度，分混凝土和石拱涵；

（3）涵底流水面高程；

（4）长度、跨径等。

4. 倒虹吸管

（1）轴线偏位；

（2）涵底流水面高程；

（3）相邻管节底面错口；

（4）竖井尺寸及高程。

5. 顶入法施工的桥、涵

（1）轴线偏位；

（2）高程；

（3）相邻两节高差。

（六）隧道工程

隧道工程的总体几何检测包括：隧道宽度，即横断面宽；轴线偏位，即平面线形，隧道净高，即建筑限值；还有中心线与两洞口公路中线的衔接偏位及边坡、仰坡坡度值。

洞身开挖，对不同围岩类别及不同部位满足超挖规定值。

洞身支护和衬砌，包括喷层厚、衬砌厚、断面尺寸以及墙面平整度等。

（七）交通安全设施

1. 标志安装

（1）立柱垂直度；

（2）标志安装角度；

（3）标志板下缘至路面净空，及标志板内侧路肩边线距离等；

（4）基础尺寸

2. 标线喷涂

厚、宽、长、间距及横向偏位。

3. 视线诱导标

反射器中心高、中距、安装角、横向偏位。

4. 波形梁护栏

（1）立柱外边缘距路肩边线距离、立柱中距及垂直度；

（2）护桩顺直度；

（3）横梁中心高度。

第三节　平面位置的检测

平面位置检测，是指在公路工程交工或竣工验收时，对其平面的实际位置与设计位置进行测量比较，确定其偏移量，并按照《公路工程质量检验评定标准》中的规定值或允许偏差进行检查评定。其检测内容主要包括路基、路面、桥梁和隧道的中线偏位，以及施工放样过程中，由测量误差引起的，也可是在施工过程中，由于对各种构造物的尺寸控制不严或施工不当所造成的。

在上述各项检测内容中，又以公路中级偏位的检测最为重要。因为各种构造物的施工放样，往往是以公路中线为基准进行的，中线偏位的状况也会直接影响到构造物的轴线偏位。所以，在平面位置检测时应该把对中线偏位的检测作为重点。

一、中线的平面坐标

公路中线的平面位置，通常是由不同点位的平面坐标来确定的。特别是全站仪在公路测设、施工放样、交工和竣工验收中的广泛使用，要检测公路中线的偏位，必须知道公路平面控制网控制点的坐标，及公路中线上任意点的坐标。

（一）测量坐标系

为了确定地面点的位置，需要建立测量坐标系。在一般测量工作中，地面点的位置可根据不同的用途，用大地坐标系、高斯平面直角坐标系、独立平面直角坐标系等来表示，即用一个二维坐标系（椭球面或平面）来表示。

1. 大地坐标系

大地坐标系是以参考椭球面作为基准面，用大地经度和纬度表示地面点位的坐标系。

2. 高斯平面直角坐标系

大地坐标系可以用来确定地面点在椭球面上的位置，但如果用于测量上的大比例尺测图控制网和工程控制网，则不适应。测量上常用地图投影的方法将椭球面上的元素，如大地坐标、长度、方向等转化到平面上，采用了平面直角坐标系。地图投影的方法很多，我国采用高斯投影。

3. 独立平面直角坐标系

当测区范围较小时（如 < 100 km²），常把测区的球面投影看做平面，这样地面点在投影面上的位置就可以用平面直角坐标来确定。测量工作中采用平面直角坐标系规定南北方向为纵轴 X 轴，向北为正；东西方向为横 Y 轴，向东是正。

（二）公路平面控制测量的坐标系

1. 公路平面控制测量

公路平面控制测量，是确定平面控制网各控制点坐标的测量工作，包括路线、桥梁、隧道及其他大型构造物的平面控制测量。其中，路线平面控制网是公路平面控制测量的主控制网，沿线桥梁、隧道等各种大型构造物的平面控制网应联测于主控制网上，且主控制网宜全线贯通，统一平差。

各级公路、桥梁、隧道及其他建筑物的平面控制测量等级的确定。

根据国家规定，结合公路工程特点，我国《公路勘测规范》规定，公路平面控制网坐标系的确定，宜满足测区内投影长度变形值不大于 2.5 cm/km。根据测区所处的地理位置和平均高程，可按下列方法选择坐标系：

（1）当投影长度变形值不大于 2.5 cm/km 时，采用了高斯正形投影 3° 带平面直角坐标系。

（2）特殊情况下，当投影长度变形值大于 2.5 cm/km 时，可采用：

①投影于 1954 北京坐标系或 1980 西安坐标系椭球面上的高斯正形投影任意带

平面直角坐标系；

②投影于抵偿高程面上的高斯正形投影 30 带平面直角坐标系。

（3）投影于抵偿高程面上的高斯正形投影任意带平面直角坐标系。

（4）二级和二级以下公路、独立桥梁、隧道等，可采用假定坐标系。

对于不同公路工程项目所采用的坐标系，在施工图设计文件中应有说明，检测时可直接引用。但对测设或施工中所埋设的控制点标石是否可靠，通常应首先进行检测。

2. 坐标换带

公路平面控制网应保证各控制点的坐标具有同一坐标系。由于高斯投影采用经差 6°或 3°分带投影的方法来限制投影长度的变形，而分带投影却采用平面直角坐标系。当平面控制网两端的已知控制点不在同一投影带内时，应该先将相邻的控制点坐标换算成同一带的坐标，然后才能进行控制网的坐标计算。坐标换带可以通过高斯投影坐标公式进行计算，此处不再详述。

（三）公路平面控制网的检测

我国公路平面控制网，尤其是高等级的控制网一般都与国家三角网相联测，并按平面控制测量的有关要求，进行了外业施测、内业计算及平差处理，故其精度是可以保证的。但因公路测设和施工的周期较长，在公路工程交工和竣工验收时，这些控制点的桩信标石是否移动、变形或丢失，则需要检查和测定，以保证公路平面位置检测的精度。

公路平面控制网检测，主要是检查原有施工平面控制网的测量精度。经过检测，凡是与原施工控制测量成果的较差在限差以内时，采用了原成果作为验收的依据；超出限差时，应予重测。

1. 公路平面控制网检测的内容

公路平面控制网点的精度和密度，直接影响公路平面位置检测的精度和质量。因此，公路验收时对平面控制网进行检测是十分必要的。控制网检测的内容主要包括：

（1）检查控制网是否符合规范及有关规定要求，平差计算是否正确，精度是否经过有关方面的检查与验收。

（2）检查控制点的密度是否满足交工和竣工验收的要求，必要时应进行加密，以保证验收过程中，相邻控制点间能相互通视。

（3）检查控制点是否移动、变形、丢失，并且进行必要的增设的补设。

2. 公路平面控制网的检测

公路平面控制测量采用等级导线测量和三角测量。其中导线测量是路线平面控制测量的一种主要方法；三角测量主要用于桥梁、隧道等大型构造物的平面控制测量。在公路交工和竣工验收时，主要是利用平面控制网进行平面位置检测。公路平面控制网检测的外业施测、内业计算及平差处理，参见控制测量的有关文献。

（四）路线中桩坐标的计算

目前，在高等级公路的施工图设计文件中，一般都编制有公路中线的逐桩坐标表。

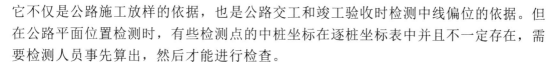

它不仅是公路施工放样的依据，也是公路交工和竣工验收时检测中线偏位的依据。但在公路平面位置检测时，有些检测点的中桩坐标在逐桩坐标表中并且不一定存在，需要检测人员事先算出，然后才能进行检查。

（1）路线转角、交点间距、曲线要素及主点桩计算，参考有关资料。

曲线要素及主点桩号计算公式与传统方法相同。由于坐标计算时精度要求较高，因此必须注意取舍误差，否则会影响计算精度。

（2）直线上中桩坐标的计算，参考有关资料。

（3）平曲线上中桩坐标的计算，参考有关资料

二、中级偏位的检测方法

（一）检测频率

中线偏位是指公路交工或竣工以后，其中线的实际位置与设计位置之间的偏移值。按规定，对于土方路基、石方路基和各种类型的路面工程，其中线偏位的检测频率为每 200 m 测 4 个点。在路基工程的检测中，还应增加曲线上的 HY 和 YH 两点。由于高等级公路的曲线较长，有时一个变道的长度达数百米至数千米，故 200 m 检测段全部位于曲线的机会是很大的。在曲线上选点时，须包含平曲线主点桩，因为这些点决定了曲线的轮廓，对路线的几何线形起控制作用。

（二）中线偏位检测的方法

1. 距离交会法

当中线上的点与导线点相距较近，或在无经纬仪的情况下，也可以用距离交会法测量中线偏位。

2. 极坐标法

检测中线位，采用常规的经纬仪、钢卷尺等测量设备，利用上述的角度或距离交会法，不仅效率低，精度难以保证，而且有时是十分困难的。

极坐标法放样的基本原理是以控制导线为根据，用极角和极距确定放样点。

3. 后方交会法

上述几种方法都是将经纬仪或全站仪安置在控制点上，测得公路中线上任意点的坐标来确定偏位的，但地形变化较大或路基填土、桥梁结构较高的地点有时也会给测量工作带来不便。

下面介绍一种直接将仪器安置在中桩上，瞄准几个已知坐标点，观测各自的水平角，从而求出置镜点坐标的方法，该方法称为"后方交会"法，适用于检测桥梁轴线的偏位。

4. 无中桩坐标的中线检测

对于公路等级较低，且地形平坦、路线方案简单及工程结构物不复杂的公路，或受地形、地物等条件的限制无法进行平面控制和地形测量的公路，定线时可采用现场

定线法。现场定线法一般不作控制测量、不计算中桩坐标，而用链距法、切线支距法或偏角等传统方法敷设中线。

在公路交工或竣工验收时，对于无控制导线和中桩坐标的中线检测，应首先恢复交点或转点、实测偏角和距离，然后采用敷设中线时的传统方法进行检测。但传统方法多采用经纬仪和钢尺等常规检测设备，存在搬站多、效率低，并且有测点点位精度偏低或测点误差积累等缺点。

第四节　纵断面高程的检测

纵断面高程的检测一般是指对路基、路面或构造物施工各阶段完成后所测得的高程数据与设计文件中对应设计高程数据之间的差值进行测量的工作。

路线的设计标高可以从纵断面图或路基设计表中得到。构造物的标高通常是指构造物的底面和顶面以及各重要组成部分的标高，其值可从构造物设计图中查得或计算得到。

一、水准仪检测纵断面高程

（一）检测频率

1. 路基土石方工程

（1）土方路基

土方路基纵断面高程一般 200 m 为一个检测单位，测 4 个桩号，可以随机取也可均匀取。

（2）石方路基

同土方路基。

2. 排水工程

（1）管道基础及管节安装

管内底高程测 2 处，可随机，也可等距离均匀分布。实测值与设计值的差值应小于允许偏差值。

（2）土沟

土沟沟底纵坡的检查频率与土方路基相同。

（3）浆砌排水沟

其沟底高程每 200 m 为一个检测单位，测 5 个点，可以随机布点，也可按等距均匀布点。

（4）盲沟

盲沟沟底纵坡每 10～20 m 检查 1 点。

3. 挡土墙、防护及其他砌石工程

（1）砌石混凝土挡土墙

顶面和底面高程每 20 m 检查 1 点。

（2）挡土墙

墙顶高程每 20 m 测 3 点。

（3）锥、护坡

顶面高程每 50 m 检测 3 点，不足 50 m 检测的至少 2 点。底面高程也是每 50 m 检测 3 点。

（4）砌石工程

顶面高程每 20 m 测 3 点。

（二）水准点的建立与加密

1. 一般规定

（1）目前高程系统一般应采用 1985 国家高程基准，在此之前曾采用 1956 黄海高程系统。同一条公路应采用同一个高程系统，不能采用同一系统时，应给出高程系统的转换关系。对于二级以上公路、特大桥、长隧道应与国家控制网联测，采用绝对高程；三级以下公路及独立桥梁、隧道等小测区与国家控制网联测有困难时，可采用相对高程。

（2）水准测量的等级

①有特殊控制要求的公路、2 000 m 以上的特大桥、4 000 m 以上特长隧道用三等水准测量，附合路线长为 50 km。

②高速公路、一级公路、1 000～2 000 m 特大桥、2 000～4 000 m 长隧道用四等水准测量，附合路线长 30 km。

③二级及二级以下公路、100 m 以下隧道用五等水准测量，附合出路线长 10 km。

2. 水准点和水准路线

（1）水准点

水准点是用水准测量方法建立的高程控制点，用 BM 表示。水准点应设在土质坚硬、稳固可靠和便于保存与使用的地方，等级水准点的高程，可在当地测量部门查取。在工程建设和地形测绘时建立的水准点，其绝对高程应用国家水准点引测；引测有困难时，也可采用相对高程。

水准点设备的数量要满足测设、施工需要，其间距一般平原微丘区不大于 2 km；山岭重丘区不大于 1 km。此外在路线起终点，大中桥两岸，隧道进出口和工程集中的地段均应增设水准点，检测时若不足使用，可再行加密。

（2）水准路线

在两水准点之间进行水准测量所经过的路线称为水准路线。根据测区的情况不同，水准路线可布设成以下几种形式：

①闭合水准路线，从高一级水准点 BM1 出发，经过测定测线其他各点高程，最后又闭合到 BM1 的环形路线。

②附合水准路线，从高级水准点 BM1 出发，经过测定沿线其他点高程，最后附合到另一高级水准点 BM2 的路线。

③支水准路线，从一已知水准点 BM1 出发，沿线测定其他各点高程，其路线既不闭合又不附合，但是必须往返观测。

3．水准测量的实施方法

（1）水准测量原理

水准测量的原理是利用水准提供的水平视线，在已知高程点和未知高程点上竖立水准尺并读取读数，测定两点间的高差，从而可由已知点的高程推算出未知点的高程。

（2）水准测量的实施

当欲测的高程点距水准点较远或高差较大时，就需要连续多次安置仪器以测出两点的高差。

为保证观测的质量，一般要求同样的方法反测一次，两次观测得的高差不符值在误差容许范围内，才可取平均值作为最后的结果。

4．水准测量成果处理

水准测量的外业工作结束后，应按水准路线的形式进行成果处理，计算水准路线的高差闭合差和进行高差闭合差的分配。

（三）高程的检测方法

1．准备工作

在路基、路面工程中，一般以 1～3 km 长的路段为一检验评定单元。所以沿线可以划分为若干个评定单位。根据前述检验频率，每 200 m 为一个小单元，这 200 m 在 1～3 km 范围内可指定，也可以随机取样。

2．纵断面高程检测的一般要求

纵断面高程检测一般应采用与公路等级相适应的水准测量等级，所用仪器为 S3 型，即望远镜放大率不小于 28 倍，水准管分划不大于 207mm 的仪器，水准尺可用双面尺或单面尺。测量时，水准仪应置于两水准尺之间，前、后视距离尺可相等，仪器至水准尺的距离一般不超过 100 m。闭合附合水准路线，通常采用单程观测，但施测支水准路线时，应进行往、返观测。

二、全站仪（或红外仪）检测纵断面高程

随着测量仪器的发展更新，从传统的钢尺量距、经纬仪测角到现在两者合为一体的全站仪的出现，使得距离、角度的测量速度和精度大大提高。再加上仪器内部具有较强的计算功能，使得三角高程测量可以代替部分水准测量。在进行水准测量确有困难的山岭地带以及沼泽、水网地区，四、五等水准测量可采用光电测距三角高程测量。

在讲三角高程测量之前，首先介绍与之有关的竖直角和天顶距的概念。

所谓竖直角是指在同一竖直面内，目标视线方向与水平线的夹角，取值范围为 $0°\sim\pm90°$。水平视线以上的目标的竖直角为仰角，其值为正；水平视线以下的目标的竖直角为俯角，其值为负。

所谓天顶距是指在同一竖直面内，目标视线方向和重力作用线的相反方向线的夹角，取值范围为 $0°\sim180°$。

（一）三角高程测量原理

三角高程测量是根据两点的水平距离和竖直角计算两点的高差。

（二）三角高程测量方法

（1）安置仪器于测点，量取仪器高和标尺或棱镜高，应在观测前后分别量测。对于四等测量应采用人工量测，其取值精确至 1 mm，当较差大于 2 mm 时，取平均值；对于五等测量取值精确至 1 mm，当较差大于 4 mm 时，取平均值。

（2）用经纬仪或测距仪（或全站仪）观测竖直角（或天顶距）1～3 个测回，各测回之间较差及指标差应符合规程规定，取其平均值作为最后结果。

（三）全站仪检测纵断面高程

以上介绍了三角高程测量用于高程控制测量时的原理和方法，全站仪检测纵断面高程的原理是三角高程测量，但方法要比控制测量简单，通常只进行正视观测，竖直角（或天顶距）观测测回数根据仪器的精度而定。

第五节　横断面的检测

横断面的检测，是指在公路工程交工或竣工验收时，对横断面的实际几何尺寸进行测量，并与设计的数值相比较，按照《公路工程质量检验评定标准》中的规定值或允许偏差进行的检查评定工作。横断面几何尺寸出现的偏差，一般是在施工过程中对各种构造物的横向尺寸控制不严或施工不当所造成的。

根据公路横断面的组成，横断面检测的内容主要包括路基、路面、桥梁和隧道等工程结构物的宽度、横坡，以及路基边坡和排水、支挡、防护等工程的断面几何尺寸等。

公路的横断面，是指路中线上各点的法向切面。要检测公路横断面，首先要确定道路中线在直线、圆曲线、缓和曲线这些不同路段的横断面方向，然后才可按其检测的内容进行检测。

一、横断面方向的确定

公路不同路段横断面方向的确定，可用方向架、方向盘、经纬仪、全站仪等测量设备，采用直接法或间接法测定。直接法是路中线上，用不同的测量仪器直接测定其横断面方向；间接法是通过计算公路的中桩和边桩坐标，并用全站仪放松，由中桩和边桩的位置来确定横断面的方向。

横断面方向确定所采用的方法和仪器应根据公路的等级与横断面检测的精度要求而选定。

（一）直线段的断面方向

当路中线为直线时，直线上任一点的横断面方向，首先要标定直线段的路中线，然后采用直接法与间接法。

1. 直接法

（1）方向架

方向架上有两个相互垂直的固定片，将方向架置于要测定的横断面中桩上，用一个方向瞄准直线上任一中桩，则与此方向垂直的方向即为待检测的横断面方向。

（2）方向盘

方向盘是在木架上安装的一个圆形刻度盘。将方向盘置于要测定的横断面中桩上，用一个方向瞄准直线上任一中桩，则与此方向垂直的方向即为待检测的横断面方向。

（3）经纬仪或全站仪

同方向盘方法，用经纬仪或全站仪瞄准直线上任一中桩，让照准部顺时针或逆时针转动90°的方向，即为待检测的横断面方向。

2. 间接法

用间接法确定直线上任一点横断面方向，可以采用如下步骤：

（1）计算直线上任一点的横断面方位角；

（2）计算中桩和边桩坐标；

（3）外业放样中桩的边桩。

由两个已知导线点，一点安置全站仪，一点作为后视点，放样出中桩坐标及两个边桩坐标，由两个边桩或中桩与任一边桩所确定的方向，就是待检测的横断面方向。

（二）圆曲线段的横断面方向

当路中线为圆曲线时，圆曲线上任一点的横断面方向，为通过该点并与其切线垂直的方向，即是该点指向圆心的半径方向。

1. 直接法

（1）方向架。用方向架确定圆曲线上任一点的横断面方向，可以采用"等角"原理，即同一圆弧上的弦切角相等。测定时一般采用球心方向架，即方向架上安装一个可以转动的活动片，并有一固定螺旋将其固定。

（2）方向盘。

（3）经纬仪或全站仪。方向与方向盘法相同

2. 间接法

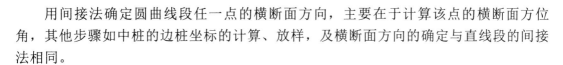

用间接法确定圆曲线段任一点的横断面方向，主要在于计算该点的横断面方位角，其他步骤如中桩的边桩坐标的计算、放样，及横断面方向的确定与直线段的间接法相同。

（三）缓和曲线段的横断面方向

当路中线为曲线时，缓和曲线上任一点的横断面方向，为通过该点并与其切线垂直的方向。

1. 直接法

（1）方向架；

（2）方向盘或经纬仪。

2. 间接法

用间接法确定缓和曲线上任一点的横断面方向，与圆曲线上确定任一点横断面方向的间接法相同，也主要在于计算缓与曲线上任一点的横断面方位角。

二、路基边坡的检测

1. 土、石方边坡检测的内容。

土、石方边坡检测的规定值要求不陡于设计值，检测频率为每 200 mm 测 4 处，且石方边坡的平顺度应符合设计要求。

2. 土、石方边坡检测的方法和步骤

①确定土方、石方路段的路基设计边坡；

②用边坡样板或坡度尺沿横断面方向进行检查；

③记录桩号，并按照路基边坡检测的规定值进行评定。

第六节　检测仪器介绍

一、简易测具

为了及时而方便地测量公路上各种构造物理学几何尺寸，常常使用一些简易检测仪器。下面介绍几种常用的简易测具。

（一）方向架

方向架也叫十字架或直角架，用于横断面测量或检测横断面宽度时的定向。方向架一般为木质，有三根指针，其中两根互相垂直且有一根可上下转动，另一根为活动指针，可左右转动。

（二）方向盘

方向盘作用同方向架，在立杆顶部有一木质圆盘，圆盘上固定一标有 0 ～ 360°度分划的圆盘。

（三）边坡样板

边坡样板可用于边坡放样定位，也可用于检测已修筑成的路堤、路堑、沟槽、河渠等坡度是否符合设计要求。

边坡样板一般由木料按规定边坡制成。除少数样板可一板两用，适应于两种不同边坡（如坡度为 1：0.5 及 1：2）外，通常情况只能专用于一种边坡。

（四）斜坡（坡度）测角器（坡度尺）

该工具可检测挖方或填方边坡坡度。

用一正方形板，板面绘制 0°～ 90° 的圆弧刻度尺，在圆心处钉一小钉并系以线绳（摆线），悬结重物于线端，然后在木板的一边钉上刨平的直线靠尺，以构成坡度测角器（或称坡度尺）。也可由对应角度换算成坡度值，标注在对应角度刻划处，同时读出角度与坡度。

（五）边沟断面样板

边沟断面样板可同时检测沟、渠等边坡及深度，按检测对象用木料制成样板。

（六）挡土墙检坡尺

检坡尺用于检测构造物坡度。

按检测对象用木料制成检坡尺，可检测墙面、墙背及护坡坡面等。

二、距离检测仪器

（一）钢尺一般量距

1. 丈量工具

（1）钢尺

系优质钢加工制成，呈带状，宽 10 ～ 15 mm，厚 0.4 mm，尺长有 20 m、30 m、50 m 等几种。尺面一般按 1 cm 间距刻划，10 cm 一注记，最小刻划间距 1 mm。

按尺的零点位置，钢尺可分为刻线尺和端点尺。刻线尺是在尺的起点一端刻一横线作为尺的零点；端点尺则是以尺的最外端为尺的零点。

（2）标杆

又称花杆，用圆木或铝合金制成，直径约 3 cm，长 2 ～ 3 m，杆身按 20 cm 间隔涂上红白油漆，杆底部装有铁脚以便插入地面，主要用在标点定线。

（3）测钎

由粗铁丝加工制成，长 30 ～ 40 cm，上端弯成环形，下端磨尖，一般 12 根为一组，用于标定尺端点和整尺段数。

（4）锤球

金属制成，常用于对点、标点、投点。锤球常挂在锤球架中使用。

2. 钢尺一般量距

钢尺量距最基本的要求是"直、平、准"，其施测步骤如下：

（1）直线定线

当检测距离超过一个尺段时，为使每一尺段能沿直线方向进行量距，则需要在两端点连线方向上标定若干中间点，这项工作称为直线定线，可用目估法和经纬仪定线法。一般在平坦地区可用目估法。

（2）尺段丈量

尺段丈量一般分为下面几个步骤：

①标点和定线：直线起、终点用花杆或者小木桩标定，中间点或尺段点可用测纤标定。

②对点：认准尺子零刻划，前后尺手行动一致。

③持平：量距时，应保持尺子水平。

④投点：前尺手把一个尺段端点标定在地面上，这样一个尺段量距完成，依次继续进行，直至终点，这一过程称为往测。再由终点向起点量距，称作返测。往、返丈量一次称为一个测回。

（二）精密量距方法

1. 清理场地

将沿丈量直线方向上的障碍物、杂草、土坎等影响丈量的障碍物清除掉。

2. 经纬仪定线

在丈量前，根据丈量时所用的钢尺长度，一般每一尺段要比钢尺全长略短几厘米打一木桩，桩顶高出地面，在桩顶上打一块铁皮，用经纬仪瞄准后，在桩铁皮上用小刀划出十字线。

3. 测量尺段高度差

精密丈量是沿桩顶进行的，但各桩顶不一定同高，需要用水准仪测出相邻各桩顶间的高差，以便将倾斜距离改正成水平距离。

4. 精密丈量

①按钢尺检定标准拉力进行量距；

②估读至 0.5 mm；

③每尺段应丈量 3 次，每次前后移动钢尺 2 ～ 3 cm，三次中最大值与最小值之差不超过 2 cm，超过应重测；

④每一尺段应读、记一次温度，估读至 0.5℃。

（三）光电测距

目前国内外生产的测距仪型号很多，虽然它们的基本工作原理和结构大致相同，但具体操作有较大的差异，因此在使用时应认真阅读仪器使用手册，严格按其要求进行操作。

三、高程检测仪器

高程检测仪器主要指水准仪。水准仪是利用水平视线测定两点间高差的仪器，按其精度分 DS0.5、DS1、DS3、DS10、DS20 等几种等级。"D"表示大地测量；"S"表示水准仪的汉语拼音第一个字母，数字指每千米往返测量高差中数的偶然中误差（mm）。其中 DS3 水准仪为普通工程测量所使用。

水准仪主要由望远镜、水准器、基座组成。

（一）微倾式水准仪

微倾式水准仪是一种装有微倾螺旋的水准仪。

1. 微倾式水准仪的构造

（1）望远镜

望远镜是瞄准远处目标用的，由物镜、目镜、十字丝分划板组成。物镜和目镜多采用复合透镜组，十字丝分划板上刻有两条互相垂直的长线，竖直的一条称竖丝，横的一条称中丝，作用是瞄准目标和读数。

十字丝交点与物镜光心的连线，称为视准轴。水准测量是视准轴水平时，用十字丝中丝截取水准尺上的读数。

（2）水准器

水准器是用来指示视准轴是否水平或仪器竖轴是否竖直的装置，有管水准器与圆水准器两种。

（3）基座

基座的作用是支承仪器的上部并与三脚架连接。基座主要由轴座、脚螺旋、底板和三角压板构成。

2. 水准尺和尺垫

水准尺是水准测量时使用的标尺，常用的水准尺有塔尺和双面尺两种。

（1）塔尺

长度有 2 m 和 5 m 两种，由两节或三节套接在一起。尺的底部为零点，尺上黑白格相同，每格宽度为 1.0 cm 或 0.5 cm，每一米或者分米处均有注记。塔尺多用于等外水准测量。

（2）双面尺

双面水准尺多用于三、四等水准测量。其长度有 2 m 和 3 m 两种，并且两根尺为一对。尺的两面均有刻划，一面为红白相间，另一面为黑白相间，两根尺黑面均由零开始；而红面，一根尺由 4.687 m 开始至 6.687 m 或 7.687 m，另一根由 4.787 m

开始至 6.687 m 或 7.687 m。两面刻划 1.0 cm。

（3）微倾式水准仪操作方法

水准仪的操作包括仪器的安置、瞄准水准尺、精平及读数等步骤。

（二）精密水准仪

精密水准仪主要用于国家一、二等水准测量和高精度的工程测量中，如大型桥梁的施工、检测测量、建筑物的沉降观测等。

1. 精密水准仪的构造

精密水准仪的构造与 DS3 级水准仪基本相同，也是由望远镜、水准器和基座三部分组成。其不同之点是：水准管分划值较小，通常为 10/2 mm；望远镜放大率较大，一般不小于 40 倍；望远镜的亮度好，仪器结构稳定，受温度的变化影响小等。

为了提高读数精度，精密水准仪上设有光学测微器。

2. 精密水准尺

精密水准仪必须配有精密水准尺。精密水准尺的分划为线条式，有间距 10 mm 和 5 mm 两种。

（1）带有基辅差的水准尺

这种尺是在同一尺面有彼此错开的两排刻划。右边一排注记数字自 0 至 3 m，称为基本分划；左边一排注记数字自 3 至 6 m，称为辅助分划。两排注计相差常数 K，称为基辅差。

（2）无基辅差水准尺

该尺左边一排刻划为奇数，右边为偶数；右边注记为米数，左边注记为分米数。小三角形表示半分米处，长三角形表示分米的起始线。厘米分划的实际间隔为 5 mm，尺面注记值为实际长度的 2 倍，所以，用此水准尺观测高差时，须除以 2 才是实际高差。

（3）精密水准仪的操作

使用精密水准仪进行水准测量的方法与微倾式水准仪基本相同，只是读数方法有差异。操作时，先粗平、瞄准，再精平读数。转动微倾螺旋使管水准气泡居中，转动测微手轮，使分划板上的楔形丝精确地夹住整分划线。读数分为两部分：厘米以上的数按水准尺读数；厘米以下的数在测微器分划尺上读取，估读至 0.01 mm，对不同的尺子，读数方法有所不同。

（三）自动安平水准仪

自动安平水准仪是利用自动安平补偿器代替水准管，观测时能自动获得水平视线的读数，因而比普通水准仪观测速度提高约 40%。

（四）电子水准仪

1. 构造与工作原理

电子水准仪是一种自动化程度很高的智能水准仪器，它由基座、水准器、望远镜及数据处理系统组成。电子水准仪具有内置应用软件和良好的操作界面，可自动完成读数、记录和计算处理等工作，并通过数据通信将数据传输到计算机进行后续处理，还可以通过远程通信系统将测量成果直接传输给其他用户。如果使用普通水准尺，也可当普通水准仪使用。

电子水准仪的工作原理是在仪器的中央处理器（数据处理系统）中建立了一个对单平面上所形成的图像信息自动编码的程序，通过望远镜中的照相机摄取水准尺上的图像信息，传输给数据处理系统，自动地按编码转换成水准尺读数和水平距离或其他所需要的数据，并自动记录储存在记录器中或显示器上。

电子水准仪不仅可进行普通水准仪的各种测量，还可进行水平角测量、高精度距离测量、坐标增量测量、水准网测量的平差计算，在较为平坦的地区可作中等精度全站仪使用，具有一机多能的作用。尤其是自动连续测量的功能，对大型建筑物的变形（瞬时变化值）观测更具有优越性，是常规仪器所不能比拟的。

2. 条码水准尺

条码水准尺是与电子水准仪配套的专用尺，它由玻璃纤维塑料制成，或用铟钢制成尺面镶嵌在基尺上形成。尺面上刻有宽度不同的水平黑白相间的分划（条码），该条码相当于普通水准尺的分划和注记，全长为 2～4.05 m。条码水准尺上附有安平水准器和扶手，使之长时间保持竖直位置，可减轻作业人员的劳动强度。

3. 技术操作方法

电子水准仪用于测量时，其技术操作方法与自动安平水准仪类似，分成粗平、照准、读数三步。

四、角度检测仪器

（一）光学经纬仪

角度检测仪器主要是经纬仪。目前使用最为广泛的测角仪器是光学经纬仪。经纬仪的类型很多，按其精度分，工程上常用的有 DJ6、DJ2 两类。"D""J"分别为"大地测量"和"经纬仪"的汉语拼音第一个字母，"6""2"表示该种仪器野外一测回方向观测中误差是 ±6″ 和 ±2″。

1. DJ6 级光学经纬仪

各种 DJ6 级光学经纬仪的构造大致相同，主要由照准部、水平度盘及基座三部分组成。

2. DJ2 级光学经纬仪

DJ2 级光学经纬仪用于三、四等三角测量、精密导线测量以及精密工程测量。其结构与 DJ6 级光学经纬仪基本相同。

3. 水平角测量

（1）经纬仪的安置

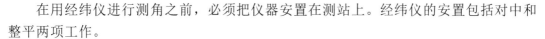

在用经纬仪进行测角之前，必须把仪器安置在测站上。经纬仪的安置包括对中和整平两项工作。

（2）水平角测量方法

水平角的测量方法，一般是根据测角的精度要求、所使用的仪器及观测方向的数目而定。工程上常用的方法有测回法和方向观测法。

4.竖直角测量

竖直角是同一竖直面内目标视线方向与水平方向的交角。所以观测竖直角与观测水平角一样也是两个方向读数之差。

（二）电子经纬仪简介

电子经纬仪与光学经纬仪相同，是一种精密测角仪器。它们总体结构相似，主要区别在读数系统。电子经纬仪采用光电扫描度盘、自动归算液晶显示系统，接上记录器能自动记录，加配适当接口还可将野外采集的数据直接输入计算机进行计算绘图。电子经纬仪按测角系统分为：增量式光栅度盘、动态式光栅度盘与绝对式编码站盘测角系统三大类。

五、全站型电子速测仪

全站型电子速测仪简称全站仪，它由光电测距仪、电子经纬仪和数据处理系统组成一台全站仪，除能自动测距、测角外，还能快速完成一个测站所需完成的工作，包括平距、高差、高程、坐标以及放样等方面数据的计算。

全站仪分为分体式和整体式两类。分体式全站仪的照准头和电子经纬仪不是一个整体，进行作业时将照准头安装在电子经纬仪上，作业结束后卸下分开装箱；整体式全站仪是分体式全站仪的进一步发展，照准头与电子经纬仪的望远镜结合在一起，形成一个整体，使用起来更为方便。

全站仪的结构原理包含有测量的四大光电系统，即测距、测水平角、测竖直角和水平补偿。键盘指令是测量过程的控制系统，测量人员通过按键便可调用内部指令指挥仪器的测量工作过程和进行数据处理。以上各系统可通过I/O接口接入总线与数字计算机联系起来。

微处理器是全站仪的核心部件，它如同计算机的中央处理器（CPU），主要由寄存器系列（缓冲寄存器、数据寄存器、指令寄存器等）、运算器和控制器组成。微处理器的主要功能是根据键盘指令启动仪器进行测量工作，执行测量过程的检核和数据的传输、处理、显示、储存等工作，保证整个光电测量工作有条不紊地完成。输入输出单元是与外部设备连接的装置（接口）。数据存储器是测量成果的数据库。为了便于测量人员设计软件系统，处理某种目的的测量成果，在全站仪的数字计算机之中还提供有存储器。

（一）SET C 型全站仪

1.仪器的主要特点和技术指标

　　SET C 型全站仪是日本索佳公司生产的系列产品，它自动化程度高，测量速度快，观测精度高，性能稳定，具有以下主要特点：

　　（1）采用同轴双速制、微动机构，使照准更加快捷、准确。

　　（2）控制面板具有人机对话功能。控制面板由键盘和主、副显示窗组成。除照准以外的各种测量功能和参数均可通过键盘来实现。

　　（3）设有双向倾斜补偿器，可以自动对水平和竖直方向进行修正，用消除竖轴倾斜误差的影响。

　　（4）机内设有测量应用软件，可以方便地进行三维坐标测量、导线测量、对边测量、悬高测量、偏心测量、后方交会、放样测量等工作。

　　2. 仪器的操作与使用

　　（1）测前的准备工作

　　①内部电池的安装。测前应检查内部电池的充电情况，如电力不足，要及时充电，充电时间需要 12 ～ 15 h。不要超出规定时间，测时装上电池，测量结束应卸下。

　　②安置仪器。仪器的安置包括对中和整平。仪器装有尺寸较大的光学对中器，放大率为 3 倍，使用很方便。仪器设有双向倾斜补偿器，补偿范围 3′，因此仪器整平后，气泡稍有偏离，对观测并无影响。

　　③开机并设置水平与竖直度盘指标。开机后仪器自动进入自检，通过后显示电池电力情况，之后即可设置水平与竖直度盘指标。将仪器照准部旋转一周，听到鸣响即显示水平角，然后将望远镜竖直旋转，听到鸣响即显示竖直角，至此两项指标设置完毕。

　　④设置仪器参数。根据测量的具体要求，测前应通过仪器的键盘（菜单模式）操作选择和设置参数。如测最高程时，应在测前选择设置大气折光系数 K 值。

　　（2）仪器的操作与使用

　　各类测量具体操作详见仪器使用说明书。

（二）Leka TC1010、TC1610 型全站仪

　　1. 仪器的主要特点和技术指标

　　TC1010、TC1610 型全站仪是瑞士徕卡公司生产的整体式全站仪，其功能与 SET C 型全站仪基本相同，但操作方法则有较大差异，如键盘设计完全不同。

　　TC1010、TC1610 型全站仪除具有全站仪的一切特性外，还具有以下特点：

　　（1）徕卡全站仪不但具有良好的电子系统，且光学系统也极好，成像清晰、稳定；

　　（2）采用了彩色编码键盘，减少或避免按错键，也有助于减轻作业员的疲劳感；

　　（3）掌握仪器的菜单树形结构之后，只要记住了菜单各功能的代码，即可方便地调用菜单中的一切功能。

　　2. 仪器功能与操作

　　仪器各键功能、菜单功能的调用、显示屏幕的定义以及各类测量的具体操作详见仪器使用说明书。

第十一章 桥涵结构工程试验检测

第一节 桥涵工程试验检测的内容

一、桥涵工程试验检测的内容

桥涵工程试验检测的内容随桥涵所处的位置、结构形式及所用材料不同而各异，应根据所建桥涵的具体情况按有关标准规范选定试验检测项目，通常的常规试验检测包括：

1. 施工准备阶段的试验检测项目

（1）桥位放样测量

（2）钢材原材料试验

（3）钢结构连接性能试验

（4）预应力锚具、夹具与连接器试验

（5）水泥性能试验

（6）混凝土粗细集料试验

（7）混凝土配合比试验

（8）砌体材料性能试验

（9）台后压实标准试验

（10）其他成品和半成品试验检测

2. 施工过程中的试验检测项目

（1）地基承载力试验检测

（2）基础位置、尺寸和标高检测

（3）钢筋位置、尺寸和标高检测

（4）钢筋加工检测

（5）混凝土强度抽样试验

（6）砂浆强度抽样试验

（7）桩基检测

（8）墩、台位置、尺寸和标高检测

（9）上部结构（构件）位置、尺寸检测

（10）预制构件张拉、运输和安装强度控制试验

（11）预应力张拉控制检测

（12）桥梁上部结构标高、变形、内力（应力）监测

（13）支架内力、变形和稳定性监测

（14）钢结构连接加工检测

（15）钢构件防护涂装检测

3. 施工完成后的试验检测项目

（1）桥梁总体检测

（2）桥梁荷载试验

（3）桥梁使用性能监测

二、桥涵工程试验检测的依据

公路桥涵工程试验检测应以国家和交通部颁布的有关公路工程法规、技术标准、设计施工规范与材料试验规程为依据进行，对于某些新结构以及采用新材料和新工艺的桥梁，有关的公路工程规范、规程暂无相关条款规定时，可以借鉴执行国外或国内其他行业的相关规范、规程的有关规定。我国结构工程的标准和规范可分为四个层次。

第一层次：综合基础标准，如《工程结构可靠度设计统一标准》，是指导制定专业基础标准的国家统一标准。

第二层次：专业基础标准，如《公路工程技术标准》《公路工程结构可靠度设计统一标准》，是指导专业通用标准与专业专用标准的行业统一标准。

第三层次：专业通用标准。公路桥梁工程设计、施工和试验检测主要涉及的专业通用标准有：《公路桥位勘测设计规范》《公路工程地质勘察规范》《公路勘测规范》《公路工程水文勘测设计规范》《公路桥涵设计通用规范》《公路砖石混凝土桥涵设计规范》《公路钢筋混凝土及预应力混凝土桥涵设计规范》《公路桥涵地基与基础设计规范》《公路桥涵钢结构及木结构设计规范》《公路工程抗震设计规范》《公路桥涵施工技术规范》等。

第四层次：专业专用标准。公路桥梁工程设计，施工及试验检测主要涉及的专业

专用标准包括：《公路斜拉桥设计规范》《公路桥梁板式橡胶支座》《公路桥梁盆式橡胶支座》《球型支座技术条件》等。

第二节　桥涵工程基础检测

一、地基承载力检测

地基容许承载力一般可由以下几种途径确定：在土质基本相同的条件之下，参照邻近结构物地基容许承载力。根据现场荷载试验或触探试验资料。按照地基承载力理论公式计算。按现行规范提供的经验公式计算。

桥涵地基的容许承载力可根据地质勘测、原位测试、野外荷载试验以及邻近旧桥涵调查对比，由经验和理论公式计算综合分析确定。当缺乏上述资料时可按《公路桥涵地基与基础设计规范》推荐的方法确定地基容许承载力，对地质和结构复杂的桥涵地基应根据现场荷载试验确定容许承载力。

二、钻（挖）孔灌注桩检测

混凝土钻孔灌注桩是桥梁及建筑结构物常用的基桩形式之一，这主要是由于桩能将上部结构的荷载传递到深层稳定的土层上去，从而大大减少基础沉降和建筑物的不均匀沉降，实践也证明它的确是一种极为有效、安全可靠的基础形式。但是，灌注桩的成桩过程是在桩位处的地面下或水下完成，施工工序较多，质量控制难度大，稍有不慎极易产生断桩等严重缺陷。据统计国内外钻孔灌注桩的事故率高达 5% ～ 10%。因此，灌注桩的质量检测就显得格外重要。

灌注桩的质量检测内容主要有孔形检测、沉渣厚度检测以及桩身质量检测等。

三、基桩承载力检测

现在确定基桩承载力的方法有两类，一类是静荷载试验，另一类是各种桩的动测方法。静荷载试验是确定单桩承载力方法中基本、最可靠的方法，其他各种测定方法（如静力触探、动测法等）的成果，都必须与静压试验相比较，才能判明其准确性。国内外规范一致规定，重要工程都应通过静载试验，因此一般特大桥和地质复杂的大中桥试桩，应采用静载试验确定单桩承载力。静载试验的方法主要与试验要求有关，国内外采用的试验夯法主要有慢速维持荷载法、快速维持荷载法、等贯入速率法、循环加卸载法。

1. 基桩静荷载试验前的准备工作

试桩的桩顶如有破损或强度不足时，应将破损和强度不足段凿除后，修补平整。

做静推试验的桩，如系空心桩，则应在直接受力部位填充混凝土。

做静压、静拔的试桩，为便于在原地面处施加荷载，在承台底面上部分或局部冲刷线以上部分设计不能考虑的摩擦力应予扣除。

做静压、静拔的试桩，桩身需尚未产生向上的负摩擦力部分，此负摩擦力是通过周结新近沉积的土层或湿陷性黄土、软土等土层对桩侧产生的。为了防止产生负摩擦力，应在桩表面涂设涂层，或通过设置套管等方法予以消除。

在冰冻季节试桩时，应将桩周围的冻土全部融化，其融化范围为：静压、静拔试验时，离试桩周围不小于 1m；静推试验时，不小于 2m。融化状态应保持到试验结束。

在结冰的水域做试验时，桩与冰层间应保持不小于 100mm 的间隙。

2. 基桩静荷载试验

（1）试验目的

通常用来确定单桩承载力和荷载与位移的关系，及校核动力公式的准确程度。

（2）试验方法

采用慢速维持荷载法，若设计无特殊要求时，用单循环加载试验。

（3）试验时间

静压试验应在冲击试验后立即进行。对于钻（挖）孔灌注桩，须待混凝土达到能承受设计要求荷载后，才可进行试验。

（4）试验加载装置

一般采用油压千斤顶加载。千斤顶的反力装置可根据现场的实际条件选用下列三种形式之一：锚桩承载梁反力装置，压重平台反力装置，锚桩压重联合反力装置。

（5）测量位移装置

测量仪表必须精确，一般使用 1/20mm 光学仪器或力学仪表，如水平仪、挠度仪、位移计等。支承仪表的基准架应有足够的刚度和稳定性。基准梁的一端在其支承上可以自由移动，不受温度影响引起上拱或下挠。基准桩应埋入地基表面以下一定深度，不受气候条件等影响。基准桩中心与试桩、锚桩中心（或者压重平台支承边缘）之间的距离应符合规定。

（6）加载方法

①加载重心

加载重心应与试桩轴线相一致。

②加载分级

每级加载量为预估最大荷载的 1/10 ～ 1/15。

③预估最大荷载

对施工检验性试验，一般可采用设计荷载的 2.0 倍。

⑦沉降观测：

下沉未达到稳定状态不得进行下一级加载。

每级加载的观测时间规定为：每级加载完毕后，每隔 15min 观测一次，累计 1h 后，每隔 30min 观测一次。

（8）稳定标准

每级加载下沉量，在下列时间内如不大于 0.1mm 即可认为是稳定。

桩端下为巨粒土、砂类土、坚硬黏质土，最后 30min。

桩端下为半坚硬和细粒土，最后 1h。

（9）加载终止及极限荷载取值

总位移量大于或等于 40mm，本级荷载的下沉量大于或等于前一级荷载下沉量的 5 倍时，加载即可终止，取此终止时荷载小一级的荷载为极限荷载。

总位移量大于或等于 40mm，本级荷载加上后 24h 未达稳定，加载即可终止。取此终止时荷载小一级的荷载为极限荷载。

巨粒土、密实砂类土以及坚硬的黏质土中，总下沉量小于 40mm，但荷载已大于或等于设计荷载设计规定的安全系数，加载即可终止，取此时的荷载为极限荷载。

施工过程中的检验性试验，一般加载应继续到桩的 2 倍的设计荷载为止。如果桩的总沉降量不超过 40mm，及最后一级加载引起的沉降不超过前一级加载引起的沉降的 5 倍，则该桩可以停止试验。

第三节　桥梁上部结构检测

一、桥梁支座和伸缩装置试验检测

桥梁支座设置在梁板式体系中主梁与墩台之间，他的主要功能是将上部结构的各种荷载传递给墩台，并能适应上部结构的荷载、温度变化、混凝土收缩等各种因素所产生的自由变形（水平位移及转角），使上下部结构的实际受力情况符合设计计算图式。

桥梁支座按其材料可划分为小桥涵上使用的简易垫层支座、大中桥上使用的钢板支座、钢筋混凝土支座、铸钢或不锈钢支座，当前使用极为广泛的是板式橡胶支座、盆式橡胶支座和球形支座等。

二、混凝土构件试验检测及质量评定

桥涵混凝土结构、钢筋混凝土结构或预应力混凝土结构或者构件的检验，依据交通部的有关标准，主要包括三方面内容：一是施工阶段的质量控制，包括原材料的试验检测，混凝土浇注前的检查等；二是外观质量检测，主要是在构件成型达到一定强度后检测结构实物的尺寸和位置偏差，混凝土表面平整度、蜂窝、麻面、露筋及裂缝等；三是构件混凝土的强度等级，通常以立方体试件的抗压强度来反映。当对某一方面的检验内容产生怀疑时，如构件的强度离散大、强度不足、振捣不密实或存在其他缺陷时，通常还需要采用无破损的方法进行专项检验或荷载试验来判定。无损检测的方法很多，目前工程中应用比较多的有以下几种方法：钻芯法、回弹法、超声法、超声－回弹综合法和拉拔法等。

三、预应力混凝土结构试验检测

预应力混凝土结构在土木工程中应用十分广泛。所谓预应力混凝土结构，就是事先人为地在混凝土或钢筋混凝土中引入内部应力，且其数值及分布恰好能将使用荷载产生的应力抵消到一个合适程度的混凝土。例如，对混凝土或钢筋混凝土梁的受拉区预先施加压应力，使之建立一种人为的应力状态，这种应力的大小和分布规律，能有利于抵消使用荷载作用下产生的拉应力，从而使混凝土构件在使用荷载作用下不致开裂或推迟开裂，或者使裂缝宽度减小。这种预先给混凝土引入内部应力的结构，就称为预应力混凝土结构。

1. 预应力筋用锚具、夹具和连接器检测

在给预应力混凝土结构施加顶应力的过程中，无论是先张法对预应力钢筋的临时固定，还是后张法对预应力钢筋的永久性锚固，都需要有锚具或夹具。因此锚夹具是保证预应力混凝土结构安全可靠的关键之一，它们须满足受力安全可靠、预应力损失小、张拉锚固方便迅速等要求。

2. 张拉设备校验

桥梁工程中施加预应力所用的设备通常称为张拉设备。常用的张拉设备由油压千斤顶和配套的高压油泵、压力表及外接油管等组成。液压千斤顶按其构造可分为台座式（普通油压千斤顶）、穿心式、锥锚式和拉杆式。由于每台千斤顶液压配合面实际尺寸和表面粗糙度不同，密封圈和防尘圈松紧程度不同，造成千斤顶内摩擦阻力不同，而且摩阻要随油压高低和使用时间的变化而改变。所以，千斤顶、油压表、油泵及油管要一起定期进行配套校验，以减少累积误差，提高施加预应力时张拉力的控制精度。

3. 张拉力控制

预应力钢材的张拉力控制一般采用"双控"的方法，即采角预应力钢材张拉控制应力乘以预应力筋截面积得到张拉控制力，再根据千斤顶校验公式求出相应油表压力，进行张拉时实测出预应力钢材伸长量进行校验。

四、钢结构试验检测

1. 构件焊接质量检验

桥梁建造工程中许多构件需焊接加工，其焊接质量的好坏直接影响着构件的质量，故钢结构构件焊接质量的检验工作是确保产品质量的重要措施。根据焊接工序的特点，检验工作是贯穿焊接始终的。通常分成三个阶段，即焊前检验、焊接过程中检验和焊后成品的检验。

（1）焊前检验

焊前检验是指焊接实施之前准备工作的检验，包括原材料的检验、焊接结构设计

的鉴定及其他可能影响焊接质量因素的检验（如焊工考试、电源、工具和电缆的检查）。检验应根据图纸要求和相应的国家标准及行业标准进行。

（2）焊接过程中的检验

在焊接过程中主要检验焊接规范、焊缝尺寸与结构装配质量。

①焊接规范的检验

焊接规范是指焊接过程中的工艺参数，如焊接电流、焊接电压、焊接速度、焊条（焊丝）直径、焊接的道数、层数、焊接顺序、能源的种类和极性等，正确的规范是在焊前进行试验总结取得的。有了正确的规范，还要在焊接过程中严格执行才能保证接头质量的优良和稳定。对焊接规范的检查，不同焊接方法有不同的内容和要求。

②焊缝尺寸的检查

③结构装配质量的检验

在焊接之前进行装配质量检验是保证结构焊成后符合图纸要求的重要措施。对装配结构应做如下几项检查：

按图纸检查各部分尺寸、基准线及相对位置是否正确，是否留有焊接收缩余量和机械加工余量。

检查焊接接头的坡口形式及尺寸是否正确。

检查点固焊的焊缝布置是否恰当，能否起到固定作用，是否会给焊后带来过大的内应力，并检查点固焊缝的缺陷。

检查焊接处是否清洁，有无缺陷（如裂缝、凹陷、夹层）。

2. 焊后成品的检验

焊接产品虽然在焊前和焊接过程中进行了检查，但由于制造过程中外界因素的变化，如操作规范的不稳定、能源的波动等都有可能引起缺陷的产生。为保证产品的质量，对成品必须进行质量检验。钢结构构件一般用外观检测法检测表面缺陷，内部缺陷用超声波探伤和射线探伤检测。接下来先介绍外观检测方法，其他探伤原理和方法将作专门介绍。

焊接接头的外观检测是一种手续简便而成用广泛的经验方法，是成品检验的一项重要内容。

外观检查主要是发现焊缝表向的缺陷和尺寸上的偏差。

对未填满的弧坑应特别仔细检查，因该处可能会有星形散射状裂纹。

焊缝尺寸的检查可采用前面介绍的量规和样板进行。

3. 漆膜厚度现场检测

漆膜厚度测试一般有两种方法，即杠杆千分尺法和磁性测厚仪法。下面介绍磁性测厚仪法的主要步骤

（1）仪器设备

磁性测厚仪，精确度为 2mm。

（2）检测步骤

①调零

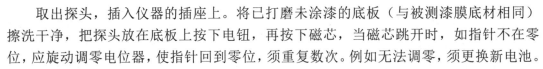

取出探头，插入仪器的插座上。将已打磨未涂漆的底板（与被测漆膜底材相同）擦洗干净，把探头放在底板上按下电钮，再按下磁芯，当磁芯跳开时，如指针不在零位，应旋动调零电位器，使指针回到零位，须重复数次。例如无法调零，须更换新电池。

②校正

取标准厚度片放在调零用的底板上，再将探头放在标准厚度片上，按下电钮，再按下磁芯，待磁芯跳开后旋转标准钮，使指针回到标准片厚度值上，须重复数次。

③测量

取距离样板边缘不少于1cm的上、中、下三个位置进行测量。将探头放在样板上，按下电钮，再按下磁芯，使之与被测漆膜完全吸合，此时指针缓慢下降，待磁芯跳开，表针稳定时，即可读出漆膜厚度值。取各点厚度的算术平均值为漆膜的平均厚度值。

五、悬吊结构试验检测

悬吊结构桥梁主要包括斜拉桥和悬索桥（吊桥），这两种桥型近十年来在我国发展很快，但其检测体系有待于完善。斜拉桥和悬索桥均为高次超静定结构，施工过程存在多次体系转换。而这两种桥型跨径一般较大，结构受力变形非线性关系显著，影响结构受力变形的因素复杂，要保证桥梁的几何线形与内部受力达到设计要求的合理状态，其质量检验和施工中的监控检测十分重要。

1. 斜拉桥施工控制与测试

斜拉桥形式、构造、施工方法多变。对特定的斜拉桥，其施工方法选定以后，应对各施工阶段的内力、变形和几何位置进行理论分析，并根据施工各阶段的实测值对下一阶段内力变形的预测值进行调整，从而实现斜拉桥的施工控制。

（1）结构分析

结构分析时要选用合理的计算图示，考虑施工过程中结构的逐步形成和体系转换、临时支承的设置和卸除，以及结构各部分的强度增长，合理的估计主梁架设过程中各阶段的施工荷载。对于直桥施工控制计算采用平面分析即可，对位于曲线上的斜拉桥施工控制计算必须进行空间结构分析。

结构分析计入非线性影响。斜拉桥施工张拉中主梁挠度大，张拉初期索的垂度较大，必须计入几何非线性影响。结构分析要计入混凝土收缩徐变对结构变形和内力的影响，考虑温度对变形和内力的影响，还应考虑风荷载等偶然因素对结构内力的不利影响分析控制。

导致建筑斜拉桥的混凝土在施工过程中受力变形的影响因素有收缩、徐变、温度等，其变化的复杂性、随机性和不可逆性，使得精确地计算斜拉桥施工过程变形十分困难，所以工程界提出了不同的算法模拟斜拉桥施工中的行为，例如倒拆法、正算法、刚性支承连续梁法、零弯矩悬拼法等。

（2）施工控制的原则与方法

一般斜拉桥施工时，主梁架设阶段确保主梁的线形顺直正确是第一位的，即以标高控制为主。二期恒载施工时为保证结构的整体受力变形处于理想状态，拉索张拉时

254

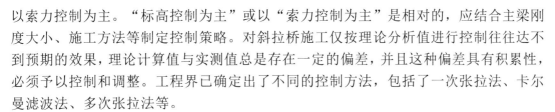

以索力控制为主。"标高控制为主"或以"索力控制为主"是相对的，应结合主梁刚度大小、施工方法等制定控制策略。对斜拉桥施工仅按理论分析值进行控制往往达不到预期的效果，理论计算值与实测值总是存在一定的偏差，并且这种偏差具有积累性，必须予以控制和调整。工程界已确定出了不同的控制方法，包括了一次张拉法、卡尔曼滤波法、多次张拉法等。

（3）施工测试

施工测试是施工控制的主要组成部分，是控制调整的主要依据。施工测试的主要内容有：

①结构的几何位置和变形

主要观测主梁轴线和索塔顶端位置，主梁挠度和塔顶水平位移，测试设备为：精密水准仪、经纬仪、测距仪等。

②应力测试

主要测试斜拉索索力、支座反力和主梁、塔的应力在施工中的变化。主梁和索塔中的应力可以预埋钢弦式应变计测试，索力测试将在下面介绍。

③温度测试

观测主梁、索塔和斜拉索的温度，以确定结构温度，监控主梁挠度和索塔位移随温度和时间的变化规律。测定温度时可采用热电偶及红外温度计等测试。

2. 索力测试

斜拉索是斜拉桥梁、塔和索体系中的一个重要组成部分，斜拉索索力大小直接影响桥梁上部结构的受力和变形状态。各拉索中的实际索力大小的测试就成为斜拉桥施工控制中的一个重要问题。斜拉桥斜拉索索力测定的方法有：

（1）电阻应变片测定法

（2）拉索伸长量测定法

（3）索拉力垂度关系测定法

（4）张拉千斤顶测定法

（5）压力传感器测定法

（6）振动测定法

3. 冷铸锚试验

拉索锚具应采用强度和耐疲劳符合设计要求且可靠性高的锚具，包括热铸锚、镦头锚、冷铸镦头铺、夹片锚等。目前工程中通常采用的拉索锚具为冷铸镦头锚，简称冷铸锚，每副冷铸镦头锚具主要由锚筒、锚固板、锚固螺母、压板、接长筒、卡环、钢护筒、冷铸填料等部分组成。

（1）冷铸填料性能试验

①冷铸填料温度稳定性试验

温度稳定性试验主要检验冷铸填料低温脆性及高温强度下降趋势。

②钢丝拔出试验

冷铸锚中环氧填料与钢丝的黏结力对钢丝锚同样起着非常重要的作用，为此采用钢丝拔出试验考查环氧填料与钢丝的黏结力。

③弹性模量试验

④热老化性能试验

（2）静载试验

试验内容包括：冷铸锚在预拉荷载下锚板内缩值的测定。冷铸锚在使用荷载下，钢丝束的延伸率、钢丝和锚具的应力值、锚板的回缩值、锚具的径向变形，钢丝束的拔出量及一般性观察。实测冷铸锚的破断荷载以及钢丝束在破断荷载下的总延伸率及锚固效率系数。冷铸锚在破断荷裂下，对于锚具各部件状况的观察。

第四节　桥梁支座和伸缩装置检测

一、桥梁支座检测

桥梁支座设置在梁板式体系中主梁与墩台之间，其主要功能是将上部结构的各种荷载传递给墩台，并能适应上部结构的荷载、温度变化、混凝土收缩等各种因素所产生的自由变形（水平位移及转角），使上、下部结构的实际受力情况符合设计计算图示。

（一）板式橡胶支座的构造分类

1. 按结构形式可分为以下几项：

（1）普通板式橡胶支座可分为矩形板式橡胶支座（代号 GJZ）、圆形板式橡胶支座（代号 GYZ）；

（2）四氟滑板式橡胶支座可分为矩形四氟滑板支座（代号 GJZF4）、圆形四氟滑板橡胶支座（代号 GYZF4）。

2. 按支座材料和适用温度可分为下列几项：

（1）常温型橡胶支座，应采用氯丁橡胶（CR）生产，适用温度为 -25℃～60℃。不得使用天然橡胶代替氯丁橡胶，也不允许在氯丁橡胶中掺入天然橡胶；

（2）耐寒型橡胶支座，应采用天然橡胶（NR）生产，适用温度为 -40℃～60℃。

2. 支座结构

板式橡胶支座（图 10-1）通常由若干层橡胶片与以薄钢板为刚性的加劲物组合而成，各层橡胶与上下钢板经过亚硫化牢固地粘结成为一体。支座在竖向荷载作用下，具有足够的刚度，主要是由于嵌入橡胶片之间的钢板限制橡胶的侧向膨胀。在水平力作用下，支座的水平位移量取决于橡胶片的净厚度，在运营期间为了防止嵌入钢板的锈蚀，支座的上下面及四边都有橡胶保护层。

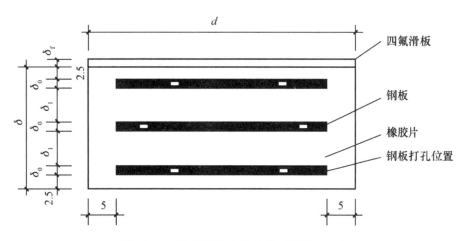

图 10-1　板式橡胶支座结构（单位：mm）

（二）抗压弹性模量试验

1. 抗压弹性模量应按下列步骤进行试验（图 10-2）：

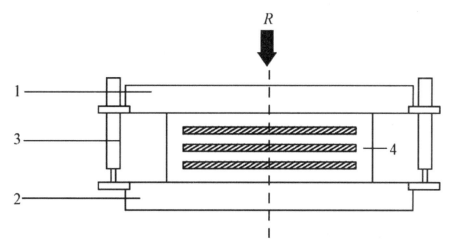

图 10-2　压缩试验设备图

1—上承载板；2—下承载板；3—位移传感器；4—支座试样

①将试样置于试验机的承载板上，上下承载板和支座接触面不得有油渍；对准中心，精度应该小于 1% 的试件短边尺寸或直径。缓缓载入至压应力为 1.0 MPa 且稳定后，核对承载板四角对称安置的四只位移传感器，确认无误后，并开始预压。

②预压。将压应力以 0.03：～ 0.04 MPa/s 速率连续地增至平均压应力 σ =10 MPa，持荷 2 min，然后以连续均匀的速度将压应力卸至 1.0 MPa，持荷 5 min，记录初始值，绘制应力—应变图，预压 3 次。

③正式载入。每一加载循环自 1.0 MPa 开始，将压应力用 0.03 ～ 0.04 MPa/s

速率均匀加载至 4MPa，持荷 2min，采集支座变形值，然后以同样速率每 2 MPa 为一级载入，每级持荷 2 min 后至 σ =10 MPa 为止。采集支座变形数据直至平均压应力 σ 为止，绘制的应力一应变图应呈线性关系。然后以连续均匀的速度卸载至压应力为 1.0 MPa。10 min 后进行下一级加载循环，加载过程应连续进行三次。

2. 试样实测抗压弹性模量应按下列公式计算：

$$E_1 = \frac{\sigma_{10} - \sigma_4}{\varepsilon_{10} - \varepsilon_4}$$

式中：E_1 —— 试样实测的抗压弹性模量计算值，精确至 1 MPa；

σ_4, ε_4 —— 第 4 MPa 级试验荷载下的压应力和累积压缩应变值；

$\sigma_{10}, \varepsilon_{10}$ —— 第 10 MPa 级试验荷载下的压应力和累积压缩应变值。

3. 结果。

每一块试样的抗压弹性模量 E_1 为三次加载过程中所得的 3 个实测结果的算术平均值。但单项结果和算术平均值之间的偏差不应大于算术平均值的 3%，否则应对该试样重新复核试验一次，如果仍超过 3%，应该由试验机生产厂专业人员对试验机进行检修和检定，合格后再重新进行试验。

（三）判定规则

（1）进厂原材料检验应全部项目合格后方可使用，不合格材料不允许用于支座生产。

（2）支座出厂检验时，若有一项不合格，则应从该批产品中随机再取双倍支座，对不合格项目进行复检，若仍有一项不合格，则判定该批产品不合格。

（3）支座力学性能试验时，随机抽取三块（或三对支座），若有两块（或两对）不能满足要求，则认为该批产品不合格。若有一块（或一对）支座不能满足要求时，则应从该批产品中随机再抽取两倍支座对不合格项目进行复检，若仍有一项不合格，则判定该批产品不合格。

（4）型式检验时，应全部项目满足要求为合格。若使用单位元抽检支座成品力学性能有两项各有一块（一对）支座不合格；颁发产品许可证时，抽检支座有三项各有一块（一对）支座不合格，则可按照上述第（3）条规定进行复检，若仍然有一项不合格，则判定该批产品为不合格。

二、桥梁伸缩装置检测

为使车辆平稳通过桥面并满足桥梁上部结构变形的需要，在桥梁伸缩的缝处设置的由橡胶和钢材等组成的各种装置总称为桥梁伸缩装置。

（一）伸缩装置的分类

伸缩装置按照伸缩体结构的不同分为模数式伸缩装置（M）、梳齿板式伸缩装置（S）与无缝式伸缩装置（W）3类。

1. 模数式伸缩装置

其伸缩体是由钢梁和橡胶密封带组合而成的伸缩装置称为模数式伸缩装置。按橡胶密封带的数量，模数式伸缩装置又进一步分为单缝式（MA）和多缝式（MB）两种。单缝（MA）模数式伸缩装置适用于伸缩量为20～80 mm的公路桥梁工程，多缝（MB）模数式伸缩装置适用于伸缩量为160 mm以上的公路桥梁工程。

2. 梳齿板式伸缩装置

其伸缩体由钢制梳齿板组合而成的伸缩装置称为梳齿板式伸缩装置。梳齿板式伸缩装置按梳齿板受力状况悬臂式（SC）和简支式（SS）两种。简支梳齿板式伸缩装置按活动梳齿板的齿板和伸缩缝的相对位置分为活动梳齿板的齿板位于伸缩缝一侧（SSA）和活动梳齿板的齿板跨越伸缩缝（SSB）两种。SC梳齿板式伸缩装置适用于伸缩量为60～240 mm的公路桥梁工程，SSA梳齿板式伸缩装置适用于伸缩量为80～1 000 mm的公路桥梁工程，SSB梳齿板式伸缩装置适用于伸缩量为1 000 mm以上的公路桥梁工程。

3. 无缝式伸缩装置

由弹性伸缩体和隔离膜组成的伸缩装置称作无缝式伸缩装置。适用于伸缩量为20～100 mm的公路桥梁工程。

（二）伸缩装置的总体要求

伸缩装置所使用的材料、加工工艺和成品的整体性能、外观质量及解剖检验等应符合交通部颁布的现行标准《公路桥梁伸缩装置通用技术条件》。

（三）试验方法

伸缩装置的检测项目包括整体性能试验、钢材试验、橡胶试验、其他材料试验、尺寸偏差、外观质量等内容。这里简要介绍下面几种试验方法：

1. 整体性能试验

（1）试样。整体试件宜采用整体装配后的伸缩装置进行试验。若受试验设备限制，不能对整体试件进行试验时，按照下列要求取样：

1）单缝模数式伸缩装置的试件长度不小于4 m；

2）多缝模数式伸缩装置的试件长度不小于4 m，且有不少于4个位移箱；

3）梳齿板式伸缩装置的试件长度不小于4 m或一个单元；

4）无缝式伸缩装置的试件长度不小于4 m。

（2）具体要求。

1）整体试验应在制造厂或专门试验机构中进行。

2）对整体试件的伸缩装置进行力学性能试验时，伸缩装置试件锚固系统应采用定位螺栓或其他有效方法，试验装置应能模拟伸缩装置在桥梁结构的实际受力状态，并进行规定试验项目试验。伸缩装置的试验标准温度是 23℃ ±5℃，且不应有腐蚀性气体及影响检测的震动源。

3）模数式伸缩装置应进行拉伸、压缩、纵向、竖向、横向错位试验、测定水平摩阻力、变位均匀性。应按实际受力荷载测定中梁、支承横梁及其连接部件应力、应变值，并应对试样进行振动冲击试验，对橡胶密封带进行防水试验。

4）梳齿板式伸缩装置应进行拉伸、压缩试验，测定水平摩阻力及橡胶密封带进行防水试验。

5）无缝式伸缩装置应进行拉伸、压缩试验及橡胶密封带防水试验。

2．原材料

伸缩装置中使用的钢材、橡胶、不锈钢板、聚四氟乙烯版、硅脂等应按《公路桥梁伸缩装置通用技术条件》中规定的有关方法进行试验。

3．尺寸偏差

伸缩装置的尺寸偏差，应采用标定的钢直尺、游标卡尺、平整度仪、水平仪等量测，每 2 m 取其断面量测后，取其平均值。

4．外观质量

产品外观质量，应采用目测方法和相应精度的量具逐件进行检测。

5．表面涂装质量

表面涂装质量检验按照《公路桥梁钢结构防腐涂装技术条件》规定方法进行检测。

第五节　桥梁荷载试验

一、荷载试验的目的及主要内容

1．荷载试验的目的

桥梁荷载试验分为静载试验和动载试验。桥梁荷载试验是对桥梁结构工作状态进行直接测试的一种鉴定手段。试验的目的、任务与内容通常由实际的生产需要或科研需要所决定，一般桥梁荷载试验的目的有：

（1）检验桥梁设计与施工的质量

对于一些新建的大中型桥梁或者具有特殊设计的桥梁，在设计施工过程中必然会遇到许多新问题，为保证桥梁建设质量，施工过程中往往要求做施工监控。在竣工后一般还要求进行荷载试验，以检验桥梁整体受力性能和承载力是否达到设计文件和规范的要求，并把试验结果作为评定工程质量优劣的主要技术资料和依据。

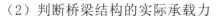

（2）判断桥梁结构的实际承载力

旧桥由于构件局部发生意外损伤，使用过程中产生明显病害，设计荷载等级偏低等原因，有必要通过荷载试验判定构件损伤程度及承载力、受力性能的下降幅度，确定其运营荷载等级。同时，旧桥荷载试验也是改建及加固设计的重要依据。

（3）验证桥梁结构设计理论和设计方法

对于桥梁工程中的新结构、新材料和新工艺，应通过荷载试验验证桥梁的计算图示是否正确，材料性能是否与理论相符，施工工艺是否达到预期目的。对相关理论问题的深入研究，往往也需要大量荷载试验的实测数据。

2. 荷载试验的主要工作内容

桥梁的荷载试验是一项复杂而细致的工作，应该根据试验的目的进行认真的调查，必要时进行相关的理论分析，在此基础上周密地制定试验方案，对于所有可能出现的问题都要认真考虑并作出处理预案，制定切实可行的试验方案。荷载试验的主要内容为：

（1）明确荷载试验的目的

（2）试验准备工作

（3）加载方案设计

（4）测点设置与测试

（5）加载控制与安全措施

（6）试验结果分析与承载力评定

（7）试验报告编写

一般，以上荷载试验内容主要包含三个阶段：桥梁结构的考察和试验准备，加载试验与观测，测试结果的分析与评定。

目前，桥梁的荷载试验应该按我国现行的《大跨径混凝土桥梁的试验方法》《公路桥涵设计规范》等进行。

3. 荷载试验的准备工作

荷载试验正式进行之前应做好下列准备工作

（1）试验孔（或墩）的选择

对多孔桥梁中跨径相同的桥孔（或墩）可选 1～3 孔具有代表性的桥孔（或墩）进行加载试验。选择时应综合考虑以下因素：该孔（或墩）计算受力最不利。该孔（或墩）施工质量较差、缺陷较多或病害较严重。该孔（或墩）便于搭设脚手架，便于设置测点或者便于实施加载。

选择试验孔的工作与制定计划前的调查工作结合进行。

（2）搭设脚手架和测试支架

脚手架和测试支架应分开搭设互不影响，脚手架和测试支架应有足够的强度、刚度和稳定性。脚手架要保证工作人员的安全，方便操作。测试支架要满足仪表安装的需要，不因自身变形影响测试的精度，同时还应保证试验时不受车辆和行人的干扰。脚手架和测试支架设置要因地制宜，就地取材，便于搭设和拆卸，一般采用木支架或建筑钢管支架。当桥下净空较大不便搭设固定脚手架时，可考虑采用轻便活动吊架，两端用尼龙绳或细钢丝绳固定在栏杆或人行道缘石上。整套设置使用前应进行试载以确保安全，活动吊架如需多次使用可做成拼装式以便运输和存放。

晴天或多云天气下进行加载试验时，阳光直射下的应变测点，应设置遮挡阳光的设备，以减小温度变化造成的观测误差。雨季进行加载试验时，那么应准备仪器、设备等的防雨设施，以备不时之需。

桥下或桥头用活动房或帐篷搭设临时实验室，安放数据采集等仪器，并供测试人员临时办公和看管设备之用。

（3）静载试验加载位置的放样和卸载位置的安排

静载试验前应在桥面上对加载位置进行放样，以便于加载试验的顺利进行。如加载工况较少，时间允许，可在每次工况加载前临时放样。如加载工况较多，则应预先放样，且用不同颜色的标志区别不同加载工况时的荷载位置。

静载试验荷载、卸载的安放位置应预先安排。卸载位置的选择既要考虑加载、卸载方便，离加载位置近一些，又要使安放的荷载不影响试验孔（或墩）的受力，一般可将荷载安放在桥台后一定距离处。对于多孔桥，若有必要将荷载停放在桥孔上，一般应停放在距试验孔较远处，以不影响试验观测为宜。

（4）试验人员组织及分工

桥梁的荷载试验是一项技术性较强的工作，最好能组织专门的桥梁试验队伍来承担，也可由熟悉这项工作的技术人员为骨干来组织试验队伍。应根据每个试验人员的特长进行分工，每人分管的仪表数目除考虑便于进行观测外，应尽量使每人对分管仪表进行一次观测所需的时间大致相同。所有参加试验的人员应能熟练掌握所分管的仪器设备，否则应在正式开始试验前进行演练。为使试验有条不紊地进行，应设试验总指挥1人，其他人员的配备可根据具体情况考虑。

（5）其他准备工作

加载试验的安全设施、供电照明设施、通信联络设施、桥面交通管制等工作应该根据荷载试验的需要进行准备。

二、试验方案与实施

1. 加载方案与实施

（1）试验荷载工况的确定

为了满足鉴定桥梁承载力的要求，荷载工况选择应反映桥梁设计的最不利受力状态，简单结构可选1～2个工况，复杂结构可适当多选几个工况，但不宜过多。进行各荷载工况布置时可参照截面内力（或变形）影响线进行，下面给出常见桥型荷载工况。

①简支梁桥

跨中最大正弯矩工况，1/4最大正弯矩工况，支点最大地剪力工况，桥墩最大竖向反力工况。

②连续梁桥

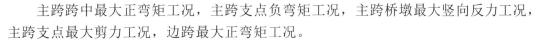

主跨跨中最大正弯矩工况，主跨支点负弯矩工况，主跨桥墩最大竖向反力工况，主跨支点最大剪力工况，边跨最大正弯矩工况。

③悬臂梁桥（T形钢构桥）

支点（墩顶）最大负弯矩工况，锚固孔跨中最大正弯矩工况，支点（墩顶）最大剪力工况，挂孔跨中最大正弯矩工况。

④无铰拱桥

跨中最大正弯矩工况，拱脚最大负弯矩工况，拱脚最大推力工况，正负挠度绝对值和最大工况。

⑤刚架桥（包括斜腿刚架和刚架—拱式组合体系）

跨中截面最大弯矩工况，柱腿截面最大应力工况，节点附近截面最大应力工况。

⑥悬索桥

主梁控制截面最大弯矩应力工况，主梁扭转变形工况，主梁控制截面位移或挠度工况，塔顶最大水平变化工况同，塔柱底截面最大应力工况，钢索（主缆、吊索）最大拉力工况。

⑦斜拉桥

主梁跨中最大正弯矩工况，主梁最大负弯矩工况，主塔塔顶顺桥向最大水平位移工况，斜拉索最大索力工况，主梁最大挠度工况。

此外，对桥梁施工中的薄弱截面或缺陷修补后的截面可以专门进行荷载工况设计，以检验该部位或截面对结构整体性能的影响。

使用车辆加载而又未安排动载试验项目时，可在静载试验项目结束后，将加载车辆（多辆车则相应地进行排列）沿桥长慢速行驶一趟，用全面了解荷载作用于桥面不同部位时结构承载状况。

动载试验一般安排标准汽车车列（对小跨径桥也可用单车）在不同车速时的跑车试验，跑车时速一般定为5、10、20、30、40、50km。此外可根据桥况安排其他试验项目，如需测定桥梁承受活载水平力性能时做车辆制动试验，为测定桥梁自振频率做跳车后的余振观测，并在无荷载时进行脉动观测。

（2）静载加载分级与控制

为了加载安全和了解结构应变随试验荷载增加的变化关系，对桥梁荷载试验的各荷载工况的加载应分级进行。

①分级控制的原则

当加载分级较为方便时，可按最大控制截面内力荷载工况均分成4～5级。

当使用载重车加载，车辆称重有困难时也可分成3级加载。

当桥梁的调查和检算工作不充分，或桥况较差，应尽量增多加载分级。如限于条件加载分级较少时，应注意每级加载时，车辆荷载应逐辆缓缓驶入预定加载位置，必要时可在加载车辆未到达预定加载位置前分次对控制测点进行读数监控，以确保试验安全。

在安排加载分级时，应注意加载过程中其他截向内力亦应逐渐增加，并且最大内力不应超过控制荷载作用下的最不利内力。

根据具体条件决定分级加载的方法，最好每级加载后卸载，也可以逐级加载，达到最大荷载后逐级卸载。

②车辆荷载加载分级的方法

a. 逐渐增加加载车数量

b. 先上轻车后上重车

c. 加载车位于内力影响线的不同部位

d. 加载车分次装载重物

以上各法亦可综合采用。

③加卸载的时间选择

为了降低温度变化对试验造成的影响，加载试验时间以 22：00 至晨 6：00 为宜。尤其是采用重物直接加载，加卸载周期比较长的情况下只能在夜间进行试验。对于采用车辆等加、卸载迅速的试验方式，如夜间试验照明等有困难时亦可安排在白天进行试验，但在晴天或多云的天气下进行加载试验时每一加、卸载周期所花费的时间不应超过 20min。

④加载分级的计算

根据各荷载工况的加载分级按弹性阶段计算结构各测点在不同荷载等级下的变位（或应变），以便对加载试验过程进行分析和控制。计算采用材料的弹性模量，如已做材料试验的用实测值，未做材料试验的可按规范规定取值。

（3）加载设备的选择

静载试验加载设备可根据加载要求及具体条件选用，一般有以下两种加载方式：

①可行式车辆

可选用装载重物的汽车或平板车，也可就近利用施工机械车辆。选择装载的重物时要考虑车厢能否容纳得下，装载是否方便，装载的重物应放置稳妥，来避免车辆行驶时因摇晃而改变重物的位置。

采用车辆加载优点很多，如便于调运和加载布置，加、卸载迅速等。采用汽车荷载既能做静试验又能做动载试验，是比较常采用的一种方法。

②重物直接加载

一般可按控制荷载的着地轮迹先搭设承载架，再在承载架上堆放重物或设置水箱进行加载。如加载仅为满足控制面内力要求，也可采取直接在桥面堆放重物或设置水箱的方法加载。承载架的设置和加载物的堆放应安全、合理，能按要求分布和加载重量，并不使加载设备与桥梁结构共同承载而形成"卸载"现象。

重物直接加载准备工作量大，加、卸载所需周期一般较长，交通中断时间亦较长，且试验时温度变化对测点的影响较大，因此宜安排在夜间进行试验。

此外其他一些加载方式也可根据加载要求因地制宜采用。

（4）加载重物的称量

可根据不同的加载方法和具体条件选用以下方法对所加载进行称量：

①称重法

当采用重物直接在桥上加载时，可将重物化整为零称重后按逐级加载要求分堆置放，以便加载取用。

当采用车辆加载时，可将车辆逐轴开上称重台进行称重。例如没有现成可供利用的称重台，可自制专用称重台进行称重。

②体积法

如采用水箱加载，可通过测量水体积来换算水的重力。

③综合计算法

根据车辆出厂规格确定空车轴重（注意考虑车辆零配件的更换和添减，汽油、水、乘员重力的变化）。再根据装载重物的重力及其重心将其分配至各轴。装载物最好采用规则外形的物体整齐码放或采用松散均匀料在车箱内摊铺平整，以便准确确定其重心位置。

无论采用何种确定加载物重力的方法，都应做到准确可靠，其称量误差最大不得超过5%。最好能采用两种称重方法互相校核。

2. 测点布设

（1）主要测点的布设

测点的布设不宜过多，但要保证观测质量。有条件时，同一测点可用不同的测试方法进行校对，一般情况下，对主要测点的布设应能控制结构的最大应力（应变）和最大挠度（或位移）。几种常用桥梁体系的主要测点布设以下所示：

①简支梁桥

跨中挠度，支点沉降，跨中截面应变。

②连续梁桥

跨中挠度，支点沉降，跨中和支点截面应变。

③悬臂梁桥

悬臂端部挠度，支点沉降，支点截面应变。

④拱桥

跨中，1/4处挠度，拱顶1/4和拱脚截面应变。

挠度观测测点一般不设在桥中轴线位置。截面抗弯应变测点应设置在截面横桥向应力可能分布较大的部位，沿截面上下缘布设，横桥向测点设置一般不少于3处，以控制最大应力的分布。

当采用测点混凝土表面应变的方法来确定钢筋混凝土结构中钢筋承受的拉力时，考虑到混凝土表面已经和可能产生的裂缝对观测的影响，测点的位置应合理进行选择。如凿开混凝土保护层直接在钢筋上设置拉应力测点，在试验完之后必须修复保护层。

（2）其他测点的布设

根据桥梁调查和检算工作的深度，综合考虑结构特点和桥梁目前状况等后可适当加设以下测点：挠度沿桥长或沿控制截面桥宽方向分布。应变沿控制截面桥宽方向分布；应变沿截面高分布；组合构件的结合面上下缘应变；墩台的沉降、水平位移与转角，连拱桥多个墩台的水平位移；剪切应变；其他结构薄弱部位的应变。

裂缝的监测测点：一般应实测控制断面的横向应力增大系数，当结构横向联系构件质量较差，连接较弱时则必须测定控制截面的横向应力增大系数。简支梁跨中截面横向应力增大系数的测定，既可采用观测跨中沿桥宽方向应变变化的方法，也可采用观测跨中沿桥宽方向挠度变化的方法来进行计算，或者用两种方法互校。

对于剪切应变测点一般采取设置应变花的方法进行观测。为了方便，对于梁桥的剪应力也可在截面中轴处主应力方向设置单应变测点来进行观测。梁桥的实际最大剪应力截面应设置在支座附近而不是支座上。

（3）温度测点的布设

选择与大多数测点较接近的部位设置 $1 \sim 2$ 处气温观测点，此外可根据需要在桥梁主要测点部位设置一些构件表面温度观测点。

三、静载试验仪器设备

桥梁静载试验时需测结构的反力、应变、位移、倾角及裂缝等物理量，应选择适当的仪器进行测量。常用的仪器有百分表、千分表、位移计、应变仪、应变计（应变片）、精密水准仪、经纬仪、倾角仪、刻度放大镜等。这些测试仪器按其工作原理可分为机械测试仪器、电测仪器、光测仪器等。机械式仪器具有安装与使用方便、迅速、读数可靠的优点，但需要搭设脚手架，而且试验人员较多，观测读数费时，不便于自动记录。电测仪表安装调试比较麻烦，影响测试精度的因素也较多，但测试记录仪较方便，便于数据自动采集记录，操作安全。荷载试验应根据测试内容和量测值的大小选择仪器，试验前应对测试值进行理论分析估计，选择仪器的精度和量测范围，同时满足《公路旧桥承载能力鉴定方法》中对仪器精度与量测范围的要求。下面介绍几种常用的仪器设备。

1. 机械式位移计

机械式位移计包括百分表、千分表及张线式位移和挠度计等，其构造和工作原理基本相同，主要区别在于精度和量程不同。

百分表和千分表是一种多功能仪表，与其他附属装置配套后可用于测量位移、应变、力、倾角等。

（1）使用方法

使用时，百分表装在表座上（目前大都采用磁性表座），表架安装在临时专门搭设的支架上，支架应具有一定的刚度，并与被测结构物分开。

将测杆触头抵在测点上，借助弹簧的使用，让其接触紧密。

（2）使用时应注意的事项

使用时，只能拿取外壳，不得任意推动测杆，避免磨损机件，影响放大倍数。注意保护触头，触头上不得有伤痕。

安装时，要使测杆与欲测的位移的方向一致，或者与被测物体表面保持垂直。并注意位移的正反方向和大小以便调节测杆，使百分表有适宜的测量范围。

百分表架要架设稳妥，表架上各个螺丝要拧紧，但是当颈夹住百分表的轴颈时，不可夹得过紧，否则会影响测杆移动。

百分表安装好，可用铅笔头在表盘上轻轻敲击，看指针摆动情况。若指针不动或绕某一固定值在小范围内左右摆动，说明安装正常。

百分表使用日久或经过拆洗修理后，必须进行标定，标定可在专门的百分表、千分表校正仪上进行。千分表与百分表使用方法完全相同。

（3）用位移计测挠度与变位

用位移计测挠度或某点的位移时，要注意位移的相对性，位移计的定点（表壳）和动点（测杆）必须分别和相对位移的两点连接。

位移针可装在各种表架上，通常用颈箍夹住表的轴颈，也可用其他方式将表壳或轴颈固定在某一个定点，测杆可直接顶住试件测点。

（4）用位移计测应变

应变，就是结构上某区段纤维长度的相对变化。应变仪就是用来测定这个长度变化的仪器。其采用特制的夹具将位移计安装在结构表面，测定应变。应变仪具有精度高、量程大的特点。当应变值变化范围很大或需用大标距测定应变时，采用这种装置是非常合适的。

2. 电子式数显倾角仪

公路行业较早使用的是水准管式倾角仪，其原理是使用高灵敏度的水准管来测定结构节点、截面或支座处的位移。当前使用的是电子式数显倾角仪。此类产品基于MEMS（微机电系统）开发，是一种基于半导体硅材料的微加工技术，仪器核心元件为微硅单轴加速度计，利用单轴加速度计输出值与倾角的正弦值成线性关系来计算倾角。该类产品是水准管式水平仪的升级换代产品，具有使用方便、测量准确的特点，既可独立使用，也可配套在工具、量具、仪器、设备上，同时具有数字显示角度、倾斜度（％）和相对角度的功能。此外，仪器内置温度传感器，系统可自动完成零点和灵敏度补偿。

3. 电阻应变仪

用电阻式应变仪测试桥梁结构应变时需用电阻应变片(应变计)和应变仪配合使用。

（1）电阻应变片

电阻应变片又称电阻应变计，简称应变片或电阻片。它是非电量电测中最重要的变换器。

应变片电测法与其他测试方法比较，有如下的一些优点：灵敏度高。电阻片尺寸小且粘贴牢固。电阻片质量小。可以在高温（800℃～1000℃）、低温（-100℃～-70℃）、高压（上万个大气压）、高速旋转（几千至几万转／毫米）、核辐射等特殊条件下成功使用。

此外，由于应变片输出是电信号，就易于实现测量数字化和自动化。应就变片已在实验应力分析断裂力学，静、动态试验，宇航工程中都有广泛的用途。

①电阻应变片的分类

按敏感栅的长度分，有大标距应变片与小标距应变片。按敏感栅形状分，有单轴应变片和应变花，还有各种特殊用途的应变片如防磁应变片、防水应变片、埋入式应变片、层式应变片、可拆式应变片、疲劳寿命片、测压片、无基底式应变片、大应变片、裂缝探测片、温度自补偿应变片等。

②金属应变片的工作原理

金属应变片的工作原理是基于导体的电阻应变效应。所谓电阻应变效应是指导体或半导体在机械变形（伸长或缩短）时，其电阻随其变形而发生变化的物理现象。金属导体产生电阻应变效应，主要是因为电阻丝的几何尺寸改变但引起阻值的变化。

③电阻应变片的选用

选用应变片时应根据应变片的初始参数及试件的受力状态、应变梯度、应变性质、工作条件、测试精度要求等综合考虑。

对于一般的结构试验，采用 120Ω 纸基金属丝应变片就可满足试验要求。其标距可结合试件的材料来选定，如钢材常用 $5 \sim 20mm$，混凝土则用 $40 \sim 150mm$，石材用 $20 \sim 40mm$。

对于有特殊要求的，可选择特种应变片，如低温应变片、高温应变片、疲劳寿命片、裂纹探测片，以及高压、核辐射、强磁场等条件之下使用的应变片。

④电阻应变片的粘贴技术

a. 黏结剂

粘贴应变片用的黏结剂称为应变胶。应变胶应能可靠地将试件应变传递到应变片的敏感栅上。

b. 应变片的粘贴技术

应变片的粘贴是应变电测技术中一个很关键的环节，粘贴质量的好坏直接影响测量的结果。粘贴应掌握下列粘贴技术：

选片：用放大镜对应变片进行检查，保证选用的应变片无缺陷和破损。

定位：先初步画出贴片位置，用砂布或砂轮机将贴片位置打磨平整，在打磨平整的部位准确画出测点的纵横中心及贴片方向。

贴片，用镊子夹脱脂棉球蘸酒精（或丙酮）将贴片位置清洗干净。用手握住应变片引出线，在其背面均匀涂抹一层胶水，然后放在测点上，调整应变片的位置，使其可准确定位。在应变片上覆盖小片玻璃纸，用手指轻轻滚压，挤出多余胶水和气泡。注意不要使应变片位置移动。用手指轻按 $1 \sim 2min$，待胶水初步固化后，即可松手。粘贴质量较好的应变片，应胶层均匀，且位置准确。

干燥固化，干燥才能固化。气温较高，相对湿度较低的短期试验，可用自然干燥，时间一般为 $1 \sim 2$ 天。人工干燥：待自然干燥 12 小时后，用红外线灯烘烤，温度不要高于 $50℃$，还要避免骤热，烘干到绝缘电阻符合要求时为止。

应变片的防护在应变片引线端贴上接线端子，把应变片引线和连接导线分别焊在接线端子上，然后立即涂防护层，以防止应变片受潮和机械损伤。

（2）应变仪

①测量电路

测量电路是应变仪的主要组成部分，其作用是将应变片的电阻变化转换为电压（或电流）的变化。在特殊情况下，应根据测量的目的和具体要求自行设计测量电路，应变片电测一般采用两种测量电路，一类是电位计式电路，一类是桥式电路，通常采用惠斯登电桥。

②电阻应变仪

电阻应变仪按使用内容不同，分为静态应变仪、动态应变仪和静动态应变仪。

（3）电阻应变测量的温度补偿

用应变片测量应变时，它除了能感受试件受力后的变形外，同样也能感受环境温度变化，并引起电阻应变仪指示部分的示值变动，这称为温度效应。

温度变化从两方面使应变片的电阻值发生变化。第一是电阻丝温度改变，其电阻将会随之而改变。第二是因为材料与应变片电阻丝的线膨胀系数不相等，但二者又黏合在一起，这样温度改变时，应变片中产生了温度应变，引起附加的电阻的变化。

4. 电阻应变原理的推广 —— 传感器

电阻应变仪不仅可以测量应变，在结构试验中还可利用它的工作原理对其他物理参数进行测定，这时需通过相应的转换器，先把要求观测的物理量转换成该转换器中某弹性元件的应变，由贴在该元件上的应变片所测得的应变量间接求得被测量的数值。这种转换器称为电阻应变式传感器，最常用的有应变式测力传感器和电子式位移传感器两种。

电子式位移传感器是一种位移测量计，属于一次仪表，它只能检测试件位移，而本身不能显示其数值，因此，使用时必须依赖二次仪表进行显示或指示。

四、静载试验

静载试验应在现场统一指挥下按计划有秩序进行。首先检查不同分工的测试人员是否各行其职，交通管理、加载（或司机）和联络人员是否到位，加载设备、通信设备和电源（包括备用电源）是否准备妥当，加载位置测点放样和测试仪器安装是否正确。然后调试仪器（自动记录时对测试仪表数据采集与记录设备进行连接），利用过往车辆（或初试荷载）检查各测点的观测值的规律性，使整个测试系统进入正常工作状态。然后记录天气情况和试验开始时间，进行正式试验。

五、结构动载试验

桥梁结构在车辆、人群、风力和地震等动力荷载作用下产生振动，桥梁在动力荷载作用下的受力分析是桥梁结构分析的又一重要任务。造成桥梁振动的影响因素复杂，仅靠理论分析不能满足工程应用的需要，需用理论分析与实验测试相结合的办法解决，桥梁动载试验就成为解决该问题必不可少的手段，桥梁的动力特性（频率、振型和阻尼比）是评定桥梁承载力状态的重要参数，随着我国公路桥梁检验评定制度推行，桥梁动载试验将会越来越受到重视。

结构振动问题涉及振源（输入）、结构（系统）和响应（输出），它们的关系为：

振源（输入）→结构（系统）→响应（输出）

在结构振动问题中输入、系统和输出中已知其中两者，可以求第三者，所以桥梁的动载试验可以划分为三类基本问题：

测定桥梁荷载的动力特性（数值、方向、频率等）。

测定桥梁结构的动力特性（自振频率、阻尼、振型等）。

测定桥梁在动荷载作用下的响应（动位移、动应力等）。

桥梁的振动试验涉及很宽的范畴，如模拟地震试验、抗风试验及疲劳试验等。下面着重介绍常规桥梁结构动力特性和动载响应的试验与分析。

1. 桥梁动载试验的测试仪器

结构振动的测试仪器包括：测振传感器、信号放大器、光线示波器、磁带记录仪和数字信号处理机。近年振动信号分析处理技术发展很快，已开发出多种以 A/D 转换和微机结合的数据采集和分析一体化的智能仪器，可以进行实时数据采集分析，并能实现数据储存，有取代磁带记录仪和专用信号处理机的趋势，但还有待普及。

（1）测振传感器

①基本原理

振动参数有位移、速度和加速度。测量这些振动参数的传感器有许多种类。但由于振动测量的特殊性，如测量时难以在振动体附近找到一个静止点作为测量的基准点，所以就需要使用惯性式测振传感器。通常所指的测振传感器即为惯性式测振传感器（以下简称为测振传感器）。测振传感器的基本原理为：由惯性质量、阻尼和弹簧组成一个动力系统，这个动力系统固定在振动体上（即传感器的外壳固定在振动体上），与振动体一起振动。通过测量试件质量相对于传感器外壳的运动，就可以得到振动体的振动。由于这是一种非直接的测量方法，所以这个传感器动力系统的动力特性对测量结构具有很重要的影响。

②传感器的频率特性

传感器中的质量块相对外壳的运动规律与振动体的运动规律一致，但是两者相差一个相位角。

③磁电式速度传感器

磁电式速度传感器是根据电磁感应的原理制成的，其特点是灵敏度高，性能稳定，输出阻抗低，频率响应范围有一定宽度。调整质量、弹簧和阻尼系统的动力参数，可以使传感器既能测量非常微弱的振动，也能测比较强的振动。

磁电式测振传感器的主要技术指标如下：传感器质量弹簧系统的固有频率，灵敏度，频率响应，阻尼。磁电式传感器输出的电压信号通常比较微弱，需要用电压放大器进行放大。

④压电式加速度传感器

由物理学知识可知，当一些晶体材料受到压力并产生机械变形时，在其相应的两个表面上出现异号电荷，当外力去掉后，晶体又重新同到不带电的状态，这种现象称为压电效应。压电式加速度传感器是利用晶体的压电效应而制成的，其特点是稳定性高、机械强度高及能在很宽的温度范围内使用，但是灵敏度较低。

压电式加速度传感器的主要技术指标如下：灵敏度，安装谐振频率，频率响应，横向灵敏度比，幅值范围。

压电式加速度传感器用的放大器有电压放大器和电荷放大器两种。

（2）信号处理机

动态信号数据处理，一般在专用信号处理机或利用数据处理软件在通用计算机上进行。目前数字信号处理技术发展很快，它以FFT硬件和专用软件为基础，可以在幅值域、时域、频域对各种类型的信号进行处理。

（3）桥梁动态测试系统

基于计算机控制的一体化动态数据测试系统是将来动载试验的主要仪器。一般来说，该系统主要由传感器、信号采集系统与信号分析系统三部分组成。

动载试验中使用的传感器要求具有较高的灵敏度和分辨率，同时，动态范围、幅值范围也是较为重要的指标，另外，使用频率范围是传感器的重要性能参数，一般测量中均要求使用超低频传感器，最好具有零频响应。

动态数据采集分析程序通常包括以下模块组：输入/输出模块组，触发函数模块组，数学计算模块组，数理统计模块组，信号分析模块组，控制模块组，显示模块组，文件模块组。

根据需要，实际使用中可以选择合适的模块组成信号采集、控制分析系统，方便地进行多通道记录。

2. 桥梁动载试验的激振方法

在进行桥梁动载试验时，首先要设法使桥梁产生一定的振动，之后应用测振仪器加以测试和记录，通过对记录的振动信号分析得到桥梁的动力特性和响应。可用于桥梁动载试验的激振方法很多，应该根据被测桥梁的结构形式和刚度大小选择激振效果好、易于实施的方法。

（1）自振法（瞬态激振法）

自振法的特点是使桥梁产生有阻尼的自由衰减振动，记录到的振动图形是桥梁的衰减振动曲线。为使桥梁产生自由振动，一般常用突加载荷和突卸荷载两种方法。

（2）共振法（强迫振动法）

激振设备有机械式激振器、电磁式激振器和电气液压振动台。

（3）脉动法

对于大跨度悬吊结构，如悬索桥、斜拉索桥跨结构、塔墩以及具有分离式拱肋的大跨度下承式或中承式拱桥，可利用由于外界各种因素所引起的微小而不规则的结构振动来确定其动力特性。这种微振动通常称为"脉动"，它是由附近的车辆、机器等振动或附近地壳的微小破裂和远处的地震传来的脉动所产生。

结构的脉动有一重要特性，就是它能明显地反映出结构的固有频率。

3. 桥梁动载试验数据分析

桥梁结构的动力特性（例如结构的固有频率、阻尼系数和振型等）只和结构本身的固有性质（如结构的组成形式、刚度、质量分布和材料的性质等）有关，而与荷载等其他条件无关。结构的动力特性是结构振动系统的基本特性，是进行结构动力分析所必需的参数。

对于比较简单的结构，一般只需考虑结构的一阶频率，对于较复杂的结构动力分析，还应考虑第二、第三甚至更高阶的同有频率及相应的振型。至于系统的阻尼特性只能通过试验的方法确定。

桥梁在实际的动荷载作用下，结构各控制部位的动力响应，如振幅、频率、速度和加速度以及反映结构整体动力作用的冲击系数等，除可用来分析结构在动荷载作用下的受力状态外，还可验证或修改理论计算值，并作为结构设计的依据。

4. 桥梁结构动力性能评价

桥梁结构动力性能的各参数，如固有频率、阻尼比、振型、动力冲击系数及动力响应的大小，是宏观评价桥梁结构的整体刚度、运营性能的重要指标，也是一些规范评价桥梁安全运营性能的主要尺度。目前，虽然国内外规范对桥梁结构的动力响应、动力特性尚无统一的评价尺度，但是一般认为，桥梁结构的动力特性反应了结构的整体刚度、桥面平整度及耗散外部振动能量输入的能力；同时，过犬的动力响应会影响车辆的安全行驶，会引起乘客的不舒适，应予以避免。在实际测试当中，通常通过以下几个方面来评价桥梁结构的动力性能：

比较桥梁结构频率的理论值与实测值，如果实测值大于理论计算值，说明桥梁结构的实际刚度较大。反之则说明桥梁结构的刚度偏小，可能存在开裂或其他不正常的现象。

根据动力冲击系数的实测值来评价桥梁结构的行车性能，实测冲击系数较大则说明桥梁结构的行车性能差，桥面平整度不良，反之亦然。

实测阻尼比的大小反应了桥梁结构耗散外部能量输入的能力，阻尼比大，说明桥梁耗散外部能量输入的能力大，振动衰减得快。阻尼比小，说明桥梁耗散外部能量输入的能力差，振动衰减得慢。但是过大的阻尼比可能是由于桥梁结构存在开裂或支座工作不正常等现象引起的。

第十二章 隧道工程试验检测

第一节　隧道施工质量检测

隧道混凝土原材料和试件的检测，可参考桥梁混凝土原材料和试件检测的相关方法。

一、超前支护与预加固围岩施工质量检测

隧道在浅埋地段、自稳性差的软弱破碎地层，严重偏压、岩溶流泥地段，砂土层、砂卵（砾）石层、断层破碎带以及大面积淋水或涌水地段施工时，由于开挖后围岩的自稳时间小于完成支护所需的时间，往往会发生开挖面围岩失稳，或由于初期支护的强度不能满足围岩稳定的要求以及大面积淋水、涌水导致洞体围岩丧失稳定而产生坍塌、冒顶，这时需要进行超前支护或预加固。

（一）超前支护及预加固方法

超前支护及预加固常用方法有：地表砂浆锚杆或地表注浆加固、超前锚杆或者超前小导管支护、管棚钢架超前支护、超前小导管注浆和超前围岩深孔预注浆等方法。

其他方法还有：冻结法、水平高压旋喷法与隔断墙法等。

1. 地表砂浆锚杆或地表注浆加固

本方法适用于浅埋、洞口地段和某些偏压地段，能有效防止地表下沉、稳定隧道掌子面、处理偏压、防止坡面崩塌，优点是对开挖作用无影响。

2. 超前锚杆或超前小导管支护

适用于浅埋松散破碎的地层内，地层应力不太大，地下水较少的软弱破碎围岩的隧道。这类超前支护的柔性较大，整体刚度较小。优点是施工的灵活度较大。

3. 管棚钢架超前支护

适用于极破碎的地层、塌方体、岩堆等地段。管棚钢架与围岩一起形成棚架体系，产生下列效果：①梁效应，因钢管是先行设置的，在掘进时，钢管在掌子面及其后方的支撑下，形成梁式结构，防止围岩崩塌和松弛；②加固效应，钢管插入后，压注水泥浆，加强了钢管周边的围岩。

该方法的优点是最大限度地控制变形和松弛，对于地表结构物有利；缺点是施工太麻烦、费用太高。

4. 超前小导管注浆

适用于自稳时间很短（12 h）的砂层、砂卵（砾）石层、断层破碎带、软弱围岩浅埋地段或处理塌方等地段。

5. 超前围岩深孔预注浆

适用于极其松散、破碎、软弱地层，或大量涌水的软弱地段以及断层破碎带的隧道。多用于断面较大和不允许有过大沉陷的各类地下工程当中。

（二）注浆材料检测

理想的注浆材料，应满足以下要求：

（1）浆液黏度低，渗透力强，流动性好，能进入细小裂隙和粉、细砂层。这样浆液可达到预想范围，确保注浆效果。

（2）可调节并准确控制浆液的凝固时间，以避免浆液流失，达到定时注浆之目的。

（3）浆液凝固时体积不收缩，能牢固黏结砂石；浆液结合率高，强度大。

（4）浆液稳定性好，长期存放不变质，便于保存运输，货源充足，价格低廉。

（5）浆液无毒、无臭，不污染环境，对人体无害，非易燃、易爆之物。

浆液材料通常划归两大类，即水泥浆液和化学浆液（按浆液分散体系划分，以颗粒直径 0.1 为界，大者为悬浊液，如水泥浆；小者为溶液，如化学浆）。通常采用的注浆材料为水泥浆液、水泥水玻璃浆液（双液浆）、超细水泥浆液和化学浆液等。

注浆材料的主要性质及测定：

（1）黏度：表示浆液流动时，因分子间相互作用而产生的阻碍运动内摩擦力。用简易黏度计测定。

（2）渗透能力：即渗透性，指浆液注入岩层的难易程度。悬浊液渗透能力取决于颗粒大小，砂性土孔隙直径必须大于浆液颗粒直径的 3 倍以上浆液才能注入，对于溶液渗透能力则取决于黏度。

（3）凝胶时间：指参加反应的全部成分从混合时起，直到凝胶发生，浆液不再流动为止的一段时间。测定方法：凝胶时间长的，用维卡仪；一般浆液，通常采用手持玻璃棒搅拌浆液，以手感觉不再流动或拉不出丝为止，从而测定凝胶时间。

（4）渗透系数：浆液固化后结石体透水性高低，或者表示结石体抗渗性强弱。用渗透试验测定。

（5）抗压强度：注浆材料自身强度决定了注浆材料的使用范围，强度大者可用于加固地层，强度小者仅能用于堵水。

（三）超前锚杆和超前钢管检测

1. 超前锚杆

（1）基本要求

①锚杆材质、规格等应符合设计和规范要求。

②超前锚杆与隧道轴线外插角宜为5°～10°，长度应大于循环进尺，宜为3～5 m。

③超前锚杆与钢架支撑配合使用时，应从钢架腹部穿过，尾端和钢架焊接。

④锚杆插入孔内的长度不应短于设计长度的95%。

⑤锚杆搭接长度应不小于1 m。

（2）实测项目

超前锚杆实测项目见表12-1。

表12-1　超前锚杆实测项目

项次	检查项目	规定值或允许偏差	检查方法和频率
1	长度 /m	不小于设计	尺量：检查锚杆数的10%
2	孔位 /mm	±50	尺量：检查锚杆数的10%
3	钻孔深度 /mm	±50	尺量：检查锚杆数的10%
4	孔径 /mm	符合设计要求	尺量：检查锚杆数的10%

（3）外观鉴定

锚杆沿开挖轮廓线周边均匀布置，尾端与钢架焊接牢固，锚杆入孔长度符合要求。

2. 超前钢管

（1）基本要求

①钢管的型号、质量和规格等应符合设计和规范要求。

②超前钢管与钢架支撑配合使用时，应该从钢架腹部穿过，尾端与钢架焊接。

③钢管插入孔内的长度不得短于设计长度的95%。

（2）实测项目

超前钢管实测项目见表12-2。

表 12-2　超前钢管实测项目

项次	检查项目	规定值或允许偏差	检查方法和频率
1	长度 /mm	不小于设计	尺量：检查 10%
2	孔 L 位 /mm	±50	尺量：检查 10%
3	钻孔深度 /mm	＋50	尺量：检查 10%
4	孔径 /mm	符合设计要求	尺量：检查 10%

（3）外观鉴定

钢管沿开挖轮廓线周边均匀布置，尾端与钢架焊接牢固，入孔长度符合要求，不符合要求时减 1～5 分。

（四）注浆效果检查

检查方法有分析法、检查孔法和物探无损检测法（地质雷达、声波探测仪）三种。其中物探无损检测法是对注浆前后岩体声波、波速、振幅及衰减系数进行检测。

二、喷锚衬砌施工质量检测

喷锚衬砌支护主要包括锚杆、喷射混凝土和钢架三部分，其各自的作用如下：

锚杆：悬吊作用、组合梁作用、加固拱作用、支撑围岩（主动加固围岩）。

喷射混凝土：支撑作用、填补作用、黏结作用、封闭作用（主动加固围岩）。

钢架：应用于自稳时间短、初期变形大或对地表下沉量有严格限制的地层中。钢架是依靠"被动支撑"来维持围岩稳定的，在软弱围岩条件下，钢架对维持围岩稳定是一定不可少的。

（一）锚杆加工质量与安装尺寸检查

1. 基本要求

（1）锚杆的材质、类型、质量、规格、数量和性能必须符合设计和规范的要求。

（2）锚杆插入孔内的长度不得短于设计长度的 95%。

（3）砂浆锚杆和注浆锚杆的灌浆强度应不小于设计与规范要求，锚杆孔内灌浆密实饱满。

2. 外观质量

钻孔方向应尽量与围岩和岩层主要结构面垂直，锚杆垫板和岩面紧贴。

（二）锚杆拉拔力测试

1. 仪器设备

中空千斤顶、手动油压泵、油压表、千分表。

2. 试验检测

（1）安装设备时，千斤顶与锚杆同心，避免偏心受拉。

（2）加载应匀速，一般以 10 kN/min 的速率增加。

（3）如无特殊需要，可不做破坏性试验，拉拔到设计拉力就停止加载。用中空千斤顶进行锚杆拉拔试验，一般都要求做破坏性试验，测取锚杆的最大承载力。一方面检验锚杆的施工质量，另一方面为调整设计参数提供依据。

（4）千斤顶应固定牢靠，有必要的安全保护措施。特别应注意的是，试验时操作人员要避开锚杆的轴线延长线方向，在锚杆的侧向并且远离锚杆尾部的位置上加压读数；测位移时停止加压。

3. 试验要求

（1）按锚杆数的 1% 且不少于 3 根做抗拔力试验。

（2）同组锚杆抗拔力的平均值应大于或等于设计值。

（3）单根锚杆的抗拔力不得低于设计值的 90%。

（四）喷射混凝土质量检测

1. 基本要求

（1）喷射混凝土施工前必须检查开挖断面的质量，严格处理超欠挖。

（2）喷射混凝土施工前应采取引排、堵水措施对围岩表面渗漏水、流水进行处理。

（3）受喷岩面必须清洁。

（4）所用材料必须满足设计和规范要求。

（5）采用钢纤维喷射混凝土时，钢纤维抗拉强度不得低于 380 MPa，且不得有油渍及锈蚀。

（6）喷射混凝土支护应与围岩紧密黏结，结合牢固，不得有空洞。喷层内不允许存在片石和木板等杂物。必要时应进行黏结力测试，严禁挂模喷射混凝土。

（7）钢架与围岩之间的间隙必须用喷射混凝土充填密实。

（8）喷射混凝土表面平整度应符合设计和规范要求。

2. 外观质量

喷射混凝土表面无漏喷、离鼓、钢筋网和钢架外露现象。

3. 抗压试验

（1）检查试块的制作方法：喷大板切割法、凿方切割法。

（2）检查试块数量：3 件 1 组，两车道隧道每 10 m 至少在拱部及边墙各取 1 组试件。材料或配合比变更时应重新制取试件。

（3）抗压强度合格标准：试件组数大于或等于 10 时，试件抗压强度平均值不低于设计值，且任意一组试件抗压强度不低于 0.85 倍的设计值。试件组数小于 10 时，试件抗压强度平均值不低于 1.05 倍设计值，且任意一组试件抗压强度不低于 0.9 倍的设计值。检查不合格时，应查明原因并采取措施，可用加厚喷层或增设锚杆的办法予以补强。

三、隧道防排水材料及施工质量检测

隧道渗漏水的长期作用，将极大降低隧道内各种设施的使用寿命和功能，恶化隧道的运营条件，主要表现为：隧道渗漏水的长期作用，可造成隧道侵蚀破坏。路面积水，行车环境恶化，降低轮胎与路面的附着力。寒冷地区，冻融循环，衬砌混凝土冻涨开裂，引起拱墙变形、破坏；悬冰侵入净空；路面形成冰坡，使行车滑溜。

公路隧道防排水坚持"防、排、截、堵结合，因地制宜，综合治理"的原则，不同等级的公路隧道要求如下。

1. 高速公路、一级公路隧道和设有机电工程的一般公路隧道：

①隧道拱部、墙部、设备洞、车行横通道、人行横通道不渗水；

②路面干燥无水；

③洞内排水系统不淤积、不堵塞，确保排水通畅；

④严寒地区隧道衬砌背后不积水，排水沟不冻结。

2. 其他公路隧道：

①拱部、边墙不滴水；

②路面不冒水、不积水，设备箱洞处不渗水；

③洞内排水系统不淤积、不堵塞，确保排水通畅；

④严寒地区隧道衬砌背后不积水，路面干燥无水，排水沟不冻结。

四、隧道衬砌检测

隧道混凝土衬砌常见的质量问题有混凝土开裂和内部缺陷、混凝土强度不够、衬砌厚度不足、钢筋锈蚀和背后存在空洞等。

从结构形式上，隧道混凝土衬砌可以分为：①复合式衬砌结构中的喷射混凝土和模筑混凝土；②整体式衬砌；③明洞式衬砌按施工方法，可分为：喷射混凝土、模筑现浇混凝土、预制拼装混凝土衬砌三种。

混凝土衬砌质量检测方法的选择取决于下列因素：①检测目的及内容；②衬砌结构形式；③经济技术条件；④检测人员的素质和管理水平等。检测方法按检测内容可以分为：衬砌混凝土强度、厚度、钢筋、混凝土缺陷和几何尺寸等检测；据检测与施工工序的时间关系，可以分为施工检测和工后或运营检测。

（1）衬砌施工前，必须对初期支护施工质量进行全面检查，发现了初期支护背部存在空洞、断面严重侵限时必须及时处理。

（2）所用材料的质量和规格必须满足设计和规范要求。

（3）防水混凝土粗集料尺寸不应超过规定值。

（4）衬砌背后的空隙必须回填注浆。

第二节 隧道地质超前预报

一、隧道地质超前预报概述

（一）地质超前预报的定义和目的

隧道工程围岩的稳定性及安全问题，贯穿其设计－施工－运营的整个寿命周期。影响隧道围岩稳定性主要有 8 个因素：地层岩性、地质构造、原岩应力场、地下水、地质工程环境、隧道设计结构、开挖工艺方法和隧道支护体系等，其中前 5 项为客观地质因素，后 3 项为人为因素且受控于前 5 项。工程实践当中，在施工过程中由于地质灾害等原因引起的隧道稳定性问题屡见报端。

若能在隧道施工过程中提前了解掌子面前方围岩结构变化及地质灾害情况，如预报前方是否有断层破碎带等不良地质构造，以及这些地质构造的集合形状、产状、规模大小等，根据所掌握的地质构造情况，及时合理地安排掘进进度、修正施工方案、安排防护措施，可避免这些险情的发生。这也正是隧道施工超前地质预报的任务。

隧道超前地质预报有广义和狭义之分，广义的超前预报包括工程可行性研究阶段、勘察设计阶段和施工阶段的预报；狭义的超前地质预报则表示隧道施工期的超前地质预报。虽然名称有所不同，但这些预报工作都是为保证隧道的顺利施工，避免地下水发育地段突水、突泥的发生，防止地表水、地下水流失，确保隧道施工安全。同时根据隧道开挖揭示的洞身围岩条件的变化趋势和采用各种地球物理探测手段对隧道施工掌子面前方地质情况的探测结果，结合洞内外地质调查、掌子面素描结果和预报人员地质经验，对隧道前方可能遇到的不良地质体及由此可引发的地质灾害的性质、分布位置、规模的预测。

超前地质预报可以降低地质灾害发生的几率与危害程度，查清隧道开挖工作面前方的工程地质与水文地质条件，指导工程施工的顺利进行，为优化工程设计提供地质依据，为编制交（竣）工文件提供地质资料。

（二）地质超前预报的主要内容

地质超前预报研究内容有很多，总结下来主要包括下列几方面：

（1）断层及其影响带和节理密集带的位置、规模和性质；

（2）软弱夹层（含煤层）的位置、规模及其性质；

（3）岩溶发育位置、规模及其性质；

（4）不同岩类间接触界面的位置；

（5）工程地质灾害可能发生的位置及规模；

（6）隧道围岩级别变化及其分界位置；

（7）不同风化程度的分界位置；

（8）不良地质体（带）成灾的可能性；

（9）隧道涌水的位置、水压及水量；

（10）隧道围岩级别的变化及分布。

二、地质超前预报的方法及原理

隧道地质超前预报，从探测位置上可分为地面（洞外）预报和掌子面（洞内）预报；从预报的距离上可分为长距离预报（＞100 m）、中距离预报（30～100 m）和短距离预报（＜30 m）；从预报方法性质上，可以分为常规地质法和物探法两大类，常规地质法主要包括正洞地质素描法、超前水平钻孔法与超前导坑法，物探法主要包括声波测试法、红外探水法、电磁波法和弹性波法等。

（一）正洞地质素描法

1. 地质素描法原理

利用地质理论和作图法，将隧道所揭露的地层岩性、地质构造、结构面产状、地下水出露点位置及出水状态、出水量、煤层、溶洞等准确记录下来并绘制成图表，结合已有勘测资料，进行隧道开挖面前方地质条件的预测预报。在隧道开挖过程中，每循环工作面作地质素描图，通过地质素描图预测前方的地质条件，地质素描图主要内容包括断层及破碎带的形态、产状、宽度及充填物特征，主要节理裂隙的形态、产状、规模及相互切割关系，地下水出水点，地下水出露情况等。

地质素描是对开挖面的地质情况如实而准确的反映。素描的主要内容包括地层岩性、构造发育情况（含断层、贯穿性节理、夹层或岩脉）、地下水的出水状态、围岩的稳定性及初期支护采用的方法等。正洞地质素描是利用所见到正洞已开挖段的地质情况预报前方可能出现的不良地质条件（断层等）。对断层而言，又分断层露头作图法和断层前兆特征法。断层露头作图法对结构面向开挖后方倾斜的断层预报效果较好，因为断层先在隧道底出露，对岩体稳定性影响不大时就可发现；对于向掌子面前方倾斜的结构面因为先在顶部出现，预报时效果相对较差。

2. 地质素描法的基本方法

地质素描预测法分为岩层岩性及层位预测法、条带状不良地质体影响隧道长度预测法以及不规则地质体影响隧道长度预测法三种。

对掌子面已揭露出的岩层进行地质素描（观察岩石的矿物成分及其含量，结构构造特征和特殊标志），给予准确定名，测量岩层产状和厚度。测量该岩层距离已揭露的标志性岩层或界面的距离，并计算其垂直层面的厚度。将该岩层与地表实测地层剖面图和地层柱状图相比，确定其在地表地层（岩层）层序中的位置和层位。依据实测地层剖面图和地层柱状图的岩层层序，结合TSP探测成果，反复比较分析，最终推断出掌子面前方一定范围内即将出现的不良地质在隧道中的位置与规模。

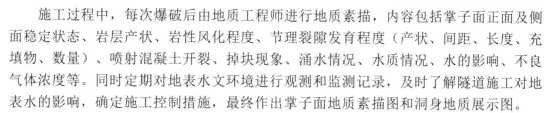

施工过程中，每次爆破后由地质工程师进行地质素描，内容包括掌子面正面及侧面稳定状态、岩层产状、岩性风化程度、节理裂隙发育程度（产状、间距、长度、充填物、数量）、喷射混凝土开裂、掉块现象、涌水情况、水质情况、水的影响、不良气体浓度等。同时定期对地表水文环境进行观测和监测记录，及时了解隧道施工对地表水的影响，确定施工控制措施，最终作出掌子面地质素描图和洞身地质展示图。

及时对洞内涌水进行水质分析和试验，提交分析和试验结果，对影响隧道衬砌结构的水质提出处理意见，上报技术部门，以利采取有效防护措施。

3. 地质素描法优缺点

优点：正洞地质素描不占用施工时间，该方法设备简单（地质罗盘）、操作方便、不占用隧道施工时间，不干扰施工，出结果快，预报的效果好，且能为整座隧道提供完整的地质资料，费用低。

缺点：对与隧道交角较大而又向前倾的结构面容易产生漏报，对操作人员地质知识水平要求较高，一般要求地质专业人员来完成。

（二）超前水平钻孔法

1. 超前水平钻孔法原理

超前地质钻探是利用水平钻机在隧道工作面进行地质钻探获取地质信息的一种地质超前预报方式。根据需要可有多种不同的布置方式与钻孔个数，超前水平钻孔法通过钻速测试、岩芯采取率统计、钻孔岩芯鉴定等来确定掌子面前方地层的展布、岩石的软硬程度、岩体完整性、可能存在的断层、空洞的分布位置，从而进行地质超前预报。

2. 超前水平钻孔预报基本方法

超前水平钻孔分为深孔钻探和浅孔钻探。深孔钻探是指在隧道开挖工作面上，利用工程钻机钻孔，钻孔深度几十米至上百米，通过钻机钻进情况来探测围岩的工程地质和水文地质情况。浅孔钻探是指在隧道开挖工作面上，每循环利用凿岩钻机钻孔，钻孔深度 4 ～ 5 m，通过钻机钻进情况来探测围岩的工程地质与水文地质情况。

水平超前探孔方法是在隧道内安放水平钻机进行水平钻进，根据隧道中线水平方向上钻孔资料来推断隧道前方的地质情况。钻孔的数量、角度及钻孔长度可人为设计和控制。一般可根据钻进速度的变化、钻孔取芯鉴定、钻孔冲洗液的颜色、气味、岩粉以及在钻探过程中遇到的其他情况来判断。这种方法可以反映岩体的大概情况，比较直观，施工人员可根据现场的地质情况来安排下一步的施工组织。

不同性质的岩石钻孔时钻速也不同，软岩的钻速较快；硬质岩的转速较慢；节理裂隙发育或断层破碎带容易卡钻；钻探经过空洞时，转速会急剧加快。对于节理、裂隙发育，并且岩石完整性系数低的地区的岩芯采集率较低；对节理、裂隙不发育，岩石完整性系数高的地区岩芯采集率较高。通过岩芯性质和分布规律确定不同岩性地层在掌子面前方的分布状况，以及不同岩性地层在轴线上的长度。

总结超前水平钻孔的工作：首先要了解区内的地质情况，通过岩芯时间强度测试、钻速测试、岩芯采取率统计、岩芯鉴定、钻孔出水颜色观察，对区内直观条件有大致的了解，接下对岩石坚硬程度、岩石完整性系数、地层岩性进行判断与确定。在通过钻孔出水颜色观察结果与岩性、地层判定结果结合，可以确定空洞及其充填性质、构造及其性质，进行预报。

3. 超前水平钻孔法优缺点

优点：可比较直观地告诉我们钻孔所经过部位的地层岩性、岩体完整程度、裂隙度、溶洞大小、有没有水以及可测水压高低等。与物探方法相比，它具有直观性、客观性，不存在物探手段经常发生的多解性、不确定性。

缺点：费用高、占用隧道施工时间长，且资料只是一孔之见（理论上讲，由于溶洞发育的复杂性、多变性，几个钻孔也难百分之百地把掌子面前方的管道岩溶提前揭露预报出来）。遇软弱岩层取芯困难，对岩溶隧道布孔位置带有偶然性，遇水或瓦斯地层时会遇到意想不到的问题，在复杂地质条件下预报效果较差，很难预测到正洞掌子面前方的小断层和贯穿性大节理，特别是与隧道轴线平行的结构面，他的预报无反映；钻孔与钻孔之间的地质情况反映不出来。

（三）超前导坑法

1. 超前导坑法原理

正洞超前导坑法是在隧道正洞中某个部位开挖一个断面较小的导坑以探明地质情况的方法。该方法较平行导坑法更直接、更准确。正洞导坑可作为隧道施工工法的一种，既开挖了隧道，又探明了地质。

2. 超前导坑法基本方法

超前导坑法可分为超前平行导坑和超前正洞导坑。超前平行导坑法是在隧道正洞左边或右边一定距离开挖一个平行的断面较小的导坑，平行导坑的布置平行于正洞，断面小而且和正洞之间有一定的距离，在施工过程中对于导坑中遇到的构造、结构面或地下水等情况作地质素描图，通过作地质素描图对正洞的地质条件进行预报。平行导坑的作用很多（如排水、减压放水、改善通风条件、增加工作面及探明地质条件等），地质预报只是其中用途之一，一般只有当设计图纸中有平行导坑设计的才采用该法。正洞超前导坑法是在隧道正洞中某个部位开挖一个断面较小的导坑以探明地质情况的方法。该方法较平行导坑法更直接、更准确，正洞导坑可作为隧道施工工法的一种，既开挖了隧道，又探明了地质。

超前导坑中探测正洞地质条件的物探方法可采用地质雷达探测、陆地声呐法、水平声波剖面法等，探测方法的有效探测长度应达到或超过隧道被探测的范围。超前导坑预报法对煤层、断层、地层分界线等面状结构面预报比较准确，对岩溶等有预报不准（漏报）的可能。在岩溶发育可能性较大的地段可利用物探、钻探手段由导坑向正洞探测预报。隧道中出现的涌泥、突水、瓦斯爆炸等地质灾害在超前导坑施工中同样会发生，必须引起足够重视。超前导坑开挖过程中应做好超前地质预报，可采用地质调查、物探、钻探等方法，防止导坑地质灾害的发生。

3. 超前导坑法的优缺点

优点：平行导坑超前的距离越长，预报也会越早，施工中就有充分的准备时间，可以增加工作面，加快施工进度，还可以起到排水、减压放水、改善通风条件和探明地质构造条件的作用。采用超前平行导坑进行预报比较直观、精度高，预报的距离长，便于施工人员安排施工计划和调整施工方案。超前正洞导坑布置在正洞中，其作用与平行导坑相比，效果更好。

缺点：无论是平行导坑或者是正洞导坑费用都很高，有时候需要全洞进行导坑开挖。在构造复杂地区准确度不高。

（四）声波测试法

1. 声波测试法的基本原理

声波对裂隙反应很敏感，遇到裂隙即产生界面效应（反射、折射和绕射），耗损波能，波形变复杂，波速减缓，此外，声波速度的大小还和岩体强度有关。具有不同物性差异的介质，声波在其内部的传播速度不同。该方法通过密集对穿的测试方式，计算并模拟测试剖面内部的物性差异情况，结合现场地质分析，进而达到对测试剖面范围内的地质体进行直观的三维图像描述。

2. 声波测试法的方法

声波测试方法有多种，主要有岩面测试和孔内测试两种，其中孔内测试又分为单孔和双孔测试两种。岩面测试是在已开挖地段进行的，由于隧道开挖爆破形成许多张裂隙，所测表面岩石波速比实际岩体的波速略偏低。孔内测试分单孔和双孔两种。单孔测试是把发射源和接收器放在同一孔内，但只能测到钻孔周围1倍波长左右范围内的地质情况。双孔测试是把发射源和接收器放在不同的钻孔内，测试两孔之间的岩体波速。孔内测试按耦合方式又分为干孔和湿孔两种。湿孔测试是向钻孔内灌水耦合，但由于水充填了裂隙影响测试结果，往往使测试波速偏高，岩石越破碎偏差越大。干孔测试是在发射器和接收器的外面套上环行胶囊，然后再向胶囊内注水，使接收器、发射器和孔壁耦合，其测试结果比较真实。

通过人工发出声波或超声波，测量它在岩体或岩石试件中传播速度、相位、振幅、频率等的变化，用以确定岩石力学性质、岩体应力等的方法称为声探测法。目前用声探测法可确定岩石的弹性模量，确定岩体的裂隙性（破坏程度）和破裂带范围，当应力与声速有固定关系的情况下，还可以根据声速测定岩体应力。

3. 声波测试法的优缺点

优点：方法较为新颖，利用新技术将声波信号转化为电信号从而进行记录，对脆性岩石的预报效果较好。目前声探测法应用比较成功是用于测动弹性模量和破裂带范围。

缺点：对于软弱岩石预报效果较差。

（五）红外探水法

1. 红外探水法原理

所有物体都发射出不可见的红外线能量，能量的大小与物体的发射率成正比，而发射率的大小取决于物体的物质组成和它的表面状况。当隧道掌子面前方及周边介质单一时，所测得的红外场为正常场，当前面存在隐伏含水构造或有水时，他们所产生的场强要叠加到正常场上，从而使正常场产生畸变。根据此判断掌子面前方一定范围内有无含水构造。

2. 红外探水法的基本方法

现场测试有两种方法：一是在掌子面上，分上、中、下及左、中、右 6 条测线的交点测取 9 个数据，根据这 9 个数据之间的最大差值来判断是否有水；二是由掌子面向掘进后方（或洞口）按左边墙、拱部、右边墙的顺序进行测试，每 5 m 或 3 m 测取 1 组数据，共测取 50 m 或 30 m，并绘制相应的红外辐射曲线，根据曲线的趋势判断前方有无含水。

掌子面上 9 个数据的最大差值大于 10 mW/cm^2，就可以判定有水；红外辐射曲线上升或下降均可以判定有水，其他情况判定无水。红外探测的特点是可以实现对隧道全空间、全方位的探测，仪器操作简单，能预测到隧道外围空间及掘进前方 30 m 范围内是否存在隐伏水体或含水构造，而且可利用施工间歇期测试，基本不占用施工时间。但这种方法只能确定有无水，至于水量大小、水体宽度及具体的位置没有定量的解释。

红外探测属非接触探测，在隧道壁上来定探点，是用仪器的激光器在壁上打出一个红色斑点。定好探点后扣动扳机，就可在仪器屏幕上读取探测值。具体做法如下：

①进入探测地段时，首先沿隧道一个壁，用 5 m 点距用记号笔或油漆标好探测顺序号，一直标到终点，或者标到掘进断面处。

②在掘进断面处，首先对断面前方探测，在返回的路径上，每迂回到一个顺序号，就站到隧道中央，分别用仪器的激光器打出的红色光斑使之落到左壁中线位置、顶部中线位置、右壁中线位置、底板中线位置，并扣动仪器扳机分别读取探测值，并做好记录。然后转入下一序号点，直至全部探完。

探测数据输入计算机后，由专用软件绘成顶板探测曲线、两壁探测曲线。

3. 红外探水法的优缺点

优点：红外探水有较高的准确率，属于新技术。

缺点：它对水量、水压等重要参数无法预报。

（六）电磁波法

1. 电磁波法预报的原理

电磁波法是利用电磁波在不同介质中产生透射和反射的特性来进行地质预报工作的。该法采用连续扫描电磁波反射曲线的叠加，利用电磁波在掌子面前方岩层中的传播、反射原理，根据测到的反射脉冲波走时计算反射界面距施工掌子面的距离。根据

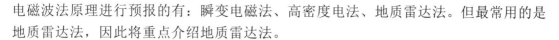

电磁波法原理进行预报的有：瞬变电磁法、高密度电法、地质雷达法。但最常用的是地质雷达法，因此将重点介绍地质雷达法。

2. 地质雷达法预报的基本方法

地质雷达法是目前分辨率最高的地球物理方法，但是其预报距离短，且易受洞内机器管线的干扰，目前多用于岩溶洞穴、含水带和破碎带的探测预报。

（1）岩溶探测

岩溶与其周围的介质存在着较明显的物性差异，尤其是溶洞内的充填物与可溶性岩层之间存在的物性差异更明显。这些充填物一般是碎石土、水和空气等，这些介质与可溶性岩层本身由于介电常数不同形成电性界面。

当有岩溶发育时，反射波波幅和反射波组将随溶洞形态的变化横向上呈现出一定的变化。一般来说，溶洞雷达图像的特征是被溶洞侧壁的强反射所包围的弱反射空间，即界面反射是强反射，且常伴有弧形绕射现象；溶洞内的反射波则为弱反射，低幅、高频、波型细密，但当溶洞中充填风化碎石或有水时，局部的雷达反射波可变强。

（2）富水带探测

富水带是含水量大的岩体区域，在隧道开挖后很可能产生涌水现象，水的相对介电常数较大，当岩体含水量较大时，介质的介电常数有较大的增大，而电磁波在介质中的传播速度则会降低，这样反射波表现较强的正峰异常，出现强反射，有时亦会内产生绕射、散射现象，导致波形紊乱，频率成分由高频向低频剧变。

（3）断层破碎带探测

在完整岩石与断层破碎带接触界面的两侧，由于破碎带内岩石的孔隙度和含水率均比完整岩石要大，而孔隙度和含水率对介质的介电参数等有较大影响，这就造成接触带两侧存在一定的波阻抗差异，致使电磁波在穿过界面进入破碎带后其反射波能量增强、波形幅值增大，穿过破碎岩层时视其胶结程度但使得波形比较杂乱，在雷达剖面上的波场特征为：地层反射波发育，同相轴错断，反射波振幅能量明显增强，电磁波频率发生变化，有时候会出现断面波、绕射波。因此，根据地质雷达的波形特征及相关地质资料，可以判明破碎带的厚度以及它与完整岩石的界面。

（4）裂隙密集带探测

裂隙密集带主要存在于断层影响带、岩脉带及软弱夹层中，由于裂隙内有不同成分、不均匀的充填物，与周边围岩形成电性差异，所以具有采用地质雷达探测岩体中裂隙存在的地球物理基础。

当雷达电磁波传播到裂隙表面时，会产生较强的界面反射波，同相轴的连续性反映了裂面是否平直、连续；在穿越裂隙的过程中会产生绕射、散射、波形杂乱、波幅变化大，反映出裂隙内充填物的不均匀性。

3. 地质雷达预报优缺点

优点：地质雷达法是目前分辨率最高的地球物理方法，仪器将发射天线和接收天线集于一体，具有快速、无损、连续检测、实时显示等特点，就目前的技术水平而言，地质雷达采用高频率的天线作为隧道混凝土衬砌质量无损检测的手段仍是比较合适的。在地表探测 5 ～ 30 m 范围内的地下地层或地质异常体（溶洞、土洞、断裂、空隙等）反射信号还是比较明显的，也是种比较理想的手段。

缺点：仪器密封性差，洞内不易防水、防潮、防尘，易造成仪器损坏，特别是没有专门的天线，操作起来费时费力，且效果不好；探测距离太短，一次只能探测 5 ～ 30 m，与目前隧道每天开挖接近 10 ～ 20 m 的速度极不匹配；隧道内的环境条件与地质雷达的理论基础 —— 半无限空间不吻合，加之洞内钢拱架、钢筋网、锚杆、钢轨等金属构件的影响，探测结果一般不太理想；地质结构复杂地段往往存在水，且掌子面处多破碎，掉块严重，很难把掌子面处理平整，因此地质雷达很难在这些地方取得有效资料，因此大大降低了地质雷达在隧道超前地质预报中的适用性。

三、超前地质预报方法的选择

根据隧道的风险等级，隧道超前地质预报应采用与设计相符合的综合预报方法进行预报，并对各方法预报结果综合分析，相互验证，提高预报准确性。

方法选择原则如下：

（1）隧道超前地质预报可采用长距离预报、中长距离预报、短距离预报和超短距离预报相结合的综合预报方法。

（2）长距离预报：预报长度 100 m 以上。可以采用地质调查法 - 地表补充地质调查、地震波反射法。

（3）中长距离预报：预报长度 30 ～ 80 rn。可采用地质调查法 - 地表补充地质调查、30 ～ 80 m 的超前钻探等。

（4）短距离预报：预报长度 30 m 以内。可采用地质调查法 - 隧道内地质素描、地质雷达法、红外探测法及小于 30 m 的超前钻探等。

（5）超短距离预报：预报长度 5 m 以内。可以采用地质调查法 - 隧道内地质素描、加深炮眼法等。

第三节　隧道施工监控量测

一、监控量测的定义及必要性

监控量测是指在隧道施工过程中，对围岩、地表及支护结构的变形和稳定状态，以及周边环境动态进行的经常性观察和量测工作。

隧道与地下工程是一种特殊的工程结构体系。从岩体力学的角度看，它是处于与围岩相互作用的体系之中的结构物；从地质力学的角度看，它是处于千变万化的地质体之中的工程单元体。在这样的岩体和地质体中，隧道一经开挖，其中所包容的原状力学体系便被打破，四周原有的受力状态已经改变。随着开挖断面增大或者深度的增长，这种改变也将不断地延续。在支护后的一段时间内，虽然受力状态已发生改变，但是支护与围岩体之间的力的作用还没有达到最终平衡。随着时间的推移，根据得到的信息对支护再做若干变动，这种受力状态的改变才逐渐停止，支护和围岩体间力的作用体系逐渐达到最终平衡。

从隧道与地下工程的这种复杂的力学发展过程，我们可以认识到以下两点：

（1）隧道与地下工程如果作为一种工程结构物看待，它的受力特点和地面工程有很大的差别。由于隧道与地下工程是处于千变万化的岩体之中，其所受外力是不明确的。迄今为止，国内外学术界和工程界对外荷体系的分布和量值还处于研究阶段，这就决定了隧道与地下工程设计是建立在若干假定条件下进行的。

（2）隧道与地下工程的成形过程，自始至终都存在着受力状态变化这一特性。换言之，隧道从开挖起，一直到受力平衡和体系稳定，或到结构受损，围岩内部结构一直是在变动，支护和衬砌的内力和外形也在变动之中。

从上面两点可以看出，试验性研究，特别是隧道现场监控量测，是从个体到群体解决隧道与地下工程力学、设计、施工问题的一种重要手段和主要途径。可以断言，如果没有这种手段和途径，要最终解决复杂围岩中的隧道与地下工程问题是不可想象的。正因为如此，国内外的许多隧道与地下工程都应用了并正在不断应用着现场监控量测方法来对付工程中出现的复杂受力问题。

监控联测是了解和掌握围岩稳定状态及支护结构体系可靠程度，确保隧道施工安全和结构的长期稳定性，为隧道施工中变更围岩级别、调整初期支护和二次衬砌的参数、指导施工顺序、修正及优化设计提供依据，是实现信息化设计和施工不可缺少的一道工序。

二、监控量测的任务

隧道施工监控量测主要有下列几个任务：

1. 确保安全

根据量测信息，掌握围岩和支护状态，进行动态管理，预见事故和险情，科学施工，防患于未然。

2. 指导施工

分析处理量测数据，预测和确认隧道围岩最终稳定时间及变形量，指导施工顺序、开挖预留变形量和施作二次衬砌时间。

3. 修正设计

根据隧道开挖后所获得的量测信息，进行综合分析，修正支护参数和检验施工与设计措施的可靠性。

4. 环境监控

对工程施工可能产生的环境影响进行全面的监控，判断隧道施工对周围环境的影响程度。

5. 积累资料

已有工程的量测结果可以间接地应用到其他类似工程中，为设计和施工的参考资料。

三、监控量测方案

施工监控量测计划应综合施工、地质、测试等方面的要求，由设计人员完成。施工监控量测方案应根据隧道地质地形条件、支护类型和参数、施工方法和其他有关条件制订。其具体内容包括：

（1）监控量测项目、方法及监控量测断面选定。断面内测点的数量、位置、量测频率、量测仪器和元件的选定及其精度、埋设时间等。

（2）传感器埋设设计。包括埋设方法、步骤、各部分尺寸以及回填浆液配比、工艺选定及与工程进度衔接等。

（3）固定测试元件的结构设计和测试元件的附件设计。一般应保证测点的空间或平面位置正确，使测到的力和变形方向明确，防震、安全可靠；包括钻孔内、钻孔口部和引出线的布线方法，测试仪器对环境的要求。

（4）量测数据记录表格式，表达量测结果的格式，量测数据精度确认的方法。

（5）量测断面布置图和文字说明。

（6）量测数据处理方法，利用量测反馈信息修正设计及施工方法。

（7）量测数据大致范围，作为判断异常依据。

（8）用初期量测值预测最终值，综合判断隧道最终稳定的标准。

（9）施工管理方法，出现异常情况的对策。

（10）利用反馈信息修正设计的方法。

（11）监控量测设计说明书。

第四节　隧道施工与运营环境检测

公路隧道在施工中带来强烈的噪声、冲击、振动、空气污染、弃渣污染，并且对施工人员的身体产生危害。因此，在隧道施工阶段必须采取相应的措施，降低施工过程给人和环境带来的不利影响。采取措施的前提是对隧道施工过程中可能产生的有害物质进行检测、监控，从而针对性地采取有效措施。

通风分施工通风和运营通风。

隧道通风检测内容包括粉尘浓度测定、瓦斯检测、一氧化碳检测、烟雾浓度检测、隧道内风压测定、流速测定等。

一、粉尘浓度检测

公路隧道所穿过的地层条件千变万化，施工中产生的粉尘危害性很大。一般的粉尘能引起职业病，危害施工人员的身体健康，特殊情况下在煤层内掘进时产生的煤尘还有爆炸危险，严重威胁着隧道的施工安全。因此，必须做好粉尘的检测与防治工作。

粉尘浓度应满足《公路隧道施工技术规范》规定。我国常采用质量法测定粉尘浓度，目前普遍采用滤膜测尘法。

滤膜测尘法原理：用抽气装置抽取一定量的含尘空气，让其通过装有滤膜的采样器，滤膜将粉尘截留，然后根据滤膜所增加的质量和通过的空气量计算出粉尘的浓度。

1. 仪器设备

（1）滤膜：一般为过氯乙烯滤膜，具有电荷性、憎水性、耐酸碱等，还有阻尘率高、阻力小、质量轻等优点。空气中粉尘浓度小于等于 50 mg/m3 时，用直径 37 mm 或 40 mm 的滤膜；粉尘浓度大于 50 mg/m3 时，用直径 75 mm 的滤膜。

（2）粉尘采样器：包括采样夹和采样器两部分，采样夹应满足总粉尘采样效率的要求，理想入口流速为 1.25 m/s(±10%)。采样器用于个体采样时，流量范围为 1 ～ 5 L/min；用于定点采样时，流量范围为 5 ～ 80 L/min；用长时间采样时，连续运转时间应不小于 8 h。

（3）抽气装置（电动测尘仪）。

（4）分析天平：感量 0.1 mg 或 0.01 mg。

（5）秒表或其他计时器。

（6）干燥器：内装变色硅胶。

（7）其他：镊子、除静电器等。

2. 粉尘浓度测定

1）采样点的选择

（1）掘进按工作面各设 1 个采样点。

（2）打锚杆、搅拌混凝土、喷浆当月在 5 个班以上时，分别设立采样点。

（3）凿岩作业的采样位置，设在距工作面 3 ～ 6 m 回风侧。机械装岩作业、打眼与装岩同时作业和掘进机与装岩机同时作业的采样位置，设在距装岩机 4 ～ 6 m 的回风侧；人工装岩在距装岩工约 1.5 m 的下风侧。

（4）喷浆、打锚杆作业的采样位置，设在距工入操作地点下风侧 5 ～ 10 m 处。

2）样品的采集

（1）滤膜的准备

干燥：称量前，将滤膜置于干燥器内 2 h 以上。

称量：用镊子取下滤膜的衬纸，将滤膜通过除静电器，除去滤膜的静电，在分析天平上准确称量，记录滤膜的质量。在衬纸上和记录表上记录滤膜的质量和编号。将滤膜和衬纸放入相应容器中备用，或将滤膜直接安装在采样夹上。

安装：滤膜毛面应朝进气方向，滤膜放置应平整，不可有裂隙或摺皱。用直径

75 mm 的滤膜时，做成漏斗状装入采样夹。

（2）采样

现场采样按照 GBZ 159 执行。

①定点采样：根据粉尘检测的目的和要求，可采用短时间采样或长时间采样。

②短时间采样：在采样点，将装好滤膜的粉尘采样夹，在呼吸带高度以 15 ～ 40 L/min 流量采集 15 min 空气样品。

③长时间采样，在采样点，将装好滤膜的粉尘采样夹，在呼吸带高度以 1 ～ 5 L/min 流量采集 1 ～ 8 h 空气样品（由采样现场的粉尘浓度和采样器的性能等确定）。

④个体采样：将装好滤膜的小型塑料采样夹，佩戴在采样对象的前胸上部，进气口尽量接近呼吸带，以 1 ～ 5 L/min 流量采集 1 ～ 8 h 空气样品（由采样现场的粉尘浓度和采样器的性能等确定）。

（3）滤膜上总粉尘的增量（$\triangle m$）要求

无论定点采样或个体采样，要根据现场空气中粉尘的浓度、使用采样夹的大小、采样流量及采样时间，估算滤膜上总粉尘的增量 $\triangle m$。滤膜粉尘 $\triangle m$ 的要求与称量使用的分析天平感量和采样使用的测尘滤膜直径有关。采样时要通过调节采样流量和采样时间，控制滤膜粉尘 $\triangle m$ 在要求的范围内。否则，有可能因为过载造成粉尘脱落。采样过程中，若有过载可能，应及时更换采样夹。

3）样品的运输和保存

采样后，取出滤膜，将滤膜的接尘面朝里对折两次，置于清洁容器内运输和保存。运输和保存过程中应防止粉尘脱落或污染。

4）样品的称量

称量前，将采样后的滤膜置于干燥器内 2 h 以上，除静电之后，在分析天平上准确称量，记录滤膜和粉尘的质量。

二、瓦斯检测

瓦斯是多种可燃可爆气体的总称，其主要成分是甲烷（CH4）。瓦斯爆炸是含有瓦斯与助燃成分的混合气体在火源引燃下，瞬间完成燃烧反应，形成高温高压产物的过程。隧道中甲烷（CH4）体积浓度不得大于 0.5%。主要测试仪器如下：

1. 催化型瓦斯测量仪

检测常用的是载体催化型仪器，它使用的载体催化剂元件是一种热敏式瓦斯传感器。载体的作用是使催化剂有良好的分散度，提供足够的反应面积。通常使用的是 K 型氧化剂（Al2O3）。常用的催化剂是铂、钯、钍等铂族元素。

载体催化元件测量瓦斯浓度原理：铂丝是电阻温度系数很高的热敏材料，元件的温度增量 $\triangle T$ 将引起电阻增量 $\triangle R$，从而使电桥不平衡，产生了一个与瓦斯浓度成正比的输出信号。

携带型瓦斯测量仪分两类：一类是由桥路输出直接推动电表指示；另一类是测量电桥的输出信号经过电子线路放大后，推动电表或推动数字显示电路指示瓦斯浓度。

还有一类仪器使用蓄电池供电，经过一次充电，一般可以连续工作 8 h。

便携式仪器必须保证以下三个基本性能：

（1）必须有性能稳定、功耗小的瓦斯敏感元件。

（2）应有适于长期隧道内工作、性能可靠的较先进的电路设计。

（3）要有结构合理、体积小、质量轻的外壳及仪器的其他机械零件。

2. 光干涉瓦斯检定器

两束光在物镜的焦平面上产生白光特有的干涉现象，干涉条纹中央为黑纹，两旁为彩纹。某一物质的折射率等于光在真空中传播的速度除以光在这种物质中传播的速度。光程等于光线所通过的路程乘以光所通过的物质的折射率。两列光波光程长短的差别，叫作光程差。

光通过的路程是固定的，根据条纹移动的大小可以测知气体折射率的变化，可以作定量分析，测出被测气体的浓度。

仪器构造中空气室和气样室是不相通的。

三、一氧化碳检测

一氧化碳（CO）对空气相对密度 0.97，浓度在 13% ～ 75% 时能引起爆炸。且毒性极强，当空气中 CO 浓度超过 0.4% 时，人就会失去知觉，中毒死亡。

1. 标准要求

对于施工隧道：CO 浓度一般情况下不大于 30 mg/m3；特殊情况下，施工人员必须进入工作面时，浓度可为 100 mg/m3，但工作时间不得超过 30 min。

对于运营隧道：采用全横向通风与半横向通风方式时，CO 浓度按表 12-3 取值；采用纵向通风时，CO 浓度按表 12-3 所列各值提高 50 ppm（10-6）取值；交通阻滞时，阻滞段的平均 CO 浓度可取 300 ppm，经历时间不超过 20 min。

表 12-3　汽车专用隧道 CO 浓度

隧道长度 /m	≤ 1000	≥ 3000
CO 浓度 /ppm	250	200

2. 检测仪器

（1）检知管，一支直径 4 ～ 6 mm、长 150 mm 左右的密封玻璃管，管内装有易与 CO 发生反应的药品。

比色式检知管是根据管内药品与 CO 作用后颜色的变化来判断 CO 浓度的。

比长式检知管是吸入被测气体后，白色药品由进气端开始变成深黄色，变色长度与 CO 浓度成比例，与标准尺对比，即可确定 CO 浓度。

无论是比色式还是比长式检知管，每只只能用一次。

（2）AT2 型一氧化碳测量仪。它是与检知管不同的另外一种类型的 CO 检测仪器，是利用控制电位电化学原理检测 CO 浓度，是一种矿用安全火花型携带式检测仪器。

四、隧道风压检测

1. 基本概念

空气静压：大气压力是地表静止空气的压力，它等于单位面积上空气柱的重力，相对压力是绝对静压与大气压力之差。

空气动压：即风流的动压。

全压：即静压与动压的代数和。

2. 隧道空气压力测定

采用水银气压计和空盒气压计测量绝对静压；采用 U 型压差计、单管倾斜压差计或补偿式微压计与毕托管配合测定风流的静压、动压和全压。

五、隧道噪声监测

隧道噪声监测主要是指隧道内连续车流噪声监测、单车噪声监测、车内噪声监测。主要监测内容如下：

1. 隧道内连续车流噪声监测

隧道内噪声主要由混响声和直达声组成，在车流量较大且平稳时，在隧道内离开隧道口一定距离后，其噪声大小不再随隧道深度产生变化。经过多次测试，最终选择距离隧道口 100 m 深，隧道内噪声不再随深度增加而增加了，因此确定隧道内测点要距离隧道口 100 m 以内，测量高度离地面 1.2 m，隧道内离开隧道壁 1 m。

测量时，应在隧道外设置测点与隧道内进行比较。城市隧道内应在两侧壁进行共振吸声处理，选择该隧道测量，和未进行共振吸声处理的隧道进行了比较。

2. 隧道内单车噪声监测

根据车流量情况，选择隧道进行单车测量，并且在隧道外测量单车，进行单车隧道内、外噪声比较试验。

参考文献

[1] 冯春. 道路工程材料与检测 [M]. 哈尔滨: 哈尔滨工业大学出版社, 2016.

[2] 朱霞. 公路水运工程试验检测人员应试题解 [M]. 北京: 人民交通出版社, 2016.

[3] 白福祥. 道路与铁道工程试验检测技术·第2版 [M]. 北京: 人民交通出版社, 2016.

[4] 李丽民, 冯浩雄, 肖明. 道路工程 [M]. 北京: 北京理工大学出版社, 2017.

[5] 王蓓著. 市政道路工程 [M]. 成都: 西南交通大学出版社, 2017.

[6] 王强, 焦玲. 道路工程 [M]. 徐州: 中国矿业大学出版社, 2017.

[7] 赵效祖, 徐晓莲. 道路工程测量 [M]. 北京: 中国商务出版社, 2017.

[8] 郑庚学. 城市桥梁与道路工程 [M]. 沈阳: 辽宁大学出版社, 2017.

[9] 李继业, 蔺菊玲, 张伟. 城市道路工程绿化 [M]. 北京: 化学工业出版社, 2017.

[10] 骆元家, 杨敏. 道路工程测量 [M]. 长春: 吉林大学出版社, 2017.

[11] 张俊. 道路工程施工技术 [M]. 武汉: 华中科技大学出版社, 2018.

[12] 张彧, 王天亮. 道路工程材料 [M]. 北京: 中国铁道出版社, 2018.

[13] 胡朋, 叶亚丽. 道路工程 [M]. 北京: 人民交通出版社, 2018.

[14] 王博, 申凯凯. 道路工程施工 [M]. 天津: 天津科学技术出版社, 2018.

[15] 李立寒著. 道路工程材料·第6版 [M]. 北京: 人民交通出版社, 2018.

[16] 丁靖艳, 周妍. 道路工程基础 [M]. 北京: 中国人民公安大学出版社, 2018.

[17] 姚昱晨. 市政道路工程·第3版 [M]. 北京: 中国建筑工业出版社, 2018.

[18] 于玲, 孙宝芸. 道路工程地质 [M]. 北京: 中国水利水电出版社, 2018.

[19] 裴军军, 庞建利, 姜艳军. 道路工程试验与检测 [M]. 成都: 四川大学出版社, 2019.

[20] 钱波, 洪晓江. 普通高等教育"十三五"规划教材·道路工程试验检测技术实训指导书 [M]. 北京: 中国水利水电出版社, 2019.

[21] 顾俊, 邹定南. 江苏联合职业技术学院院本教材·道路桥梁工程检测技术 [M]. 北京: 人民交通出版社, 2019.

[22] 王修山. 道路工程 [M]. 北京: 机械工业出版社, 2019.

[23] 裴军军, 庞建利, 姜艳军. 道路工程试验与检测 [M]. 成都: 四川大学出版

社，2019.

[24] 张金喜 . 道路工程专论 [M]. 北京：科学出版社，2019.

[25] 凌天清 . 道路工程·第 4 版 [M]. 人民交通出版社股份有限公司，2019.

[26] 黄隆 . 道路工程与城市建设 [M]. 北京：北京工业大学出版社，2019.

[27] 王立军 . 道路工程检测 [M]. 西安：西北工业大学出版社，2020.

[28] 李淑明 . 道路工程实验教学指导手册 [M]. 上海：同济大学出版社，2020.

[29] 王立军 . 道路工程检测 [M]. 西安：西北工业大学出版社，2020.

[30] 马云峰，石喜梅 . 道路工程制图与 AutoCAD[M]. 天津：天津大学出版社，2020.

[31] 徐秀维 . 道路工程施工技术 [M]. 北京：化学工业出版社，2020.

[32] 曹宏 . 道路工程测量 [M]. 北京：测绘出版社，2020.

[33] 马彦芹 . 道路工程材料 [M]. 北京市：机械工业出版社，2020.